Christian Graf von Krockow

Der deutsche Niedergang

Ein Ausblick ins 21. Jahrhundert

Deutscher Taschenbuch Verlag

Weitere lieferbare Titel von Christian Graf von Krockow
am Ende des Bandes

September 2000
Deutscher Taschenbuch Verlag GmbH & Co. KG,
München
www.dtv.de
© 1998 Deutsche Verlags-Anstalt GmbH, Stuttgart
Umschlaggestaltung: Stephan Schöll
Umschlagfoto: © Superbild
Satz: Dörlemann Satz, Lemförde
Druck und Bindung: Kösel, Kempten
Gedruckt auf säurefreiem, chlorfrei gebleichtem Papier
Printed in Germany · ISBN 3-423-36203-0

Inhalt

Vorwort

Deutschland durchleidet eine Krise. Darin zumindest sind alle sich einig; jedes Zuhören bei politischen Gesprächen, jeder Blick in die Tageszeitungen bestätigt es.

Die Arbeitslosigkeit erreicht Rekordhöhen, während die so lange bewährte Sozialpartnerschaft und die traditionellen Tarifverträge ihre Glaubwürdigkeit verlieren. Die Belastung der Bürger mit Steuern und Abgaben hat das bekömmliche Maß weit überschritten, der Sozialstaat wird unbezahlbar, die öffentliche Verschuldung steigt ins Ungemessene. Großorganisationen wie den Wirtschaftsverbänden, den Gewerkschaften, den Parteien und den Kirchen laufen die Mitglieder davon. Gleichzeitig schwindet das Zutrauen in die öffentliche Ordnung, in Politik, Parlamente, Verwaltung, den Rechtsstaat und die Rechtssicherheit, aber auch in Technik, Wissenschaft und Forschung oder in Werte, Leitbilder und Moral.

Natürlich behaupten viele, daß sie wüßten, was getan werden sollte, um alles zum Guten zu wenden. Tagungen werden abgehalten und Beschlüsse gefaßt, Gesetze verabschiedet, Aufrufe und Rezepte herumgereicht. Doch sie taugen und bewirken nur wenig; gleich hinter den Rezepten beginnen die Ratlosigkeit, die Zukunftsängste und die Schuldzuweisungen.

Im Kern handelt es sich um zwei Tatbestände. Erstens wird die Mehrheit der Deutschen bald aus älteren und alten

Menschen bestehen. Das ist neu, solch eine Altersgesellschaft gab es noch nie, alle Erfahrungen fehlen. Nur mit Mühe kann man sich ausmalen, wie diese Gesellschaft den Herausforderungen der Zukunft begegnen wird.

Zweitens feiert die Arbeitsgesellschaft einen zweischneidigen Sieg. Dank ihrer immer größeren Leistungsmöglichkeiten in der Summe des stürmischen Fortschritts geht ihr langsam, aber unerbittlich die Arbeit aus. Auch das ist historisch neu, und es trifft uns sehr hart, härter wohl noch als andere Völker. Denn die Arbeit war hierzulande nicht bloß ein Mittel, um den Lebensunterhalt zu sichern. Sie begründete unseren Stolz, unser Selbstbewußtsein, unsere Identität, unser Sinnverständnis des Lebens. Wie sollen wir – oder jedenfalls ein immer wachsender Teil der Bevölkerung – ohne sie auskommen? Die Frage berührt viel mehr als die Bezahlbarkeit des Sozialstaates.

Die eine These dieses Buches ist also, daß es sich nur an der Oberfläche um Probleme handelt, denen man mit einem Bündel mehr oder minder kluger und kurzfristiger Maßnahmen beikommen kann. Nein, es geht um langfristige Entwicklungen, gegen die kein Beschwichtigen und keine Verteidigung des Gestrigen hilft. Um ihre Bedeutung zu erkennen, ist ein Rückblick in die Geschichte ebenso erforderlich wie der Ausblick in die Zukunft, ins kommende, ins 21. Jahrhundert.

Die andere und auf den ersten Blick anstößige These bedarf erst der Darstellung, um sich zu erweisen. Sie sagt: Völker oder Nationen, sogar Kulturkreise durchleben Perioden des Aufbruchs, der überragenden Leistung und der Größe, des Niedergangs. Und Deutschland ist in die Periode seines Niedergangs eingetreten.

Das heißt freilich nicht, daß man resignieren und alles treiben lassen soll. Im Gegenteil: Man kann Entwicklungen steuern, so daß sie nicht ins Unheil geraten, sondern erträglich bleiben. Doch das setzt voraus, daß man das Mögliche vom Unmöglichen scheidet. Die Freiheit des eigenen und verantwortlichen Handelns beginnt mit dem Mut zur Einsicht in das Unentrinnbare. Wie Alexis de Tocqueville vor anderthalb Jahrhunderten am Ende seines Werkes »Über die Demokratie in Amerika« gesagt hat: »Die Vorsehung hat das Menschengeschlecht weder ganz frei geschaffen, noch vollkommen sklavisch. Wohl zieht sie um jeden Menschen einen Schicksalskreis, den er nicht durchbrechen kann. Innerhalb dieser weiten Grenzen aber sind die Menschen mächtig und frei; so auch die Völker.«

Oder um mit Goethe zu reden, im Ausklang von »Dichtung und Wahrheit«: »Wie von unsichtbaren Geistern gepeitscht, gehen die Sonnenpferde der Zeit mit unsers Schicksals leichtem Wagen durch, und uns bleibt nichts, als mutig gefaßt die Zügel festzuhalten und bald rechts, bald links, vom Steine hier, vom Sturze da, die Räder wegzulenken.«

Aber wäre es etwa wenig, wenn uns das gelänge?

ERSTER TEIL:

Annäherung an das Thema

Aufstieg, Größe und Niedergang:
Eine vorläufige Bestimmung

Was meinen die Begriffe, von denen in diesem Buch die Rede sein wird? Sie müssen zu ihrem Gegenstand passen, und daher sollen zunächst zwei historische Beispiele skizziert werden.

Im Jahre 1469 heiratet die siebzehnjährige Isabella I. von Kastilien den Thronerben von Aragonien, Ferdinand II. Damit wird der Grundstein zu einem spanischen Nationalstaat gelegt, der dann sehr rasch zur europäischen Großmacht, zur Weltmacht aufrückt. 1492 wird mit der Eroberung Granadas die letzte Bastion der maurisch-islamischen Herrschaft beseitigt. Im selben Jahr segelt Kolumbus in die Weiten des Ozeans hinaus. In wenigen Jahrzehnten entsteht ein riesiges Kolonialreich, nicht nur in Amerika, sondern sogar in Ostasien. In Europa gewinnt Spanien einen beherrschenden Einfluß in Italien und greift mit dem Besitz der Niederlande weit nach Norden. Im Bündnis mit Venedig sichert 1571 der Seesieg bei Lepanto über die Türken das westliche Mittelmeer. 1580 wird auch noch Portugal und damit ein weiteres, gewaltiges Kolonialreich angegliedert.

Aber nach einem kurzen und glorreichen Jahrhundert beginnt schon der Niedergang. 1579 sagen sich die nördlichen Provinzen der Niederlande los und erkämpfen ihre Unabhängigkeit. Im Duell mit England wird 1588 die spanische Flotte, die große Armada, vernichtet. Die Vorherrschaft auf den Weltmeeren geht verloren, und nicht einmal im westlichen Mittelmeer läßt sie sich noch durchsetzen. 1640 kämpft sich auch Portugal wieder von Spanien frei. Die wirtschaftliche Entwicklung kommt fast zum Stillstand; die Staatsfinanzen erweisen sich als unheilbar zerrüttet. Eine unerbittliche Gegenreformation riegelt Spanien geistig von Europa ab. Das stolze Land rückt in den Schatten der Geschichte und verbleibt in ihm, im Grunde bis ins 20. Jahrhundert.

Wie anders Venedig! Schon im 9. Jahrhundert gewinnt es mit der Lösung aus byzantinischer Vorherrschaft eine eigenständige Bedeutung, und bei manchen Wechselfällen, die es hier wie überall gibt, steigt der Stadtstaat doch über Jahrhunderte hin stetig zur führenden See- und Handelsmacht des östlichen Mittelmeeres empor. Der Niedergang beginnt erst im 16. Jahrhundert unter dem Druck des ständig weiter vordringenden osmanischen Reiches. Aber Kultur und Kunst erreichen im 16. und 17. Jahrhundert ihren Höhepunkt; Kunsthandwerk und Schmuckindustrie blühen noch im 18. Jahrhundert.

Bereits dieser eine und ganz knappe Vergleich macht sichtbar, daß zu Begriffen wie Aufstieg, Größe und Niedergang kein starres Zeitschema paßt. Es handelt sich nicht, wie beim Einzelmenschen, um Kindheit, Jugend, Leistungshöhe und Altersabfall, nicht um biologische Bedingungen, sondern um Geschichte. In noch ganz andere Dimensionen der Dauer als Venedig führt China, und vielleicht nur in den europäischen Vorstellungen von historischer Dynamik erscheint diese Dauer als Erstarrung. Die grundlegende, vor allem konfuzianische Kulturprägung wird durch Jahrtausende bis zur Gegenwart bewahrt. Konfuzius aber lebte etwa zwischen 551 und 479 vor Christus.

Offene Zeithorizonte: Die Prozesse des Aufstiegs und des Niedergangs mögen so stürmisch ablaufen wie in Spanien oder so langfristig wie in Venedig. Wahrscheinlich ist, daß entschlossenes menschliches Handeln den Aufstieg beschleunigen kann, wie Verblendung oder Verzagen den Abstieg. Sofern es allerdings um wirtschaftliche und technische Faktoren geht, vollziehen sich Veränderungen heute viel schneller als in früheren Jahrhunderten. Es bleibt immer weniger Zeit, um neuen Herausforderungen zu begegnen.

Die Beispiele machen weiterhin sichtbar, daß man sich auf die Geographie nicht verlassen kann. Wenn man einem Menschen, der von der Geschichte nichts wüßte, die Karte des Mittelmeeres zeigte und ihn erraten ließe, wo wohl eine beherrschende Seehandelsstadt angelegt werden sollte, würde er vielleicht an Tunis, Tarent, Zypern oder Malta geraten, aber an eine Lagune ganz am Nordende der Adria gewiß nicht. Spanien dagegen scheint mit seiner Lage an zwei Meeren für die langfristige Seegeltung wie geschaffen zu sein. Doch sie bleibt Episode. Selbst mit einer Insellage ist es nicht getan; der Aufstieg Englands zur Seemacht beginnt erst im 16. Jahrhundert, zunächst einmal mit königlich privilegierter Piraterie.

Wenn die natürlichen Bedingungen wenig hergeben, muß man jeden Einzelfall untersuchen und die Faktoren erkennen, die zunächst den Aufstieg, dann den Niedergang bewirken. Fast immer handelt es sich dabei um eine Kombination von Umständen, die sich glücklich oder unglücklich zusammenfügen. Beim schnellen spanischen Aufstieg zum Weltreich sind zumindest vier Faktoren wichtig.

Erstens hat sich in langen Zeiträumen ein kriegstüchtiger Adel entwickelt. Die Kämpfe mit den Mauren ziehen sich über Jahrhunderte hin; der Fall Granadas 1492 setzt nur den Schlußstein der »Reconquista«, einer Wiedereroberung, die Spaniens Geschichte im Mittelalter wesentlich prägt. Übrigens kaum zufällig veröffentlicht Cervantes sein Meisterwerk »Don Quichote« in zwei Teilen 1605 und 1615, in einer Zeit also, in der ein hochgestimmtes Rittertum ins Tragikomische gerät und gegen die sprichwörtlich gewordenen

Windmühlen statt gegen den wirklichen Feind anstürmt, den es – seit dem Fall von Granada – nicht mehr gibt.

In den Jahrhunderten der Reconquista kämpfen freilich auch die spanischen Teilreiche untereinander, und der Adel verteidigt sich weithin erfolgreich gegen alle Herrscher, die seine Eigenmacht einschränken wollen. Um die Kräfte zu bündeln und zielgerichtet einzusetzen, braucht man darum den zweiten Faktor: eine straffe Staatsorganisation, die den Adel zugleich unterwirft und in Dienst nimmt. Diese im frühabsolutistischen Sinne moderne Staatsorganisation entsteht mit dem neuen spanischen Königtum, das Ferdinand und Isabella begründen.

Drittens geht es um geistige Kräfte, um das Selbst- und Sendungsbewußtsein einer Elite, die sich zu Großem berufen weiß. Alle Abenteuerlust oder Raubgier gewinnt erst damit ihr gutes Gewissen, ihre höhere Weihe und ihre Durchschlagskraft. Dieses Bewußtsein entsteht einerseits aus der Erfahrung der eigenen Leistungsfähigkeit, andererseits aus der Gewißheit, daß man für das Gute und Gerechte, für den wahren Glauben gegen den Unglauben kämpft. Wer eine Ahnung von der Macht des unbeirrbaren Selbst- und Sendungsbewußtseins gewinnen will, der lese die kaum faßbare Geschichte der Eroberung Mexikos durch Hernando Cortez: Eine Handvoll Männer bezwingt unter einem entschlossenen Anführer das Reich der Azteken.[1]

Viertens treten geistige Anstöße von außen hinzu. In der italienischen Renaissance gewinnt der Gedanke, daß man Indien auf dem Seeweg nach Westen erreichen könne, eine unerwartete Bedeutung. Man entdeckt ihn in der Antike, der man sich zuwendet, zum Beispiel bei Aristoteles und bei Seneca, und er stellt sich um so verlockender dar, je mehr das Osmanische Reich den Weg nach Osten verriegelt. Der aus Genua stammende Kolumbus jedenfalls, von der Kugelgestalt der Erde überzeugt und mit haarsträubend falschen

Berechnungen versehen, segelt nach Westen, um nach Indien zu kommen – und glaubt am Ziel zu sein, als er eine unbekannte Welt betritt. Daher heißen die Ureinwohner Amerikas bis heute Indianer. Zufall, Ahnung und Irrtum greifen ineinander, um genau rechtzeitig zum Abschluß der Reconquista dem Eroberungswillen neue Horizonte zu erschließen.

Widmet man den hier nur ganz knapp skizzierten Faktoren des Aufstiegs eine zweite Betrachtung, so erkennt man auch schon die Ursachen des Niedergangs. Ein Schwertadel will herrschen und nicht Handel treiben. Grundlage der Herrschaft ist ein möglichst ausgedehnter Landbesitz, den man durch abhängige Bauern, Pächter und Tagelöhner bewirtschaften läßt. Diese Zuwendung zum Land verschließt gegen die See. Man benutzt sie, wenn es sein muß, aber man vermählt sich ihr nicht, wie der Doge von Venedig es alljährlich und symbolträchtig tut. Eine Betrachtung über das mittelalterliche England ließe sich hier anschließen. Als die Normannen, ursprünglich Seefahrer, im Jahre 1066 das Land erobern, errichten sie eine Feudalherrschaft – und verlanden damit.

Wenn das Meer fremd bleibt, dann sind meist auch die Städte verdächtig. Falls sie mit Handel und Handwerk aufblühen, gewinnen sie eine Eigenmacht, die kein Feudalherr mehr kontrollieren kann. Daher muß man ihre Entwicklung eher behindern als fördern und jeden Verdacht benutzen, um sie zu schwächen. Unter dem Vorwand, die Reichseinheit zu stärken, beginnt im Zusammenwirken mit der Kirche schon im Schicksalsjahr 1492 die Vertreibung der spanischen Juden, und die Vertreibung der Mauren schließt sich seit 1501 an. Der wirtschaftliche Fortschritt wird damit wesentlich geschwächt, ja weithin zum Stillstand gebracht.

Diese negative Wirkung wird noch dadurch verstärkt, daß Menschen aus allen Schichten das Land verlassen, um in den neuen Kolonialreichen ihr Glück zu suchen. Und natürlich sind es gerade die Leistungstüchtigen und Unternehmungslustigen, die sich auf den Weg machen. In Neuspanien darf man darauf hoffen, zu einem adelsähnlichen Feudalbesitz zu kommen. Am Ende werden es diese neuen Oberschichten sein, die die Bevormundung durch das Mutterland nicht mehr ertragen und die Kolonien in die Selbständigkeit führen. Im übrigen verdecken die Silberschätze, die aus Übersee nach Spanien geschickt werden, zeitweilig, aber höchst trügerisch den Verfall; man lebt sozusagen als Kolonialrentner, aber immer weniger von der eigenen Leistung.

Für das Sendungsbewußtsein des Glaubens entsteht im Zeitalter von Reformation und Gegenrevolution ein neues Feindbild. Nicht mehr der Islam ist der Gegner, sondern die protestantische Ketzerei. Aber das eine Sendungsbewußtsein stößt auf das andere, zum Beispiel auf die calvinistische Entwicklung in den nördlichen Niederlanden, und gerät an die Grenzen seiner Macht. Der Kampf um die konfessionelle Reconquista überanstrengt und schwächt Spanien. Indem sie mißlingt, bleibt schließlich nur, das eigene Land als Glaubensfestung uneinnehmbar zu machen. Damit verriegelt man sich gegen Entwicklungen, die den Fortgang der Geschichte im übrigen Europa bestimmen, und gerät in eine geistige Erstarrung hinein.

In Venedig gibt es ganz andere Bedingungen als in Spanien. Zwar entsteht auch hier eine Adelsherrschaft und ohne ein erbliches Fürstentum sogar eine Adelsrepublik. Aber der Ausgangspunkt ist die Stadt, die mit Handel und Handwerk aufblüht oder verdorrt. Natürlich braucht man die Wehrhaftigkeit, natürlich erwirbt man Stützpunkte, Einflußzonen und sogar Herrschaft, wo immer das möglich ist, von der dalmatinischen Küste bis nach Zypern. Ohnehin gesellt sich zum Seehandel als sein Schatten die Piraterie, und die Venezianer zeigen wenig Skrupel, wenn es zum Beispiel um die Gebeine eines Schutzheiligen geht. Doch die Basis bleibt zu schmal, um den Versuchungen der Macht auf die Dauer zu erliegen. Zum Handel gehört das Verhandeln, und Venedig entwickelt die Diplomatie zu einer Kunstform von eigenem Rang, die dann überall in Europa Bewunderung und Nachahmer findet.

Der Handel verlangt Weltoffenheit, und mit den Waren bewegen sich die Ideen. Sie wandern weiter, kreuz und quer durch Italien; sie finden eine Heimstatt überall dort, wo die Stadt und nicht ein großräumiger Flächenstaat die Basis bildet. Man denke an Florenz, an Mailand oder Genua. Die Renaissance ist ein Produkt dieser Städtekultur. Dabei schafft der wachsende Wohlstand eine Grundlage für die Kunst – und das Kunsthandwerk wiederum eine Quelle des Wohlstands, die in Venedig noch fließt, als der Seehandel seine Bedeutung verliert. Denn die Erzeugnisse des Kunsthandwerks kann man auch im Binnenland und über die Alpen ins nördliche Europa transportieren, wie zuvor die Gewürze und Seidenstoffe aus Indien. Banale Massenware wie Getreide und Holz oder später Kohle und Kartoffeln setzt dagegen entweder die Fluß- und Seewege oder die Erfindung der Eisenbahnen voraus.

Der Niedergang Venedigs fällt mit dem Aufstieg des Osmanischen Reiches zusammen. Gegen eine kriegerische Großmacht kann der Stadtstaat auf die Dauer wenig ausrichten; nach und nach verliert er seine Stützpunkte im östlichen Mittelmeer. Und wer, vom Glaubenseifer beflügelt, mit dem Schwert erobern und unterwerfen will, ist ein schlechter Verhandlungs- und Handelspartner; noch die klügste Diplomatie prallt von ihm ab. Die Verriegelung des Ostens führt, wie schon erwähnt, zur Verlagerung der Seewege. Während Kolumbus Amerika entdeckt, umsegeln die Portugiesen das afrikanische Kap der Guten Hoffnung, und

1498 erreicht Vasco da Gama Ostindien. 1510 wird die Kolonie im indischen Goa, 1557 die erste europäische Niederlassung im chinesischen Macao gegründet. Für den Gewürz- und Seidenhandel braucht man fortan den Weg durch das östliche Mittelmeer immer weniger.

Bemerkenswert ist, daß Venedig erst im 15. Jahrhundert entscheidend auf das italienische Festland übergreift. Die »Terra ferma« im Norden wird wichtig als Kompensation der Verluste im Osten, nicht zuletzt für den venezianischen Adel. Schlagwortartig ausgedrückt: Landbesitz tritt an die Stelle der Seegeltung. Man kann das als Resignation deuten; die Größe ist für immer verloren. Aber man überlebt den Niedergang auf angenehme, beinahe heitere Weise. Was bedeutet dann noch der Untergang der Republik, wenn man auf die eigenen Gärten, Kornfelder und Weinberge blickt?

Bereits die knappe Skizze von zwei Beispielen läßt erkennen, daß Verallgemeinerungen gefährlich sind. Für jeden Einzelfall braucht man eine eigene Untersuchung. Mit der gebotenen Vorsicht werden dennoch einige Folgerungen möglich. Zunächst zeigt sich, daß Aufstieg, Größe und Niedergang relative Begriffe sind. Man gewinnt einen Vorsprung vor den Konkurrenten oder bleibt hinter ihnen zurück. Spaniens Niedergang bedeutet, daß das Land aufhört, eine europäische Großmacht zu sein. Es bewegt nichts mehr, nicht einmal seine Nachbarn; es gerät in den Stillstand, und die großen geschichtlichen Entwicklungen laufen an dem Königreich vorüber. Doch gleichsam in Wartestellung bleibt es erhalten. Venedig büßt nach und nach seinen Rang als See- und Handelsmacht ein. Entsprechend schwindet das politische Gewicht, bis hin zum Verlust der Unabhängigkeit in der napoleonischen Zeit. Aber die Stadt überlebt – um von ihrem Rang als Kunstwerk nicht erst zu reden.

Es liegt nahe, daß die vom Niedergang Betroffenen in Melancholie, in den Zynismus oder in Panik, in Untergangsphantasien und manchmal in eine heillose Gier nach der Gewalt geraten, in der die Selbstzerstörung angelegt ist. Doch es muß nicht so sein: Vernichtung und Niedergang gehören zu unterschiedlichen Kategorien. Kein Karthager vermochte im Jahre 146 vor Christus gegen die Zerstörung seiner Stadt noch etwas auszurichten, kein Ostpreuße, Pommer oder Schlesier im Jahre 1945 nach Christus den Untergang des deutschen Ostens zu verhindern. Aber den Niedergang kann man mit Weisheit und Mut steuern, und unter Umständen kann man ihm sogar positive Seiten abgewinnen.

Unsere Skizze macht außerdem sichtbar, daß man nicht einen Faktor isolieren und absolut setzen darf. Gleich ob es sich um Städte, Regionen, Staaten oder Nationen handelt: Immer wirken bei Aufstieg und Niedergang viele und ganz verschiedenartige Kräfte günstig oder ungünstig zusammen.

Vorab handelt es sich um die wirtschaftlichen Bedingungen. Wer sie vernachlässigt, wird gegenüber tüchtigeren Wettbewerbern bald ins Hintertreffen geraten. Untersucht man dann die Voraussetzungen des Erfolges oder Mißerfolges genauer, so stößt man auf die Produktivkraft der Freiheit. Keine Wirtschaft läßt sich von einem Punkt aus überblicken und in einer strikten Rangordnung von Befehl und Gehorsam kommandieren wie eine Armee; möglichst viele Menschen müssen als Kaufleute, Handwerker oder, in der neueren Entwicklung, als Unternehmer selbstverantwortlich handeln und ihre eigenen Entscheidungen treffen.

Es sei hier eine Betrachtung eingeschaltet, die wir dem Franzosen Alexis de Tocqueville verdanken. 1831/32 besuchte er die Vereinigten Staaten. Unter anderem unternahm er eine Fahrt auf dem Ohio. Auf dem Südufer, in Kentucky, herrschte damals die Sklaverei; auf dem Nordufer, in Ohio, war sie verboten. »Der Reisende, der sich von der Strömung des Ohio bis zu dessen Mündung in den Mississippi tragen läßt, fährt also sozusagen zwischen der Freiheit und der Knechtschaft dahin«, und Tocqueville schildert sehr anschaulich, was er sieht:

»Auf dem linken Ufer ist die Bevölkerung dünn gesät; von Zeit zu Zeit erkennt man eine Sklavenschar, die halb verlassene Felder durchstreift; der Urwald taucht immer wieder auf; es ist, als schliefe die Gesellschaft; der Mensch erscheint müßig, den Anblick des Schaffens und Lebens bietet die Natur.

Vom rechten Ufer hört man verworrenen Lärm, der schon von weitem die Gegenwart der Arbeit ankündigt; üppige Ernten bedecken die Felder ...

Diese verschiedenen Wirkungen der Sklaverei und der Freiheit sind leicht zu verstehen ... Auf dem linken Ufer des Ohio fällt die Arbeit mit der Vorstellung der Sklaverei zusammen, auf dem rechten Ufer mit der Vorstellung des Wohlstandes und des Fortschritts; dort wird sie erniedrigt, hier geehrt. Auf dem linken Flußufer kann man keine Arbeiter weißer Rasse finden, sie hätten Angst, Sklaven ähnlich zu sein; man muß die Arbeit Sklaven überlassen. Auf dem rechten Ufer sucht man vergeblich nach einem Unbeschäftigten; der Weiße richtet seinen Verstand und seine Tätigkeit auf alle Arbeiten ...

Der Weiße des rechten Ufers, der von seinen eigenen Anstrengungen leben muß, sieht im materiellen Wohlstand das Hauptziel seines Daseins, und da das von ihm besiedelte Land seinem Fleiß unerschöpfliche Schätze darbietet und ihn immer aufs neue anspornt, hat seine Erwerbsgier die üblichen Schranken menschlicher Begehrlichkeit überschritten. Durch das Verlangen nach Reichtum angestachelt, stürzt er sich kühn auf alle Wege, die das Glück ihm eröffnet; er wird, je nachdem, Matrose, Pionier, Fabrikant, Farmer, und er nimmt mit unveränderter Ausdauer die Arbeiten und Gefahren all dieser Berufe auf sich; in seiner Erfindungsgabe ist etwas Wunderbares und in seiner Gewinnsucht eine Art von Heldentum.«[2]

Damit wird vorbereitet, was Tocqueville erkennt und vorhersagt: daß die Vereinigten Staaten dazu bestimmt sind, die Wirtschaftsvormacht und Weltmacht zu werden, die »eines Tages die Geschicke der halben Welt« lenken wird. Schlagend aber wird sichtbar, wie gesellschaftliche Verhältnisse die Menschen bis zum krassen Gegensatz verändern, die doch gleicher Herkunft sind:

»Der Amerikaner des linken Ufers verachtet nicht nur die Arbeit, sondern alle Vorhaben, deren Gelingen von Arbeit abhängt; da er in einem müßigen Wohlstand lebt, hat er die Neigungen müßiger Menschen ... Er liebt die Jagd und den Krieg leidenschaftlich; er findet Gefallen an den anstrengendsten körperlichen Übungen; er ist mit den Waffen vertraut, und schon in der Kindheit hat er gelernt, sein Leben in Zweikämpfen aufs Spiel zu setzen. Die Sklaverei hindert die Weißen also nicht nur, reich zu werden, sie hält sie sogar davon ab, es werden zu wollen.«

Weit vorausblickend zieht Tocqueville eine schicksalsschwere Konsequenz: »Man hebt in den Vereinigten Staaten die Sklaverei nicht zum Vorteil der Neger auf, sondern zum Vorteil der Weißen.«[3]

Selbst wenn es sich nicht um Sklaverei im strengen Sinne handelt, können doch die Wirkungen eintreten, die Tocqueville schildert. Der große Grundbesitz des Adels und der Kirche in Spanien begründet gegenüber den Kleinbauern, Pächtern und Tagelöhnern ein Verhältnis von Herrschaft und Unterwerfung, und zur Herrschaft gehört die Verachtung der Arbeit. Das führt zu Konsequenzen in einem weltgeschichtlich bedeutsamen Sinne. Zugespitzt: Nach Nordamerika wandert man aus, um Abhängigkeiten zu entkommen und durch freie Arbeit sein Glück zu machen. Die Spanier und Portugiesen aber ziehen in ihre Kolonien, um nicht arbeiten zu müssen.

Vielleicht könnte man hier sogar eine Verallgemeinerung

versuchen und behaupten: Überall dort, wo man nicht, wie in Nordamerika, Australien und Neuseeland, die Ureinwohner verdrängt oder vernichtet, um freien Raum für die eigene Arbeit zu schaffen, erweist sich die Eroberung von Kolonien als höchst zweischneidig. Den kurzfristigen Gewinnen steht entgegen, daß sie die Kolonialherren zur Herrschaft statt zur Arbeit erziehen, und diese Mentalität wirkt langfristig lähmend auf die Mutterländer zurück.

Oder um einen Ausblick in unser Jahrhundert zu wagen: Wenn man Wirtschaftssysteme zentralistisch und herrschaftlich durchorganisiert, statt Freiheit für die Eigeninitiative zu schaffen, funktioniert bald nichts mehr, wie es sollte – sofern man von der Kriegsindustrie absieht. Im krassen Gegensatz zu ihren Verheißungen haben die kommunistischen Regime das hinreichend bewiesen. Praktisch entstehen Feudalherrschaften einer neuen Art, samt dem Zwang zur Rechtgläubigkeit wie einst in Spanien. (Und was man bei Tocqueville über die Jagdleidenschaft in den Sklavenstaaten des amerikanischen Südens liest, läßt unwillkürlich an Leonid Breschnew, Nicolae Ceaucescu oder Erich Honecker denken.) Zu fragen bleibt, ob nicht auch bei formell gewährleisteter Freiheit übermäßige Besteuerung und Überregulierung den Niedergang bewirken.

Die Wirtschaft ist das Schicksal, lehren nicht nur Marxisten: Sie formt die Menschen, die gesellschaftlichen Verhältnisse, die politischen Ordnungen nach ihren Bedingungen. Ach, wenn es so eindeutig und einfach doch nur wäre! Unendliches Blutvergießen, die meisten Bürgerkriege und Kriege wären dann der Menschheit erspart geblieben. Aber die Beispiele zeigen vom Spanien des 16. bis zu den kommunistischen Regimen des 20. Jahrhunderts ein anderes Gesicht. Die Politik ist ein eigener Schicksalsbereich; Macht fasziniert und weckt den Stolz, sie zu besitzen; darum kämpfen Menschen um Herrschaft oft härter als um ihre materiellen Interessen.

Allerdings muß man differenzieren. So bedeutend der Vorteil einer straffen Befehlsgewalt für die militärische Schlagkraft zu Lande sein mag, so wenig taugt sie für Seefahrt und Handel. Jeder Kapitän muß auf der Weite des Meeres, jeder Kaufmann in seinem Kontor selbständig entscheiden. Kaum zufällig ist darum Venedig in seiner großen Zeit eine Adelsrepublik und kein Fürstenstaat. Entsprechend werden die blühenden Handelsstädte des Mittelalters und der frühen Neuzeit durchweg von einer Oberschicht der Patrizier regiert. Die Mauern, die die Städte umgeben, schützen nicht nur den Besitz der Bürger, sondern vor allem ihr Eigenrecht gegen die feudalen Gewalten ringsum.

Ähnlich ist es bei den führenden See- und Handelsmächten der Neuzeit. Zwar braucht man in den Niederlanden Wilhelm von Oranien als militärischen Führer gegen die Spanier, aber im Kernbestand bleibt es bei einer Patrizierrepublik mit monarchischer Spitze. Symbolträchtig residieren die Oranier in Den Haag, während die eigentliche Hauptstadt Amsterdam ist. Auch in England scheitern alle Versuche der Stuartkönige, eine absolutistische Herrschaft durchzusetzen.

Ein Seitenblick oder eine Vorbemerkung soll hier dem Faktor gelten, der in der neueren Geschichte eine immer zunehmende Bedeutung gewinnt: der Technik. Augenfällig geht es zu Lande und zu Wasser zunächst um die Militärtechnik. Die Spanier, die Mexiko und Peru erobern, sind den Azteken und den Inkas mit Rüstungen und Schwertern aus Stahl, mit Pferden, Musketen und Geschützen weit überlegen. Das venezianische Standardkriegsschiff ist seit dem 11. Jahrhundert als Nachfolgerin der Liburne die Galeere. Es handelte sich um ein wendiges Ruderfahrzeug mit Rammsporn, dem die Segel nur als Hilfsantrieb dienten. Mit Galeeren wurde 1571 die Seeschlacht bei Lepanto ausgefochten. Doch der Niedergang und der technische Stillstand verschwistern sich: Erstaunlich genug blieb die Galeere im Mittelmeer bis ins 18. Jahrhundert im Gebrauch.

Aber nach Amerika oder um Afrika herum nach Asien kann man nicht rudern. Die Galeonen, mit denen die spanische Armada gegen England fuhr, waren reine Segelschiffe. Doch die beinahe turmartigen Aufbauten für die Bewaffnung minderten ihre Seetüchtigkeit; sie waren weder den flacher gestreckten, schnelleren und artilleristisch überlegenen englischen Schiffen noch den Herbststürmen vor Schottland und Irland gewachsen – und den königlich britischen Piraten wie Sir Francis Drake schon gar nicht.

Schließlich, aber nicht zuletzt geht es um die geistigen Bedingungen. Sie mögen nicht so deutlich zutage treten und nachmeßbar sein wie die wirtschaftlichen und technischen oder die militärischen Erfolge und Mißerfolge. Dennoch spielen sie eine wichtige, vielleicht sogar die wichtigste Rolle. Wer von der eigenen Bestimmung zum Großen, zur Leistungsstärke überzeugt ist, wird wahrscheinlich mehr erreichen als der, den der Selbstzweifel, die Versagensangst heimsucht. Und der Erfolg nährt den Erfolg, wie der Mißerfolg das Mißlingen. Das gilt für einzelne, für Eliten und ganze Völker. Der Glaube schafft je nach den Umständen entweder die unwiderstehliche Stärke oder die Starrheit und Verblendung; aus der Skepsis wachsen Weltoffenheit, Neugierde, Klugheit, aber auch die Gleichgültigkeit und die Resignation. Entsprechend zweideutig wirken Traditionen und Zukunftsvorstellungen.

Für Europa ist es bedeutsam, daß die Herstellung einer zugleich geistig und politisch beherrschenden Einheit niemals gelingt. Am Versuch, sie herzustellen, scheitert in der neueren Geschichte erst Habsburg-Spanien, dann Frankreich, schließlich Deutschland. Immer gibt es die Vielzahl konkurrierender Kräfte, immer bilden sich gegen das Vormachtstreben die Koalitionen des Widerstandes, die am Ende erfolgreich sind.[4]

Europa zerfällt aber auch nicht in ein beziehungsloses Nebeneinander; früher oder später münden die Versuche der Abschottung erst recht ins Mißlingen. Unentrinnbar wirken die wirtschaftlichen Entwicklungen, die gesellschaftlichen Bewegungen, die geistigen und die politischen Kräfte aufeinander ein. Heftige, oft blutige Konflikte brechen damit auf. Doch zugleich entsteht die Dynamik, die die europäische Geschichte einzigartig kennzeichnet. In ihr gewinnen Aufstiege und Niedergänge um so schärfere Konturen.

In seiner Philosophie der Geschichte hat Georg Wilhelm Friedrich Hegel die Vorstellung von einem »Weltgeist« entwickelt, der zielstrebig durch die Räume und Zeiten wandert, um zu sich selbst zu kommen. Er beginnt seinen Weg in Ostasien und gelangt über Indien und den Nahen Osten in den Mittelmeerraum, dann ins südliche, ins westliche, ins mittlere Europa; im protestantisch geprägten Preußen-Deutschland, so scheint es, wird er zur Ruhe finden, weil er hier seine Vorbestimmung, die Entfaltung als Selbst-Bewußtsein erreicht. Karl Marx hat Hegels Vision vom erlösenden Endziel nur in eine andere, die »materialistische« Form gebracht, und zuletzt hat Francis Fukuyama sie vertreten: Nach dem Zusammenbruch des Kommunismus gehört die Zukunft als endgültige Gegenwart der liberalen Demokratie.[5]

Doch der Weltgeist bleibt ein unruhiger Wandergeselle. Vielleicht, wer weiß, hat er sich von uns schon verabschiedet und bereitet sich nach einem Besuch in Amerika auf seine Rückkehr an den Hegelschen Ausgangspunkt in Ostasien vor.

Der deutsche Aufstieg

»Gottlob, nun ist erschollen
das edle Fried- und Freudenwort,'
daß nunmehr ruhen sollen
die Spieß und Schwerter und ihr Mord.
Wohlauf, und nimm nun wieder
dein Saitenspiel hervor,
o Deutschland, und sing Lieder
im hohen, vollen Chor!
Erhebe dein Gemüte
zu deinem Gott und sprich:
Herr, deine Gnad und Güte
bleibt dennoch ewiglich.«

Das dichtet Paul Gerhardt am Ende des Dreißigjährigen Krieges, zum Friedensschluß von Münster und Osnabrück im Jahre 1648. Mit Recht nennt Michael Stürmer diesen Krieg »die existentielle Katastrophe des neuzeitlichen Deutschland, ohne deren Begreifen die ganze nachfolgende deutsche Geschichte keinen Sinn ergibt.«[6] Die Katastrophe bildet den Ausgangspunkt; nur von ihr her kann man verstehen, was folgt. Bis auf wenige Ausnahmen wie Hamburg, Leipzig, Frankfurt am Main oder Köln sind die Städte ruiniert und sinken ins Provinzielle, in die Bedeutungslosigkeit; ein selbstbewußtes Bürgertum, das den Fortgang der Geschichte bestimmen könnte, gibt es nicht mehr. Auf dem

Lande liegen zehntausende von Bauernhöfen und aberhunderte von Dörfern wüst. Insgesamt verliert Deutschland fast die Hälfte seiner Bevölkerung und einen wohl noch größeren Anteil des Volksvermögens. Nochmals Paul Gerhardt in seinem Lied:

> »Das drückt uns niemand besser
> in unsre Seel und Herz hinein
> als die zerstörten Schlösser
> und Städte voller Schutt und Stein;
> ihr vormals schönen Felder,
> mit frischer Saat bestreut,
> jetzt aber lauter Wälder
> und dürre, wüste Heid;
> ihr Gräber voller Leichen ...«

Die Ausmaße der Verwüstung und Verelendung können wir uns kaum mehr vorstellen; die Zustände dreihundert Jahre später, am Ende des Zweiten Weltkriegs, reichen daran nicht einmal von weitem heran.

Der Wiederaufstieg vollzieht sich quälend langsam. Die Wirtschaftszentren und Handelswege Europas haben sich ohnehin weit nach Westen verlagert. Neue Kriege bringen neue Zerstörungen. Seuchen wüten; in Ostpreußen rafft noch in den Jahren 1709 bis 1711 ein später Einfall der Pest ein Drittel der Bevölkerung dahin. Bis gegen Ende des 18. Jahrhunderts leiden weite Teile Deutschlands unter dem Menschenmangel, vor allem im Osten. Daher betreiben die preußischen Könige Friedrich Wilhelm I. und Friedrich der Große eine planmäßige Einwanderungs- und Ansiedlungspolitik.

Wenn wir heute, trotz aller Zerstörungen des Zweiten Weltkriegs, die barocke Prachtentfaltung in Dresden, Würzburg, Ludwigsburg oder an anderen Orten bewundern,

29

dann dürfen wir uns nicht täuschen: Sie gehört zu den Residenzen der Fürsten, Fürstbischöfe oder Standesherren und betrifft – die Hofhaltungen und ihre Zulieferer eingerechnet – kaum ein Prozent der Bevölkerung. Die große Mehrheit der Menschen bleibt bitterarm und beinahe besitzlos; wenn man überlebt, ohne hungern und frieren zu müssen, ist das schon viel.

Erst im 19. Jahrhundert bessern sich die Verhältnisse, zunächst langsam, dann mit zunehmender Beschleunigung. Die Landwirtschaft steigert dank neuer Anbau- und Düngemethoden ihre Feldflächen und Erträge; das Zeitalter der Eisenbahnen und der Industrialisierung schafft wirtschaftliche Chancen, die es vorher nicht gab. Erstmals entsteht aus zerklüfteten, gegeneinander regional und sozial weitgehend abgekapselten Insellagen eine bürgerliche Gesellschaft von Beamten und Angestellten, Unternehmern, Kaufleuten und Handwerkern, Professoren und Gymnasiallehrern, von Ärzten, Architekten, Ingenieuren, Juristen, Journalisten, Künstlern und Kritikern. Erstmals kommt für diesen rasch wachsenden Mittelstand ein zwar meist noch bescheidener, aber gesicherter Wohlstand – und in den Spitzenpositionen sogar Reichtum in Sicht.

Vielleicht am eindrucksvollsten läßt sich der deutsche Wandel des 19. Jahrhunderts am Bevölkerungswachstum ablesen. 1816, nach dem Ende der napoleonischen Kriege, leben auf dem Gebiet des späteren Deutschen Reiches 24,8 Millionen Menschen; 1871 sind es 41 Millionen und 1913 67 Millionen. Dabei wandern noch sehr viele Menschen aus, besonders nach Amerika, allein zwischen 1871 und 1890 fast zwei Millionen. Gewiß spricht diese Massenauswanderung erst einmal von der herrschenden Not; man verzweifelt daran, ihr in Deutschland entkommen zu können, und hofft auf ein besseres Leben in der Neuen Welt. Um so bedeutsamer ist es, daß die Auswanderung bereits seit 1893 drastisch abnimmt und sich bis zum Vorabend des Ersten Weltkriegs ins Bedeutungslose verliert. Zwischen 1890 und 1913 steigt die Zahl der Beschäftigten von 22,4 auf 31 Millionen; Deutschland bietet jetzt einer Bevölkerung Arbeit und Brot, die sich in knapp einem Jahrhundert fast verdreifacht – ein noch im Rückblick staunenswerter Vorgang.

Dabei hat am Ende auch der »vierte Stand«, das von Marx so genannte Proletariat, mehr zu verlieren als bloß seine Ketten. Die Realeinkommen verdoppeln sich zwischen 1871 und 1914, die Arbeitszeit nimmt spürbar ab, und die Entwicklung des Sozialstaates beginnt. 1883 wird die Krankenversicherung für Arbeiter eingeführt, 1884 die Unfallversicherung, 1889 die Invaliditäts- und Altersversicherung.

Fragt man nach den Hintergründen des Aufstiegs, so stößt man nicht auf natürliche Reichtümer, sondern auf ein Bündel von Tugenden: Sparsamkeit, Ordnungssinn, Fleiß und Leistungsbereitschaft. Von ihnen ist jedenfalls immer wieder die Rede, und in manchen Deutungen scheint es sich um einen von Gott oder der Natur gegebenen Volkscharakter zu handeln. Oder wurde er vielleicht durch das Elend geformt, in das Deutschland mit dem Dreißigjährigen Krieg geriet und dem man nur beikommen konnte, wenn man sich auf den Verzicht ebenso wie auf die unermüdliche Arbeit einrichtete? Nein, durchaus nicht. Das unabsehbar herrschende Elend führt eher zur Resignation; die zeitgenössischen Berichte sind voll von den Klagen über Faulheit und Trunksucht, über das Bettelunwesen oder das Verprassen von allem, was man noch hat: Nach uns die Sintflut, die uns ohnehin schon umspült.

Wenn dennoch die Charakterprägung zu Sparsamkeit und Leistung sich mehr und mehr durchsetzt, dann handelt es sich um einen sehr mühsamen und langfristigen Erziehungsprozeß, in dem zwei Institutionen eine zentrale Bedeutung gewinnen: die Kirche und der Staat. Besonders das Lu-

31

thertum und der aus ihm abstammende Pietismus predigen, daß man die Berufsarbeit als innere Berufung, als Bewährung vor Gott ansehen soll. Wie es in einem bekannten Choral heißt:

>>Gib, daß ich tu mit Fleiß,
was mir zu tun gebühret,
Wozu mich dein Geheiß
in meinem Stande führet.
Gib, daß ich's tue bald,
wann ich es tuen soll,
Und wenn ich's tu, so gib,
daß es gerate wohl.<<

Genau dies singen aber auch die preußischen Grenadiere, als sie, den Österreichern an Zahl weit unterlegen, 1757 im Siebenjährigen Krieg in die Schlacht bei Leuthen marschieren, und Sebastian Haffner hat gesagt: >>Das hätte übrigens eine gut passende preußische Staatshymne abgegeben.<<[7]

In der Tat, Preußen wird zur überragenden Erziehungsanstalt. Die großen Könige des 18. Jahrhunderts, Friedrich Wilhelm I. und Friedrich II., prägen ihren Untertanen ein, was sie selbst vorleben: den Fleiß und die Pflichterfüllung bis in den Tod. Der Adel wird zu einer Dienstelite geformt; ein Beamtentum entsteht, das aus Schlendrian und Korruption schließlich zur Höhe seiner kaum jemals zuvor oder seither erreichten Leistungstüchtigkeit gelangt. Und nach und nach erreichen die Tugenden immer mehr Menschen, nicht zuletzt dank der Armee als >>Schule der Nation<<.

Was das eine Jahrhundert sät, erntet das nachfolgende, das 19. Jahrhundert. Der Zusammenbruch des alten Ständestaates im napoleonischen Ansturm setzt mit den folgenden Reformen, mit Bauernbefreiung, Selbstverwaltung der Städte, Gewerbefreiheit und Judenemanzipation die Kräfte frei, die das strikt auf die Person des Herrschers zugeschnittene Erziehungsregiment zwar geweckt, aber zugleich auch gefesselt hatte.

Eine besondere Betrachtung muß dem Bürgertum gelten. Wie schon angedeutet, hat der Dreißigjährige Krieg es tief und langfristig ruiniert. Immer sieht man sich seitdem in den weit überlegenen, zudem noch organisationstüchtigen Obrigkeitsstaat gebannt; eine revolutionäre Durchsetzung wie 1789 in Frankreich ist ausgeschlossen. Ohnehin bietet sich gerade für die Tüchtigen eine Alternative an: Durch den Eintritt ins Beamtentum kann man aufsteigen, Anteil am Ansehen des Staates und eine materielle Absicherung gewinnen, die es sonst kaum gibt. Noch die Revolution von 1848 ist nüchtern betrachtet – wenn man sich zum Beispiel die Abgeordneten des Preußischen Landtags oder die Nationalversammlung in der Frankfurter Paulskirche ansieht – wesentlich eine Beamtenbewegung.

Aber sie scheitert; die nationale Einheit von 1871 ist wieder ein Geschenk des alten Staates, der im Glanz seiner Waffen triumphiert. Der Sedantag, die Erinnerung an den militärischen Sieg über den »Erbfeind« Frankreich, wird zum einzig populären Nationalfeiertag, den es hierzulande jemals gegeben hat. Und das Bürgertum, obwohl inzwischen die wirtschaftlich bestimmende Schicht, gerät nun, nun erst recht, in den Bann der Machtpolitik. Es läßt sich von dem Bismarckwort überzeugen, daß »Blut und Eisen« und nicht »Reden und Majoritätsbeschlüsse« die großen Fragen der Zeit entscheiden. Man ist eben nicht, wie in Frankreich und England, citoyen oder citizen, nicht Bürger, sondern Staatsbürger, wenn möglich in Uniform.[8]

Aber zur neueren Geschichte des deutschen Bürgertums gehört auch eine einzigartige Leistung. Ihr Schlüsselbegriff heißt Bildung; nicht zufällig läßt er sich in andere Sprachen kaum übersetzen, ohne einen Bedeutungsverlust zu erleiden. Bildung gewinnt zunächst einmal eine handfest praktische Bedeutung, denn Bildungpatente eröffnen den Aufstieg in die höheren Beamtenränge. Weil es andere Möglichkeiten kaum gibt, sind sie darum so wichtig, wie sonst vielleicht nur noch im klassischen China der Mandarine. Zugleich schafft Bildung Prestige; auf ihrem Felde und zunächst nur auf ihm kann man mit dem sonst stets übermächtigen Adel erfolgreich konkurrieren. Die politischen Erwartungen, die sich damit verbanden, hat Friedrich Meinecke in seiner Darstellung der preußischen Erhebung von 1813 geschildert:

»Wenn die unteren und mittleren Schichten den Mangel an politischer Erfahrung durch treue und hingebende Gesinnung ersetzten, so konnten die gebildeten Schichten des Bürgertums sich mit Stolz auf die geistigen Güter, die sie erarbeitet hatten, berufen und sie als Legitimation vorweisen auch für politische Rechte. Man verlangte zwar nicht stürmisch nach solchen Rechten einer freien Verfassung, aber was wichtiger und fruchtbarer war, man hatte den innigen Wunsch, mit dem, was man geistig erworben hatte, dem Staat und dem Vaterlande etwas sein zu können.«[9]

Das klingt seltsam naiv. Abgesehen von der Frage, ob Bildung allein schon politische Rechte oder gegenüber den Unterschichten mit nur treuer Gesinnung Vorrechte begründet: Was bedeutet es denn, dem Staat etwas »sein« zu können? Doch Meinecke beschreibt sehr genau, worum es sich tatsächlich handelt. Zugespitzt ausgedrückt: Die Revolution der Bildung tritt an die Stelle der politischen Revolution. Als Utopie der Chancengleichheit durchbricht sie die Ständeschranken; sie ersetzt die Gleichheitsrevolution von 1789.

Die fortwirkende Zauberkraft dieser Vorstellung zeigt sich nicht zuletzt in der deutschen Arbeiterbewegung, wie sie sich seit dem letzten Drittel des 19. Jahrhunderts entwickelt. »Bildung macht frei!« heißt ihre Parole, und mit geradezu heroischen Anstrengungen folgt sie dem Bürgertum auf seinem im Grunde doch unpolitischen Weg.

34

Bei aller Kritik, die sich aufdrängt, muß man fragen, ob es andere Möglichkeiten gab. Und noch einmal muß man an das Urteil von Michael Stürmer erinnern, daß die neuere deutsche Geschichte nur von der Katastrophe her verständlich wird, die der Dreißigjährige Krieg bedeutete. Im übrigen darf man nicht vergessen, welche Errungenschaften sich mit der Utopie der Bildung verbanden. Ihre Krönung fanden sie in den Idealen, die Wilhelm von Humboldt mit der Universitätsgründung von Berlin im Jahre 1810 verwirklichen wollte. Mit ihrem überragenden Erfolg zog diese Gründung die bereits bestehenden Hochschulen in ihren Bann; mit ihr entstand im sonst so unbürgerlich geprägten Preußen eine bürgerliche Institution von höchstem Rang. Denn mit ihr begann ein Jahrhundert der Weltgeltung deutscher Gelehrsamkeit, Wissenschaft und Forschung, das erst mit der Selbstzerstörung des Geistes 1933 ans Ende kam.[10]

Über allem aber steht die Arbeit. »Das Arbeiten ist meinem Gefühl nach dem Menschen so gut ein Bedürfnis als Essen und Schlafen«, sagt der große Bildungsreformer Wilhelm von Humboldt.[11] Und die Fürsprecherin des Proletariats, Rosa Luxemburg, stimmt dem preußischen Aristokraten nachdrücklich zu: »Die Arbeit, die tüchtige, intensive Arbeit, die einen ganz in Anspruch nimmt mit Hirn und Nerven, ist doch der größte Genuß im Leben.«[12]

Auch Bildung will erarbeitet sein. Das Leistungsprinzip bestimmt sie; eine Atmosphäre von Anstrengung gehört zu ihr und nicht etwa ein heiterer Lebensstil, den die Muße umrahmt. »Ohne Fleiß kein Preis«: Unter den deutschen Bedingungen führt eben einzig die Arbeit aus der Armseligkeit heraus zu materieller Sicherheit und Ansehen; sie ist die Bedingung des Aufstiegs. Auf dem Müßiggang liegt dagegen ein Bannfluch. Er ist aller Laster Anfang, und wer sich ihm hingibt, gerät ins Verderben. Wir werden auf diese Hochschätzung, um nicht zu sagen Heiligung der Arbeit zurückkommen.

Höhenflug und Absturz

Im Jahre 1913 feierte Wilhelm II. sein silbernes Kaiserjubiläum. Vielmehr: Er wurde als »der Friedenskaiser« gefeiert. Seine 25 Regierungsjahre standen im Zeichen des Fortschritts; Deutschland wandelte sich von einer Agrargesellschaft zum Industriestaat, und es wandelte sich rasch. Einige Zahlen mögen diesen wilhelminischen Fortschritt anschaulich machen.

Im Jahre 1883 lagen Industrie und Handwerk mit ihrer Wertschöpfung noch hinter der Land- und Forstwirtschaft, aber schon vor der Jahrhundertwende errangen sie einen Vorsprung, und 1913 betrug das Verhältnis 19,9 zu 11,3 Milliarden Mark, wobei die weiteren Hauptanteile an der Gesamtleistung von 48,5 Milliarden ebenfalls auf moderne Bereiche wie Bergbau, Verkehr, Handel, Banken und Versicherungen entfielen.

In nur 16 Jahren, von 1896 bis 1912, verdoppelte sich die Steinkohleförderung von 86 auf 177 Millionen Tonnen. Die Braunkohleproduktion sprang von 27 auf 82, die Roheisengewinnung von 6,3 auf 17,9 Millionen Tonnen.

Die Eisenbahnen erreichten 1890 11,3 und 1913 41,4 Milliarden Personenkilometer, während der Güterverkehr sich von 22,5 auf 67,7 Milliarden Tonnenkilometer verdreifachte. Ähnlich sah es bei der Binnenschiffahrt aus.

Die Handelsflotte vergrößerte sich von 1890 bis 1912 von 1,6 auf 4,6 Millionen Bruttoregistertonnen. Hiermit lag das

Reich zwar immer noch weit hinter Großbritannien mit 19,9, aber deutlich vor den Vereinigten Staaten mit 2,8 Millionen Tonnen. Gegenüber diesem Mitverfolger der alten Seemacht war dabei die deutsche Handelsflotte entschieden moderner: Nur noch ein Dreizehntel der Tonnage entfiel auf Segelschiffe, in den Vereinigten Staaten mehr als ein Drittel. Dem geringen Importüberschuß von 0,2 Milliarden Dollar standen 1913 bereits Auslandsanlagen im Wert von 5,8 Milliarden Dollar gegenüber.

Im Blick auf die Zukunft stellten sich die Aussichten erst recht glänzend dar. Im Vergleich mit Großbritannien als der führenden Industriemacht des 19. Jahrhunderts lag man in den »klassischen« Bereichen der Schwer- und Textilindustrie zwar weiterhin zurück, aber in der Chemie und der Pharmazie, der Optik, der Feinmechanik und der Elektrotechnik erreichte man die Spitzenpositionen; Firmen wie die Badische Anilin- und Soda-Fabrik, Bayer, Hoechst, Carl Zeiss, Robert Bosch, AEG, Siemens & Halske rückten fast über Nacht zur Weltgeltung auf. Das heißt, mit anderen Worten: Deutschland übernahm die Führung in den Zukunftsindustrien.

Das ergab sich kaum von ungefähr. Der Fortschritt brauchte neue Grundlagen; nicht mehr nur auf den Praktiker und Tüftler mit genialen Einfällen kam es an – wie bei der Erfindung der Dampfmaschine oder der Lokomotive –, sondern auf die Systematik wissenschaftlicher Forschung. Hierfür war man mit dem Standard der Universitäten hervorragend gerüstet. Ebenso wurden die Technischen Hochschulen nachdrücklich gefördert, nicht zuletzt von Seiner Majestät dem Kaiser. Und 1911 entstanden mit der Gründung der Kaiser-Wilhelm-Gesellschaft zur Förderung der Wissenschaften – der heutigen Max-Planck-Gesellschaft – neuartige Forschungsinstitutionen.

Ein weiterer Faktor sollte vielleicht noch erwähnt werden: die Qualitätsproduktion gerade in technisch anspruchsvollen und zukunftsträchtigen Bereichen wie zum Beispiel dem Maschinenbau. Im Jahre 1887 erzwang Großbritannien eine Herkunftsbezeichnung für Exportprodukte. Aber das »Made in Germany«, eigentlich als Abwehrwaffe gegen Schleuderwaren gedacht, verwandelte sich bald zum Gütesiegel. Hierzu trug das Ausbildungsmodell bei, das den Traditionen des Handwerks entstammte und an die Volksschule eine mehrjährige Lehre anschloß. Damit entwickelte und behauptete sich in Deutschland eine Facharbeiterschaft, deren Fähigkeiten nirgendwo übertroffen und deren Selbstbewußtsein von der qualitätsbestimmten Leistung getragen wurde.

Aber das Selbstbewußtsein, das Zutrauen zur eigenen Leistung gab es wahrlich nicht nur in der Arbeiterschaft. Bald nach Bismarcks Entlassung erklärte der ungestüme junge Kaiser in einer seiner vielen und schneidigen Reden: »Zu Großem sind wir noch bestimmt, und herrlichen Zeiten führe Ich euch noch entgegen.«[13] Darüber haben bereits die Zeitgenossen gespottet. Doch es war etwas daran; Wilhelm II. verkörperte die Stimmungslage der kaum zufällig nach ihm benannten Epoche, und bis zum Regierungsjubiläum von 1913 hatte man es tatsächlich weit gebracht. Warum sollte sich die Zukunft nicht erst recht glänzend darstellen?

Zu den Voraussetzungen gehörte allerdings, daß man mit aller Kraft den Frieden als die Bedingung des Fortschritts wahrte; wenn man zum Höhenflug ansetzte und nicht abstürzen wollte, gab es nichts, was wichtiger war. Denn für Fortschritt und Wohlstand brauchte man keinen Kampf um Kolonien, sondern den Austausch mit anderen Industriestaaten. Dabei konnten alle gewinnen: Deutschland steigerte seine Ausfuhren nach Großbritannien, aber auch Großbritannien die nach Deutschland. Die internationale Kapitalverflechtung nahm ohnehin zu. Und selten stellte sich die Situation des Welthandels so ausgewogen dar wie am Vorabend des Ersten Weltkriegs. Schließlich und nicht zuletzt:

Deutschlands Wirtschaftsentwicklung hatte den Bevölke-
rungsdruck aufgefangen. Das Wehklagen über ein »Volk
ohne Raum« kam, paradox genug, erst in Mode, als es nicht
mehr nötig war.

Aber wollte man wirklich den Frieden? Die Reichsgründung von 1871 erfüllte eine deutsche Jahrhundertsehnsucht,
und Bismarck wußte, daß der neue Nationalstaat das Äu-
ßerste war, was man Europa zumuten konnte. Doch die nachfolgende Generation geriet in eine seltsame Unruhe. »Wir
müssen begreifen, daß die Einigung Deutschlands ein Ju-
gendstreich war, den die Nation auf ihre alten Tage beging
und seiner Kostspieligkeit halber besser unterlassen hätte,
wenn sie der Abschluß und nicht der Ausgangspunkt einer
deutschen Weltmachtpolitik sein sollte.« Das erklärte der
große Gelehrte Max Weber 1895[14] – und gab wiederum einer mehr und mehr verbreiteten Stimmung Ausdruck. Zwei
Jahre später sprach der Staatssekretär des Auswärtigen Am-
tes und spätere Reichskanzler Bernhard von Bülow vom angeblich vorenthaltenen »Platz an der Sonne«, den man sich
erkämpfen müsse.[15]

Was eigentlich erreicht werden sollte, wußte man selbst
nicht genau. Nur der Gegner war deutlich. Der alte »Erbfeind« Frankreich rückte eher in den Hintergrund. Denn
seine Bevölkerungsentwicklung kam im letzten Drittel des
19. Jahrhunderts bei etwa 40 Millionen zum Stillstand und
blieb hinter der deutschen immer weiter zurück; militärisch
fühlte man sich seit 1870 ohnehin überlegen. Um so schärfer
geriet jetzt Großbritannien ins Visier, die große seebeherr-
schende Wirtschafts- und Kolonialmacht. Gegen sie richtete
sich der deutsche Traum von der Weltmacht und, mit dem
Kaiser an der Spitze, das schicksalsbestimmende Zukunfts-
projekt der wilhelminischen Zeit: der Schlachtflottenbau.[16]

Vor diesem Traum von der Weltmacht hätte jeder nüch-
terne Beobachter eindringlich warnen müssen: »Er kann

nicht gut ausgehen, und ein böses Erwachen wird folgen.« Bereits der Blick in die neuere europäische Geschichte zeigt, daß das Vormachtstreben stets eine Koalition der Gegenkräfte mobilisiert, mit England voran. Das gilt zunächst für Habsburg-Spanien, dann für Frankreich von Ludwig XIV. bis Napoleon. Alle kurzfristigen Erfolge münden in das langfristige Scheitern.

Noch einen Faktor hätte man bedenken müssen, vielleicht den wichtigsten, obwohl er in politischen Berechnungen kaum vorkommt – und in den militärischen erst recht nicht. Eine Vormacht muß sich ihren Nachbarn, eine Weltmacht der Welt dadurch verständlich und annehmbar machen, daß sie eine Lebensordnung, eine Form von Zivilisation als Vorbild anbietet. Das gilt schon für das römische Weltreich.

In der neueren Geschichte gilt es für Frankreich. Das Sonnenkönigtum Ludwigs XIV. schafft ein Modell für die höfische Gesellschaft, bis hin zur Sprache der Oberschichten; die Aufklärung liefert von Voltaire bis Rousseau geistige, aber auch gesellschaftliche und politische Ziele über Frankreich weit und grundsätzlich hinaus; aus den Errungenschaften von 1789 stammen der Code civil und die anderen Gesetzgebungswerke, die die Eroberer im Marschgepäck mit sich führen – so daß sich zum Beispiel in vielen Teilen West- und Süddeutschlands die Begeisterung über die Erhebung von 1813 gegen Napoleon in Grenzen hält. England setzt im 19. Jahrhundert Maßstäbe der Zivilisation und bietet mit dem Gentleman eine Vorbildfigur an, wie Amerika seit 1945 die Kultfiguren, die Rhythmen und die Lebensformen besonders für die Jugend.

Doch was bietet Deutschland? Im Jahre 1861 veröffentlicht Emanuel Geibel sein Gedicht »Deutschlands Beruf«, in dem es heißt:

> »Daß die Welt nicht mehr, in Sorgen
> um ihr leichterschüttert Glück,

täglich bebe vor dem Morgen,
gebt ihr ihren Kern zurück!
Macht Europas Herz gesunden,
und das Heil ist euch gefunden ...

Macht und Freiheit, Recht und Sitte,
klarer Geist und scharfer Hieb
zügeln dann aus starker Mitte
jeder Selbstsucht wilden Trieb,
und es mag am deutschen Wesen
einmal noch die Welt genesen.«[17]

Die Schlußzeilen sind zum geflügelten Wort geworden. Aber was sie meinen, verschwimmt höchst unklar, sofern man vom kaum verheißungsvollen »scharfen Hieb« einmal absieht. Diese Unklarheit wird schon für die Deutschen zum Problem; die Frage nach dem nationalen Profil, nach ihrer »Identität« findet keine schlüssige Antwort; unser kultureller Reichtum gründet in der regionalen Vielfalt, nicht in der Einheit. Für sie bleibt im Grunde nur die Machtentfaltung; kaum zufällig stammt die Reichsgründung aus dem militärischen Triumph des alten Obrigkeitstaates.

Wer will, mag vielleicht auf die Musik verweisen, und ganz gewiß hat sie von Johann Sebastian Bach bis Richard Wagner und Gustav Mahler einen unvergänglichen Beitrag zum Weltkulturerbe geleistet. Aber sie beseitigt die deutsche Verlegenheit nicht, sondern bestätigt sie. Sie versetzt uns in ein Geisterreich der Empfindungen, doch für die Gestaltung des Alltagslebens, für die Form und den Rang einer Zivilisation gibt sie wenig her. Große Kunst ist übernational; Beethovens Symphonien erklingen in Japan ebenso wie in Europa – oder schließlich über den Abgründen, in den Vernichtungslagern der Gewaltherrschaft.

Vergeblich proklamiert man darum in den »deutschen

Ideen von 1914« die Verteidigung der Kultur gegen den westlichen Ansturm der Zivilisation; was ringsum die Völker hören und was ihnen im Gedächtnis bleibt, ist nur der Marschtritt der Soldaten.

Den Frieden als Bedingung des deutschen Aufstiegs und Höhenflugs sichern? Als 1914 die Mobilmachung verkündet wurde, stimmte die vor dem Berliner Schloß versammelte Menge spontan einen Choral an: »Nun danket alle Gott ...« Wilhelm II. sprach vom Balkon des Schlosses herab und fand die zündende Parole: »Wenn es zum Kriege kommen soll, hört jede Partei auf, wir sind nur noch deutsche Brüder.« Nach Zeitungsberichten rief das Kaiserwort einen Jubel hervor, »wie er wohl noch niemals in Berlin erklungen ist. Die Menge stimmte erneut patriotische Lieder an.«[18]

Die Ungeheuerlichkeit des Jubels vom August 1914 wird nur vor dem Hintergrund des deutschen Mangels an ziviler Identität verständlich: Eben nicht der Frieden, sondern der Krieg hatte den Nationalstaat geschaffen, und nicht der Frieden, sondern der Krieg sollte ihn vollenden. In diesem Sinne schrieb der Historiker Hermann Oncken völlig zutreffend: »Der Krieg hat den Deutschen mit einem stärkeren Ruck über diese innere Kluft [der sozialen Gegensätze] hinweggeholfen, als lange Friedensentwicklung vermocht hätte ... Als auch die Sozialdemokratie in ihrer Vertretung im Reichstage, in der Sprache ihrer publizistischen Organe und in der Gesinnung ihrer Millionen sich rückhaltlos und mannhaft in Reih und Glied stellte, da kam über viele ein beseligendes Gefühl: jetzt sind wir wahrhaft, jetzt sind wir endlich eine einige Nation.«[19]

Die Deutschen erbringen staunenswerte Leistungen, und sie kämpfen unvergleichbar tapfer. Alle europäischen Gegenkräfte reichen nicht mehr aus, um sie zu besiegen. Im Grunde müssen sogar das die Deutschen selbst übernehmen. Der wilhelminische Traum von der Weltgeltung durch Seemacht erweist sich gleich dreifach als fatal. Er ruft England als Feind auf den Plan, und während die britische Blockade sich immer härter auswirkt, dümpelt die deutsche Schlachtflotte so funktionslos auf ihren Liegeplätzen, als gäbe es sie nicht. Der verzweifelte Versuch, zur See doch noch siegreich zu sein, führt zum uneingeschränkten U-Boot-Krieg; auf ihn antwortet die amerikanische Kriegserklärung, in der die Entscheidung gegen Deutschland angelegt ist. Am Ende wird das kaiserliche Lieblingsspielzeug zur Keimzelle der Revolution.

Man möchte nicht glauben, was offenkundig ist; statt der Ernüchterung folgt der Weg in den Wahn. Vom heimtückischen »Dolchstoß« ist die Rede, der die Niederlage bewirkte; die Männer, die im Zusammenbruch von 1918 Verantwortung auf sich nahmen, werden als »Novemberverbrecher« verfemt, wie von Rathenau bis Stresemann die Staatsmänner der Republik als »Erfüllungspolitiker« der Feindmächte; die parlamentarische Demokratie erscheint vielen und immer mehr Deutschen als verächtlich.

Schließlich stellt sich die Gewaltherrschaft als Erlösung dar. Weil aber der alte, noch vom Recht begrenzte Staat am Weltmachttraum scheiterte, muß die Gewalt nun grenzenlos sein. Selbst unter ihren finsteren Vorzeichen gibt es noch einmal große Leistungen und sogar Tapferkeit und Opferbereitschaft; eine Weltkoalition muß aufgeboten werden, um Deutschland zu besiegen. Je weiter man indessen in die Katastrophe gerät, desto eindeutiger kennt die Gewaltherrschaft nur noch ein Ziel: die Vernichtung, die von der Selbstvernichtung kaum mehr zu unterscheiden ist. Der deutsche Höhenflug endet im schreckensvollen Sturz in die Tiefe.

Der Wiederaufstieg

Aus gesichertem Abstand ist im Rückblick auf das Kriegs-
ende 1945 davon die Rede, daß die Deutschen von der Gewaltherrschaft befreit wurden. Doch zunächst einmal hielten
die Sieger nicht als Befreier ihren Einzug, anders als in Paris
oder Prag. Und die Gefühle der Menschen wurden elemen-
tarer und zwiespältiger bestimmt; hart neben dem Glück des
Überlebens stand die Verzweiflung über die Lebensum-
stände.

Wie denn sonst? Zwar kündete kein Sirengeheul und
kein Standgericht mehr vom Tod, aber viele Städte lagen in
Trümmern, fast alle Räder standen still, der Hunger ging
um, und das Geld taugte nichts mehr. Auf der Suche nach einer Bleibe irrten Millionen von Menschen umher und waren
nirgendwo willkommen. Nach ihrem Gutdünken regierten
und teilten die Sieger das Land; den Besiegten hielten sie
ihre Schande, die Verbrechen einer Gewalt ohne Schranken
vor Augen, mit der die meisten sich lange genug identifiziert
hatten.

Vor solchem Hintergrund nimmt sich der Wiederaufstieg
um so erstaunlicher aus. Die Folgen des Dreißigjährigen
Krieges haben Deutschland für Generationen geprägt; die
materiellen Verluste des Zweiten Weltkrieges waren zehn
Jahre nach der bedingungslosen Kapitulation wenn nicht
vergessen, dann doch überwunden, jedenfalls im Westen,
der sich aus den amerikanischen, britischen und französi-

44

schen Teilgebieten zur Bundesrepublik Deutschland zusammenfügte. Das »Wirtschaftswunder« zeichnete sich nicht als Wunschtraum, sondern als Realität ab, und die Vormundschaft der Besatzungsmächte war bis auf geringe, immer weniger drückende Reste abgetragen.

Will man ein Symbol des Wandels nennen, so wäre an die Berliner Blockade zu erinnern, die im Juni 1948 begann und im Mai 1949 endete. In dem Lande, das eben noch die Vernichtung der Freiheit auf seine Fahnen geschrieben hatte, rückten mit ihrem Bürgermeister Ernst Reuter die Bürger von West-Berlin in die Frontlinie ein, an der die Freiheit verteidigt wurde; im Zeichen dieser Verteidigung entstand die Bundesrepublik. Etwas später gab es ein kaum weniger symbolträchtiges und nur dem Anschein nach unpolitisches Ereignis: das »Wunder von Bern«, den Gewinn der Fußballweltmeisterschaft 1954. Von da an läßt sich ein neues Selbstbewußtsein datieren, das Gefühl, das in allen seinen Spielarten oder auch Unarten besagte: »Wir sind wieder wer.«

Natürlich kann man beklagen, was gerade der reißende Wandel mit sich brachte. Die Erinnerung an Gewaltherrschaft und Vernichtungswahn wurde weithin verdrängt und die von manchen geforderte »Trauerarbeit« kaum geleistet. Die Mehrzahl der Beteiligten kehrte bald wieder in die Positionen zurück, die sie bis 1945 eingenommen hatte, oder wurde aus ihnen gar nicht erst entfernt. Kritiker haben darum vom »restaurativen« Charakter der Bundesrepublik gesprochen. Dennoch entwickelte sich in mehrfacher Hinsicht grundlegend Neues. Um nur zweierlei zu nennen:

Der Bann der militärischen Macht und die Faszination der Uniformen, die zu seinem Unheil den ersten deutschen Nationalstaat bestimmt hatten, waren dahin. Eher seufzend fügte man sich in die Wiederbewaffnung, weil die Partnerschaft mit dem Westen sie erforderte – und in der Hoffnung, daß sie den Frieden sichern statt auf einen Krieg vorbereiten würde. Ungleich stärker als Frankreich, Großbritannien oder die Vereinigten Staaten sind die Deutschen zu einer durch und durch zivilen Nation geworden.

Auch vom machtgeschützten »Sonderweg«, von einer Frontstellung deutscher Kultur gegen die westliche Zivilisation war kaum mehr die Rede. Dabei führte die Hinwendung zum Westen über das politisch Gebotene weit hinaus bis in die Tiefen oder Untiefen des Lebenszuschnitts und Lebensgefühls. Wie »linke« Kritiker die Restauration, so hat man von »rechts« dies beklagt – zutreffend und ohnmächtig genug: Deutschland ist wirklich westlich und in mancher Hinsicht sogar »amerikanischer« geworden als zum Beispiel Frankreich.[20]

Fragt man nach den Ursachen des Wiederaufstiegs, so sind viele Faktoren zu nennen. Zunächst spielten die äußeren Umstände eine wichtige Rolle. Der »Kalte Krieg«, der bald nach 1945 die Siegermächte von Ost und West entzweite, spaltete die Nation, aber er machte die Westdeutschen zu seinen Gewinnern. Aus den Besiegten und eben noch Verfemten wurden die Partner, die man brauchte, um Westeuropa gegen die Sowjetunion zu stablisieren. Den amerikanischen Kurswechsel kündigte bereits die Stuttgarter Rede des Außenministers James Byrnes vom 6. September 1946 an. Und nicht nur die Berliner Blockade, sondern auch der Koreakrieg, der 1950 begann, verstärkte diese Entwicklung.

In Konrad Adenauer fand die Bundesrepublik den Kanzler, der die weltpolitischen Chancen virtuos nutzte, um die Partnerschaft mit den Vereinigten Staaten zu begründen und die Aussöhnung mit Frankreich auf den Weg zu bringen. Dabei war der Patriarch aus Rhöndorf gewiß nicht der »Kanzler der Alliierten«, als den ihn Kurt Schumacher in einer stürmischen Bundestagsdebatte abstempeln wollte, sondern er erkannte, daß die Eingliederung der Bundesrepublik in den Westen dem deutschen Interesse entsprach. Adenauers strahlende Wahlsiege von 1953 und 1957 zeigten, daß eine wachsende Mehrheit der Bürger ihm darin folgte. Die Gesamtdeutsche Volkspartei Gustav Heinemanns stemmte sich ihm ohnmächtig entgegen; 1953 erzielte sie nur 1,2 Prozent der Stimmen und löste sich im Mai 1957 auf.

Übrigens verfügte die Bundesrepublik gerade in ihren Anfängen über eine politische Elite, die diesen Namen verdiente. Konrad Adenauer und Ludwig Erhard, Theodor Heuss, Kurt Schumacher, Carlo Schmid und Herbert Wehner, Bürgermeister wie Ernst Reuter, Max Brauer und Wilhelm Kaisen, Ministerpräsidenten wie Karl Arnold, Hinrich Kopf, Georg August Zinn und Reinhold Maier, Gewerkschaftsführer wie Hans Böckler und Otto Brenner: Fast beliebig ließe sich diese Namensliste fortsetzen. Bei allen Unterschieden oder sogar Gegensätzen im einzelnen macht der historische Abstand doch Gemeinsames sichtbar. In heutiger Sicht handelte es sich um »autoritäre«, jedenfalls kantige Charaktere, die den Konflikt so wenig scheuten wie das zunächst Unpopuläre, das sie für richtig hielten. Dabei kam ihnen natürlich zustatten, daß sie früher da waren als die Funktionärsapparate, die erst allmählich sich entwickelten und die Karrierebedingungen veränderten. Auch von der doppelten biographischen Prägung wäre zu reden, zunächst durch die Weimarer Republik und ihr schmähliches Ende, dann durch die Gewaltherrschaft, die diese Männer ausschaltete und verfemte, manche verfolgte, einige in die Emigration trieb.

Ähnlich sah es bei den Männern und – weit in der Minderheit – bei den Frauen aus, die das Bonner Grundgesetz schufen. Sie waren »gebrannte Kinder«, mit bitteren Erfahrungen befrachtet. Die Utopie, jede Traumvorstellung vom neuen und guten Menschen lag ihnen fern – und um so näher die Frage: Was kann man tun, um die Wiederkehr des

Unheils zu verhindern und die Freiheit gegen ihre Feinde zu verteidigen? Es ging nicht um einen Katechismus edler Sinnziele und erhabener Verfassungsaufträge wie zum Beispiel das »Recht auf Arbeit«; Theodor Heuss hat es mit der Bemerkung erledigt, daß er dann auch ein »Recht auf Faulheit« fordern werde. Nein, es ging um einklagbare Rechte, die Abwehr des Machtmißbrauchs und ein handlungsfähiges Regieren. Diese Nüchternheit oder Skepsis findet ihr historisches Vorbild vielleicht nur im Werk der amerikanischen Verfassungsväter von 1787. Aber nach einem halben Jahrhundert der Erprobung in der politischen Praxis darf man wohl sagen: Gerade aus dem Geist der Skepsis ist ein großer Wurf gelungen, ein Glücksfall in unserer vom Glück nicht eben reich beschenkten Geschichte.

Beim wirtschaftlichen Neubeginn denkt man vorab an Ruinen, an die gesprengten Brücken und zerstörten Werkhallen; immer wieder werden in Erinnerungsbüchern ihre Bilder beschworen. Sie sprechen die Wahrheit – und täuschen gleichwohl. Der britische Bombenkrieg traf in erster Linie die Innenstädte und Wohnviertel, weit weniger die Fabriken. Die wirtschaftliche Substanz blieb im Kern erhalten. Nach der Wiederherstellung der Verkehrswege brauchte man daher vor allem ein geordnetes Geldwesen, das mit der Währungsreform von 1948 hergestellt wurde, um den Aufschwung in Gang zu bringen. Ohne die Produktionsmöglichkeiten, die schon bereitstanden, wäre andererseits diese Währungsreform zum Fehlschlag geworden. Und eine zynische Bemerkung wäre vielleicht noch anzufügen: Wenn nach dem 20. Juni 1948 die Geschäfte sich wie von Zauberhand füllten und damit dem neuen Geld zur Glaubwürdigkeit verhalfen, dann war das offenbar einem streng genommen kriminellen Verhalten, dem zuvor allgemein praktizierten und gelungenen Horten der Waren zu verdanken.

Viel wichtiger als Fabrikhallen waren indessen die Menschen. Es gab die Unternehmer, die Ingenieure, Werkmeister und qualifizierten Facharbeiter; im Krieg hatte die Rüstungsindustrie sie vor einschneidenden Verlusten bewahrt. Hinzu kam der Millionenzustrom der Flüchtlinge und Vertriebenen. 1939 lebte auf dem Gebiet der späteren Bundesrepublik (mit dem Saarland und West-Berlin) eine Bevölkerung von 42,9 Millionen. Trotz der Kriegsverluste stieg diese Zahl schon 1946 auf 46,5, 1950 auf 50,7, bis 1966 auf 59,8 Millionen. Ungewollt leistete sogar die kommunistische Herrschaft in der sowjetischen Besatzungszone für die Westzonen, dann die DDR für die Bundesrepublik eine nachhaltige Entwicklungshilfe, indem sie die Oberschicht, wachsende Teile des Mittelstandes und bis zum Mauerbau von 1961 auch viele, meist junge, gut ausgebildete und leistungsbereite Fachkräfte zur Abwanderung drängte.

Die Jahre von 1948 bis 1951 stellten sich freilich noch schwierig dar. Es gab eine hohe Arbeitslosigkeit und große Preissteigerungen. Dann aber begann der Aufschwung. Von 1951 bis 1957 fiel die Arbeitslosigkeit von 6,2 auf 2,7 Prozent; in den industriellen Ballungsräumen entstand ein akuter Mangel an Arbeitskräften, der nur durch den Import von »Gast«-Arbeitern – vorab Italienern – behoben oder gemildert werden konnte. Das Bruttoinlandsprodukt wuchs von 97,17 Milliarden D-Mark im Jahre 1950 auf 296,64 Milliarden DM 1960; 1965 erreichte es 450,66 Milliarden. Der Export sprang von 14,58 Milliarden im Jahre 1950 auf 47,95 Milliarden 1960 und 80,63 Milliarden 1966. Die Bundesrepublik entwickelte sich zur Export-Weltmacht.

Fast beliebig könnte man Erfolgszahlen nennen. Von 1950 bis 1966 wuchs die Rohstahlerzeugung von 11,8 auf 34,7 Millionen Tonnen, die PKW-Produktion von 216 000 auf 2,5 Millionen. Aus 23 wurden 615 Millionen Paar Damenstrümpfe, aus 17,1 Millionen Hektolitern Bier 70,2 Millionen.

Von den Rahmenbedingungen des Erfolges seien nur einige genannt. Die amerikanische Hilfe für Westeuropa kam auch der Bundesrepublik zugute. Es gab einen Sozialpakt des Wiederaufbaus; die Gewerkschaften erkannten den Vorrang der Investitionen an und hielten sich mit Lohnforderungen zunächst einmal zurück. Ähnlich der Staat; der Anteil seiner Ausgaben am Bruttosozialprodukt betrug 1950 15,4, 1957 sogar nur 12,3 und 1966 13,3 Prozent. Ein noch geringes Maß an Regulierungen begünstigte das Wirtschaftswachstum. Ökologische Bedenken kannte man kaum; die Schornsteine sollten wieder rauchen. Als die Sozialdemokraten im Wahlkampf 1961 einen »blauen Himmel über der Ruhr« forderten, ernteten sie Heiterkeit – oder Kopfschütteln wegen des »unpolitischen« Themas. Dem Export half eine lange unterbewertete D-Mark; der Wechselkurs zum Dollar lag seit 1949 bei 4,20 und seit 1961 bei 4 DM.

Rahmenbedingungen lähmen oder beflügeln; man kann ihre Bedeutung kaum hoch genug einschätzen. Aber sie erklären noch nicht alles, und gerade das Wichtigste nicht.[21] Zentral und entscheidend war ein allgemein herrschender Wille zur Leistung.

Kaum zufällig bildet im Gedächtnis der Westdeutschen, die die Nachkriegszeit erlebten, nicht die Gründung der Bundesrepublik im Jahre 1949, sondern die Währungsreform von 1948 den wesentlichen Einschnitt. Vorher galt, oft nicht bloß im Spott, der Spruch: »Ich kann mir Arbeit nicht leisten.« Denn eine einzige auf dem Schwarzen Markt erhandelte Zigarette stand im Gegenwert weit über dem Stundenlohn eines Facharbeiters. Jetzt aber kam es wieder auf die Arbeit an – und auf beinahe nichts außerdem.

Exemplarisch läßt sich der Sachverhalt an der Situation der Heimatvertriebenen und Flüchtlinge ablesen. Die angebliche Gleichheit aller Deutschen mit 40 D-Mark »Kopfgeld« am Tag der Währungsreform schied sie als Habenichtse in Wahrheit unerbittlich von den Einheimischen und Sachwertbesitzern. Um so stärker war ihr Bestreben, sich nicht als Bürger zweiter Klasse deklassieren und zum Nachkriegsproletariat abstempeln zu lassen. Sobald die Verhältnisse es erlaubten, zogen sie aus den zuerst meist ländlichen Auffangräumen in die wirtschaftlichen Ballungsgebiete, um dort – wie einst im 19. Jahrhundert die Auswanderer nach Amerika – durch Einfallsreichtum und unermüdliche Arbeit ihre Existenz neu zu begründen.

Das westdeutsche »Wirtschaftswunder« läßt sich ohne diesen Beitrag mobiler und einmalig leistungsbereiter Menschen kaum vorstellen. Viele, die meisten sind darum zu Teilhabern des Aufstiegs geworden. Die Einheimischen dagegen, verständlich genug, sind eher dort geblieben, wo schon ihre Eltern und Großeltern lebten und wo sie ein Haus, ein Stück Land, ihre ererbte Heimat besaßen. Aber mehr als die entwurzelten Wanderer sind sie damit vom Bayerischen Wald bis Ostfriesland in die wirtschaftlichen Problemzonen geraten.

Doch an den Flüchtlingen und Vertriebenen zeigte sich nur beispielhaft, was im Grunde für die Deutschen insgesamt galt. Sie alle oder fast alle waren nach 1945 die zumindest moralisch Deklassierten, denen die Sieger ihre Schuld, die Schreckensbilder aus den Konzentrations- und Vernichtungslagern vorhielten. In ihrer großen Mehrheit hatten sie sich willig oder begeistert in die Gewaltherrschaft gefügt und lange genug sogar gejubelt: »Führer befiehl, wir folgen!« Entsprechend wurden sie erst einmal entmündigt und sozusagen als ein barbarisches Kolonialvolk oder als die Heiden abgestempelt, denen die Missionare der westlichen Zivilisation ihr Evangelium predigten. »Wir sind die Eingeborenen von Trizonesien«, hieß es fast schon verwegen selbstironisch in einem populären Karnevalslied der Nachkriegszeit.

In solch einer Situation gewinnt Arbeit fast den Anschein

von Erlösung, jedenfalls einen extrem hohen Stellenwert. Zunächst einmal stellt sie sich als »wertneutral« dar; diesseits aller Schuldfragen begründet sie eine neue Existenz – wie übrigens schon in der biblischen Urgeschichte vom Sündenfall und von der Vertreibung aus dem Garten Eden. Gottes Fluch folgt auf dem Fuße: »Im Schweiße deines Angesichts sollst du dein Brot essen.« Aber indem man das tut, schafft man sich mit dem Brot nicht nur eine materielle Lebensgrundlage, sondern Rechtfertigung und Selbstbewußtsein. Wer arbeitet, sündigt nicht. Das »Ohne mich!«, das die Nachkriegsgesellschaft politisch-moralisch weithin kennzeichnete, drängte daher um so stärker zu seiner eigenen Art von Moral, eben zur Arbeits- und Leistungsbereitschaft.

Wenn man vergleichend auf unsere etwas ältere Geschichte und den Aufstieg seit dem 19. Jahrhundert zurückblickt, kann man sarkastisch sagen: Indem die Deutschen nach dem Zweiten Weltkrieg sich auf die Arbeit konzentrierten und einmal mehr die Leistungsbereitschaft bewiesen, die sie seit langem auszeichnete, haben sie es sich erspart, den Kern ihrer historischen Prägung anzurühren, geschweige denn ihn zu verändern. Das traditionelle Ethos erfuhr im Gegenteil eine entschiedene Aufwertung. Allerdings wandte es sich jetzt von der tief diskreditierten Pflichterfüllung im Dienst der Gemeinschaft oder des Staates ab und ganz der persönlichen und privaten, der zivilbürgerlichen Seite zu. Das paßte mit der geforderten Demokratisierung beinahe fugenlos zusammen. Die DDR dagegen, indem sie diese Wendung nicht mitvollzog, sondern mit neuen Inhalten bei den alten, »idealistischen« Anforderungen beharrte, geriet von vornherein in einen psychologischen Nachteil, aus dem sie nie mehr herausfand – sofern man vom Hochleistungssport als dem einzigen Gebiet absieht, in dem ein eigentlich systemwidriges, am Konkurrenzkampf orientiertes Verhalten nicht verdächtigt und gelähmt, sondern mit allen Mitteln gefördert wurde.

Ein weiterer, den Beteiligten kaum bewußter Antrieb wäre wohl noch zu nennen. Der Arbeitsbegriff der Industriegesellschaft richtet sich zur Zukunft. Jeder Entwurf einer Maschine oder eines Hauses und jeder Hammerschlag oder Spatenstich, der daraus folgt, entfernt uns vom Vergangenen. Immer Neues entsteht und wirft auf den Schrotthaufen, was gerade noch galt: Fast wie im 19. Jahrhundert die Auswanderer nach Amerika reißen wir uns im eigenen Land aus den Ankergründen, den Ansprüchen und den Schuldzuweisungen der Geschichte, wenn wir uns auf die Veränderung als das herrschende Prinzip einrichten, das in den Fabrikhallen und Büros ebenso gilt wie in den privaten Lebensvollzügen.[22] Wer wollte, könnte von einer Flucht in die Zukunft sprechen.

Einzelheiten helfen zur Anschauung, zum Beispiel der Wiederaufbau der Städte. Er hat mehr an alter Bausubstanz gekostet als alle Bombennächte des Krieges. Und wo das Alte erhalten blieb, hat man ihm – sogar steuerlich gefördert – die Putten und alle übrigen Verzierungen abgeschlagen und die Fassaden geglättet, als seien sie geschichtslos und neu. Später, im Rückblick aus einer anderen Zeit, hat man das bitter beklagt. Doch es handelt sich um ein Zeugnis der psychologischen Kräfte, die die Nachkriegsentwicklung bestimmten.

Wer den Kontrast sehen will, fahre nach Warschau oder nach Danzig. Den Polen ging es nach 1945 darum, sich an die Geschichte zu klammern, um aus ihr die eigene Identität neu zu begründen. Darum rekonstruierten sie das Zerstörte so getreu wie nur möglich. Im bald viel reicheren Westdeutschland hätte man sich so etwas erst recht leisten können. Aber nicht die materiellen, sondern die psychologischen Bedingungen sprachen dagegen.

Wieder handelt es sich bloß um ein Beispiel. Im Zentrum standen immer die wirtschaftliche Entwicklung und der Erfolg im Sinne einer Modernisierung, die das Vergangene tilgt. Nicht selten hat man die Siegermacht Großbritannien mit der Bundesrepublik verglichen und gesagt: Dort blieb man zurück, weil man sich aufs Überkommene verließ, das unzerstört war; hier mußte man »bei Null« anfangen und sich darum in den neuesten Stand setzen. Das ist doppelt falsch. Im Krieg hat Großbritannien bewiesen, zu welchen Mobilisierungs- und Produktionsleistungen es angesichts seiner elementaren Bedrohung fähig war; zeitweilig hat es das Deutsche Reich sogar übertroffen. Auch technisch gewann es in dem für das Inselland schicksalhaften See- und Luftkrieg den entscheidenden Vorsprung, besonders mit der Entwicklung von Radargeräten. Andererseits begann man im Nachkriegsdeutschland mit den noch erhaltenen oder wiederhergestellten Beständen. Aber es regierten eben der Drang zum Verschrotten und die Bereitschaft zum Neuen; in Großbritannien dagegen appellierte man rückwärtsgewandt wieder und wieder an den »Geist von Dünkirchen«, an die Kriegsbewährung, die zum friedlichen Fortschritt natürlich nicht taugte.

Um ein Jahrhundert vorweg hat Karl Marx im »Kommunistischen Manifest« den Sachverhalt beschworen: »Die Bourgeoisie kann nicht existieren, ohne die Produktionsinstrumente, also die Produktionsverhältnisse, also sämtliche gesellschaftlichen Verhältnisse fortwährend zu revolutionieren ... Alle festen, eingerosteten Verhältnisse mit ihrem Gefolge von altehrwürdigen Vorstellungen und Anschauungen werden aufgelöst, alle neugebildeten veralten, ehe sie verknöchern können. Alles Ständische und Stehende verdampft, alles Heilige wird entweiht, und die Menschen sind endlich gezwungen, ihre Lebensstellung, ihre gegenseitigen Beziehungen mit nüchternen Augen anzusehen.«

Aber wenn alles Heilige sich auflöst, dann entschwindet auch jede Schuld, die nach der Sühne verlangt. Was bleibt und was für das ernüchterte Ansehen allein noch zählt, ist der Erfolg. In diesem Sinne setzte nach 1945 der Geist der Bourgeoisie sich als der unumstritten herrschende durch. Und es siegte die Vision von Karl Marx – jedenfalls in der Bundesrepublik statt in der DDR, die auf ihn sich berief.

Entsprechend lösten sich die weltanschaulichen Bindungen auf, die die Weimarer Republik noch bestimmt hatten. Mit der Christlich Demokratischen und der Christlich Sozialen Union entstand der Typus der modernen Volkspartei, die sich am Erfolg, am Machtgewinn orientiert. Indem CDU und CSU die Konfessionsschranken hinter sich brachten, gaben sie praktisch preis, was sie mit ihrem Namen oder in »Grundsatz«-Ankündigungen verhießen. Entsprechend kam die SPD auf Erfolgskurs erst, als sie mit dem Godesberger Programm von 1959 die Wendung zur Volkpartei nachvollzog. Und wie bei den Parteien fielen die traditionellen Schranken bei den Verbänden und Massenorganisationen, von den Gewerkschaften bis zum Sport.

Leistungsbereitschaft und Erfolgsorientierung als Ablösung vom Vergangenen und Hinwendung zur Zukunft: Auf dieser Grundlage schufen sich die Deutschen ihr neues Selbstbewußtsein. Das Ergebnis hat der Historiker Rudolf von Thadden pointiert und zutreffend beschrieben: »Es gehört zu den charakteristischen Merkmalen der deutschen Nachkriegsentwicklung, und zwar in beiden Teilen Deutschlands, daß technische und wirtschaftliche Leistung in der Skala der Werte wieder weit obenan stehen. Bis in den Sport hinein gelten die Bundesrepublik und die DDR in der internationalen Öffentlichkeit als die Staaten, in denen andere Werte als Leistungssteigerung und technische Modernität vergleichsweise ein Schattendasein führen. Zwar erheben beide deutschen Staaten den Anspruch, mit ihrem Leistungswillen für übergeordnete Ziele zu stehen, faktisch entwickelt sich jedoch ein Selbstverständnis der Deutschen, das fast ausschließlich vom Stolz auf technische und wirtschaftliche Werte bestimmt wird. D-Mark und Goldmedaillen bilden den Kern des deutschen Nationalbewußtseins.«[23]

Als Thadden das im Jahre 1978 sagte, traf es für die Bundesrepublik allerdings nur noch mit Einschränkungen zu – um so mehr jedoch für die DDR: Da ihr Geld immer weniger wert war und die Leistung sonst sich kaum lohnte, entstand – neben, nicht hinter den Vereinigten Staaten und der Sowjetunion, dabei auf einer vergleichsweise winzigen Bevölkerungsbasis – die dritte olympische Weltmacht. Die Bundesrepublik aber ist neben den USA und noch deutlich vor Japan zur wirtschaftlichen Weltmacht aufgestiegen.

ZWEITER TEIL:

Die Zeichen des Niedergangs

Vorspiele oder:
Das Ende der Nachkriegszeit

Noch heute berühren uns die Bilder von der Nacht des 9. November 1989, in der die Berliner Mauer fiel. Sie zeigen das ungläubige Staunen, den Jubel, die Bewegung, die die Menschen ergriff. »Wahnsinn« hieß das Wort der Stunde, Unbekannte umarmten einander, die Freudentränen flossen. In dieser Nacht erklärte der Regierende Bürgermeister von West-Berlin das deutsche Volk zum glücklichsten auf der Welt, und das war es wohl auch. Die Jubelstimmung dauerte ungefähr ein Jahr, bis zur Siegesfeier der Wiedervereinigung am 3. Oktober 1990.

Freilich nicht überall stimmte man in den Jubel ohne Vorbehalt ein. Viele ostdeutsche Intellektuelle und Schriftsteller und zumindest ein Teil der Bürgerrechtler in der DDR wollten nicht den Sturz ihres Staates, den sie auslösten, sondern seine Reform, den Umbau oder die Erneuerung. Entsprechend die Linken und Linksintellektuellen in der Bundesrepublik, deren Traum vom demokratischen Sozialismus zerrann, als hätte es ihn niemals oder bloß als Trugbild gegeben. Nur als Beispiel lese man noch einmal die begleitenden Reden und Aufsätze von Günter Grass.[24] Sie zeugen vom vergeblichen Warnen, von Ohnmacht, Resignation – und Angst vor der Zukunft; in ihrer Sicht erscheint der 3. Oktober sozusagen als der »Sedantag« des zweiten deutschen Nationalstaates, aus dem, wie für den ersten, nur Machtgelüst und Unheil folgen können.

Im westlichen mehr noch als im östlichen Ausland verfolgte man die Ereignisse mit ähnlich zwiespältigen Gefühlen. Entstand im Herzen Europas jetzt wieder eine fatale Über-Macht, deren Bevölkerungszahl und Wirtschaftskraft jedes Gleichgewicht sprengt? Gewiß, Helmut Kohl wuchs als Kanzler der Einigung zu einem Staatsmann heran, dem – wie nach 1871 Bismarck – sehr bewußt war, was er Europa zumuten durfte und was nicht. Doch was sagt das – einst wie heute – über die Urteilskraft der Nachfolger? Man kann daher die Vorbehalte der britischen Premierministerin Margaret Thatcher und des französische Präsidenten François Mitterrand so gut oder noch besser verstehen wie die Ängste von Günter Grass.

Die Befunde, die in den folgenden Kapiteln dargestellt werden, sehen anders aus und führen in die Gegenrichtung: Auf die Wiedervereinigung von 1990 wird einmal der Beginn des deutschen Niedergangs zu datieren sein, der das Land in der Mitte Europas eher zweitrangig als übergewichtig, eher langweilig als unheimlich, eher wehleidig als gewalttätig macht.

Denn mit dem Gewinn der Einheit sind die Nachkriegsbedingungen des Aufstiegs entfallen, von denen die Rede war. Zwar hat man schon seit den sechziger Jahren immer wieder »das Ende der Nachkriegszeit« proklamiert. Aber was sie als Konfrontation der Weltmächte und als deutsche Teilung entscheidend bestimmte, ist tatsächlich erst 1989 oder 1990 in die Geschichte versunken.

Wo es sich um langfristige Entwicklungen handelt, trägt allerdings jede Datumsangabe nur einen symbol- oder bildhaften Charakter. Eine Grenzlinie wird überschritten, wie im Gebirge eine Paßhöhe. Der Vergleich vermittelt Anschauung und täuscht zugleich: Im Rückblick erkennt man Ursachen des Niedergangs bereits in den Phasen des Aufstiegs; nur den Augen der Zeitgenossen bleiben sie noch verborgen.

Um gleich wieder ein Datum zu nennen: Am 13. August 1961 verriegelte sich die DDR mit dem Bau der Berliner Mauer. Sie rettete sich damit aus dem übermächtigen Sog der Bundesrepublik, der ihre Existenz bedrohte. Doch beinahe jede Abschottung wirkt als zweischneidige Waffe: Indem man sich vom Wettbewerb kurzfristig befreit, liefert man sich langfristig seinen Wirkungen um so hoffnungsloser aus; weit und immer weiter bleibt man hinter dem Konkurrenten zurück. Fortan war die Existenz der DDR auf Gedeih und, wie sich zeigen sollte, auf Verderb an den Bestand ihres Bauwerks und die Solidarität der sozialistischen »Bruderstaaten« gekettet. Der Schriftsteller Stefan Heym hat den Sachverhalt anschaulich geschildert: »Im Schatten des antifaschistischen Schutzwalls ließ sich's gut träumen, daß das sozialistische Leben in der DDR heil sei und in Ordnung; die da die Partei und den Staat führten, verschlossen ihre Augen und Ohren gegenüber den Gedanken und Gefühlen der Menschen im Lande und beharrten auf ihren verfehlten Methoden und Schlagworten.«[25]

Aber womöglich setzte das Jahr 1961 auch für die Bundesrepublik ein Warnzeichen, das Menetekel, das nur niemand zu deuten vermochte. Denn als der Zustrom aus der DDR versiegte, öffnete man ihn für die Türken. Insgesamt wuchs die Zahl der berufstätigen Ausländer sprunghaft an: von 127 000 1956 über 279 000 1960 auf mehr als 1,3 Millionen 1966. Zur Problematik der »Gastarbeiter« sagt die Brockhaus Enzyklopädie von 1968: »Anpassungsschwierigkeiten ergeben sich aus fehlenden oder geringen Sprachkenntnissen, dem fremden Lebensstil des Gastlandes und den Anlernerfordernissen; diese Faktoren bedingen auch eine erhöhte Unfallgefahr.« Und »die Zahlungsbilanz wird durch die von den Gastarbeitern ersparten und in das Heimatland transferierten Einkommensteile belastet (1966 rd. 2 Mrd. DM).«

Kein Wort zu den menschlichen Problemen, den Familien,

der Heimatlosigkeit, den zwischen den Kulturen geborenen und aufwachsenden Kindern. Wie der Begriff »Gastarbeiter« nur halbwegs höflich umschreibt, handelt es sich offenbar um Gebrauchsgegenstände, die man nach Bedarf importieren und zurückgeben kann; heute ist vom »Leasing« die Rede. Das soll kein Vorwurf sein, sondern bloß eine Feststellung; das war die Sicht der sechziger Jahre.

Freilich kommt noch etwas hinzu, eine schlichte Frage: Was wäre ohne die Öffnung der Schleusen geschehen? Mit aller Kraft hätte man sich der Rationalisierung und Modernisierung, außerdem wohl dem Export von Arbeitsplätzen zuwenden müssen. Damit hätte man zum Beispiel der Türkei und sich selbst langfristig besser geholfen. Denn inzwischen wird unmißverständlich, daß man mit wenig qualifizierten Arbeitskräften im weltumspannenden Konkurrenzkampf nicht bestehen kann; von Taiwan und Thailand oder von Portugal und Polen aus läßt sich das deutsche Lohnniveau noch auf seinen unteren Stufen allemal unterbieten. Das heißt mit anderen Worten: Wie die DDR hat auf ihre Weise die Bundesrepublik seit 1961 einen kurzfristig bequemen, nicht den zukunftweisenden Weg eingeschlagen.

Ein weiteres und einschneidendes Datum setzte das Jahr 1968. Damals begann der akademische Aufruhr, die Studentenrevolte in den Universitäten. Doch es handelte sich nicht oder nur vordergründig um die akademischen Arbeitsbedingungen. Die Studenten selbst fühlten und sagten, daß es ihnen um mehr ging. Eine Jugendbewegung entstand, ein Generationenkonflikt brach auf; Söhne und Töchter erhoben sich gegen die Väter. Der Autoritätsanspruch der Älteren wurde »hinterfragt« und prinzipiell bestritten.

Warum? Von der Schuld der Väter war die Rede – und vom Verschweigen der Schuld; überall suchte und fand man Anlässe für einen abgründigen »Faschismus«-Verdacht. Aber diese Zuweisung von Schuld diente in erster Linie der eigenen Rechtfertigung. Ohnehin traf der Aufruhr die politisch Untadeligen, zum Beispiel die Heimkehrer aus der Emigration, ebenso wie die Mitläufer der Gewaltherrschaft – oder manchmal noch härter. Und die »kritischen« Analysen, etwa in der Ableitung des Faschismus aus dem Kapitalismus, blieben höchst oberflächlich und kurzschlüssig; sie verkehrten sich ins Unkritische und Dogmatische. Nein, man bestritt die überkommenen Autoritätsansprüche, weil sie für die Lebensbegründung der Jüngeren nichts hergaben.

Die Aufbaugeneration der Nachkriegszeit arbeitete sehr hart, auch mit der Hoffnung oder dem Anspruch, daß die Kinder es einmal besser haben sollten, und ihr Selbstbewußtsein stützte sich auf diese Arbeit, auf Leistung und Erfolg. Doch derlei läßt sich vielleicht materiell, aber nicht ideell, nicht als Selbstbegründung vererben. Eine Leistung trägt den, der sie erbringt; sie taugt für die Gegenwart, aber nicht in die Zukunft hinein. »Seid dankbar für das, was wir für euch getan haben und hinterlassen«: Die Väter, die das sagen, weisen ihren Kindern eine Form von Schuldigsein zu, die sie entweder erdrückt und zerbricht – oder die man mit einer Gegen-Schuldzuweisung zerbrechen muß.

Der Vorgang war so neu durchaus nicht, wie er sich den Beteiligten darstellte. In der Auseinandersetzung mit der Gründergeneration des Bismarckreiches hat Max Weber 1895 geschrieben: »An unserer Wiege stand der schwerste Fluch, den die Geschichte einem Geschlecht als Angebinde mit auf den Weg zu geben vermag: das harte Schicksal des politischen *Epigonentums*.«[26] Genau dieser Fluch traf, im genau gleichen zeitlichen Abstand, die Nachgeborenen, die sich 1968 gegen die Gründergeneration der Bundesrepublik erhoben, und er ließ sich nur dadurch aufheben, daß man ihn als einen Bannstrahl auf die Autoritätsansprüche der Eltern, der Älteren überhaupt zurückschleuderte. Übrigens entstand seit 1896 auch schon eine Jugendbewegung, vorab von Gymnasiasten und Studenten, die gegen den Spießbürgergeist in den Elternhäusern rebellierte und Natürlichkeit und Selbstbestimmung auf ihre Fahnen schrieb.

Vieles ließe sich noch anfügen und an den nachfolgenden Bewegungen aufzeigen, um den Sachverhalt zu bestätigen. Die antiamerikanischen Studentendemonstrationen verurteilten mit ihren »Ho Tschi Minh«-Rufen zunächst den Vietnamkrieg. Aber sie meinten und sie trafen zugleich das »amerikanische« Selbstverständnis der Bundesrepublik, seine materielle und marktwirtschaftliche Begründung.

Die Frauenbewegung kämpfte gegen ein männlich bestimmtes Leistungsdenken, das vergessen oder verdrängt hatte, welch eine lebensrettende Aufgabe die Frauen 1945 im Zusammenbruch der Männergewalt übernahmen. Gleich ob in der Publizistik, der Wissenschaft, der Wirtschaft oder der Politik: In der Gesellschaft der Bundesrepublik besetzten Männer nahezu alle Führungspositionen. Darum war es in der feministischen Perspektive nur konsequent, wenn der herrschende Leistungsbegriff als »repressiv« erschien und der Feme verfiel.

Die »grüne« Bewegung, die sich dann zur Partei formierte, beklagte nicht nur die Schäden oder Gefahren einer rücksichtslosen Industrialisierung und Motorisierung. Der »Fundamentalismus«, der sie bald bestimmte und erst mit der Einbindung in die praktische Politik konfliktreich zurückgedrängt wurde, richtete sich mit seiner Sehnsucht nach »Natürlichkeit« gegen das herrschende Zivilisationsverständnis – und damit wiederum gegen das Leistungsbewußtsein, das die Gründerzeit der Bundesrepublik geprägt hatte.

Schließlich, doch nicht zuletzt ging es durchweg um »linke«, im Ausgangspunkt sogar weithin um marxistisch gemeinte Oppositionsbewegungen. Die Bundesrepublik aber war ein Ziehkind des Kalten Krieges; im Zeichen des Antikommunismus, mit dem nach Osten gerichteten Feindbild errang Konrad Adenauer in den fünfziger Jahren seine Erfolge. »Alle Wege [der Opposition] führen nach Moskau«, sagte der Spruch auf einem berühmten oder berüchtigten, jedenfalls durchschlagend wirksamen Wahlplakat. Zwar nicht von Moskau, aber vom Sozialismus träumte man seit 1968. Das Feindbild der Bundesrepublik wurde umgestülpt; es verschwand hinter der neuen und unbotmäßigen Frontstellung gegen Kapitalismus und Faschismus, Industriezivilisation und Bürgerlichkeit.

Wenn man aus dem gesicherten Abstand von dreißig Jahren zurückblickt, dann mag vieles von dem, was 1968 begann, als romantisch, als verstiegen oder schlicht als abwegig erscheinen: von den Vorbildern, die man irgendwo im Unbekannten, in den Dschungeln von Vietnam, in China oder sonstwo in der »Dritten Welt« suchte, über die pauschale Verurteilung von Autorität und Leistung bis zu den Utopien eines natürlichen Lebens, der »Basis«-Demokratie oder der wundertätigen Garantie des Friedens durch radikale Abrüstung. Ohnehin ließ sich weder das »Establishment« noch insgesamt das robuste Erfolgssystem der Bundesrepublik so leichthin sprengen wie eine akademische Seminarveranstaltung.

Allemal aber verbirgt sich hinter der Wut und der Begeisterung eines Aufbruchs das Urteil über die Zustände, gegen die es sich richtet. Hier besagt es, daß nicht tragfähig war, was die Aufbaugeneration der Nachkriegszeit dafür hielt. Auf Arbeit und Leistung allein oder auf ihre Verkörperung durch »D-Mark und Goldmedaillen« läßt sich das Selbstbewußtsein, die Identität eines Gemeinwesens auf die Dauer, also über die Generationen hinweg eben wirklich nicht gründen.

Eine Ironie, um nicht zu sagen eine Schizophrenie hat indessen den Aufbruch von 1968 nicht nur begleitet, sondern ihn im Kern bestimmt. Aus dem »langen Marsch durch die

Institutionen«, den die Rebellen ankündigten, wurde der kurze in sie hinein. Denn als sie ihre Ausbildung beendeten, in den Jahren um und nach 1970, erlebten die Gesamtschulen und die Gymnasien, die Universitäten und der Sozialstaat einen einmaligen Wachstumsschub; der Anspruch auf den gesicherten Arbeitsplatz und die angemessene Versorgung, vorzugsweise im Öffentlichen Dienst, wurde wie selbstverständlich eingelöst. Im Grunde ging man sogar von einem Rechtsanspruch aus. Das zeigte sich drastisch an der Empörung über den »Radikalenerlaß«, der Verfassungsfeinde davon abhalten sollte, Staatsdiener zu werden. Tatsächlich schloß er – bei hohem Ermittlungsaufwand – nur wenige aus.[27]

Mit anderen Worten: Die traditionelle Arbeitsgesellschaft wurde zwar anders dargestellt als bisher; sie sollte nicht mehr Selbstzweck, sondern ein Mittel zur »Selbstverwirklichung« sein. Ihr Bestand jedoch wurde stillschweigend vorausgesetzt; sie war und sie blieb das Erbe der Väter, das man übernahm. Mit Recht hat darum die feministische Bewegung sich ihm zugewandt, um gegen die Benachteiligung der Frauen beim Berufszugang, bei der Besoldung und beim Aufstieg innerhalb der Arbeitshierarchien zu kämpfen. Bei alledem ist es nur konsequent, wenn heute, nun selbst längst ergraut und rückwärtsgewandt, die Veteranen der Rebellion ihre Liebe zu der alten Republik entdecken, die sie einmal umstürzen wollten.

Triumph und Tragödie der Arbeitsgesellschaft

»Die Arbeit ist das, was unserem Lebensschiff erst den richtigen Tiefgang gibt, und für die Einschätzung des Wertes dieser Arbeit gibt es ein untrügliches Merkmal altehrwürdigen Ursprungs, ein Wort, das für alle Zeiten das letzte maßgebende Urteil ausspricht: An ihren Früchten sollt ihr sie erkennen!«

Ein großer Gelehrter, Max Planck, hat dies zum Ausklang seines Lebens wie ein Vermächtnis formuliert.[28] Man erschrickt fast vor der testamentarischen Gewalt: Welches Urteil wird damit über Menschen gesprochen, die keine Arbeit mehr haben? Im Vers, der dem zitierten Spruch aus der Bibel vorangeht, liest man: »Sehet euch vor vor den falschen Propheten, die in Schafskleidern zu euch kommen, inwendig aber sind sie reißende Wölfe.«

Doch es handelt sich um das Ethos der Arbeitsgesellschaft, dessen Durchsetzung die Geschichte der Neuzeit bestimmt. Protestantismus und Preußentum haben dafür gekämpft, wie die großen Bürgerrevolutionen des Westens und die amerikanischen Nordstaaten im Bürgerkrieg gegen die Sklavenhalter des Südens, wie die sozialistischen Bewegungen und die russische Oktoberrevolution. Immer richtete sich die Speerspitze gegen Sinnbilder des Müßiggangs: gegen Mönche und Heilige, Fürsten- und Adelsherrschaft, Grund- und Kapitalbesitzer, die wirklich oder vermeintlich von der Arbeit anderer lebten, statt sie selbst zu leisten.

Noch die Enteignungswut und der Heilsanspruch der DDR stammten aus dem Versprechen, der wahre Staat aller Werktätigen – und damit dem Endziel der Geschichte nahe zu sein.

Sei es nun in der proletarischen oder der bürgerlichen Einkleidung: In jedem Fall hat aus den historischen Umständen, von denen die Rede war, die Arbeitsethik hierzulande ihre einzigartige Bedeutung, den Rang einer Ersatzreligion gewonnen – sofern man den »Ersatz« nicht überhaupt streichen muß. Kaum von ungefähr spricht Max Planck mit biblischem Pathos von der Sinnstiftung des Lebens. Wenn sie aber zerbricht, entstehen abgründige Probleme. Als These formuliert: Wie der deutsche Aufstieg von der Entfaltung der Arbeitsgesellschaft nicht zu trennen ist, so folgt der Niedergang aus ihrer Auflösung.

Freilich gehört zur Geschichte der Neuzeit stets auch die paradoxe Verheißung, daß man durch eine gehörige Organisation der Arbeit die Arbeit abschaffen oder jedenfalls entscheidend vermindern könne. Die Utopien träumen, nun rational begründet, den Märchentraum vom Schlaraffenland. Im Jahre 1516 veröffentlicht Thomas Morus den Staatsroman, der der literarischen Gattung den Namen gegeben hat, und die Bewohner seines »Utopia« kommen bereits mit einer täglichen Arbeitszeit von sechs Stunden aus, obwohl sie noch nicht über die Maschinentechnik verfügen, die mit der industriellen Revolution ihren Siegeszug antritt.[29] Gegen Ende des 19. Jahrhunderts hat dann Paul Lafargue, der Schwiegersohn von Karl Marx, in seinem »Lob der Faulheit« diese Arbeitszeit halbiert und den Drei-Stunden-Tag für ausreichend erklärt.[30]

Der Schwiegervater hält sich mit solchen Berechnungen gar nicht erst auf. Er behauptet, »daß in allen bisherigen Revolutionen die Art der Tätigkeit stets unangetastet blieb und es sich nur um eine andere Distribution dieser Tätigkeit, um eine neue Verteilung der Arbeit an andere Personen handelte, während die kommunistische Revolution sich gegen die bisherige Art der Tätigkeit richtet und die Arbeit beseitigt«.[31] Hiermit ist natürlich die »entfremdete« Arbeit gemeint, deren Zwangscharakter durch die private Verfügungsgewalt über die Produktionsmittel begründet und durch die Arbeitsteilung gekennzeichnet wird, »während in der kommunistischen Gesellschaft, wo jeder nicht einen ausschließlichen Kreis der Tätigkeit hat, sondern sich in jedem beliebigen Zweige ausbilden kann, die Gesellschaft die allgemeine Produktion regelt und mir eben dadurch möglich macht, heute dies, morgen jenes zu tun, morgens zu jagen, nachmittags zu fischen, abends Viehzucht zu treiben, auch das Essen zu kritisieren, ohne je Jäger, Fischer, Hirt oder Kritiker zu werden, wie ich gerade Lust habe«.[32]

Der uralte Schlaraffenlandtraum tritt hier deutlich und seltsam rückwärtsgerichtet zutage, und in der Utopie, die Robert Havemann ganz im Sinne von Marx 1980 veröffentlichte, ist der Zwangscharakter der Arbeit endgültig beseitigt: Jeder tut nur noch das, wozu seine eigene Neigung ihn treibt.[33]

In der wirklichen Geschichte der neuzeitlichen Arbeitsgesellschaft entsteht zunächst allerdings eine andere Paradoxie. Die Arbeit wird nicht etwa vermindert, sondern entschieden vermehrt. In der vormodernen Gesellschaft muß man zwar gemäß dem biblischen Fluch »im Schweiße seines Angesichts« durchweg körperlich hart arbeiten. Aber die Arbeitszeit wird dennoch begrenzt, teils im Wechsel der Jahreszeiten durch die Bedingungen des Winters, die die Landwirtschaft und den Verkehr zum Stillstand bringen, teils durch zahlreiche Sonn- und Feiertage. Die industrielle Organisation und der kapitalistische Wettbewerb sprengen diese Grenzen. Man steigert das Tempo der Arbeit, zum Beispiel durch die Einführung des Akkords, und man arbeitet in den

52 Wochen des Jahres 70 bis 80 und manchmal noch mehr Stunden pro Woche, 10 bis 14 Stunden pro Tag, von der Kindheit bis ins Alter, sobald und solange es möglich ist. Auch der Sonntag wird einbezogen[34], Urlaub bleibt unbekannt, und der »Rentier« ist nicht ein Rentner in dem uns geläufigen Sinne, keine allgemeine, sondern eine sehr spezielle Figur: der »Kouponschneider«, der von den Zinserträgen seiner Wertpapiere lebt.

Aber diese Verhältnisse liegen nun weit zurück; wir können sie uns kaum noch vorstellen. Im Ablauf von anderthalb Jahrhunderten haben sich dramatische Veränderungen vollzogen. Man hat errechnet, daß im Jahre 1850 von den 5840 »wachen« Stunden des Jahres – also ohne die Zeit zum Schlafen – 3920 Stunden mit Arbeit verbracht wurden, während 1920 Stunden für alles übrige ausreichen mußten. Heute sind etwa 1600 Arbeitsstunden geblieben, denen 4240 »freie« Stunden gegenüberstehen. Gleichzeitig ist die durchschnittliche Lebensarbeitszeit geschrumpft; sie beginnt später und endet früher. 1895 betrug sie 48, 1970 39 Jahre. Nimmt man die gestiegene Lebenserwartung hinzu, so ergibt sich, daß der Zeitanteil der Berufsarbeit an der menschlichen Existenz auf weniger als ein Drittel dessen zurückgegangen ist, was er im vorigen Jahrhundert einmal ausmachte. Grob und eher großzügig geschätzt füllt der Anteil der Lebensarbeitszeit gerade noch sieben Prozent der Lebenserwartung. Und warum dann im 21. Jahrhundert nicht fünf, vier, drei Prozent? Bei alledem ist von Arbeitslosigkeit – und womöglich langfristiger – noch gar nicht die Rede.

Diese Entwicklung setzt sich fort; niemand kann sie aufhalten oder auch nur verlangsamen. Nach allem, was sich absehen läßt, wird sie sich in die Zukunft hinein sogar beschleunigen. Denn für Wirtschaftsunternehmen gehört es im nationalen und internationalen Wettbewerb zur strikten Bedingung ihres Überlebens, daß sie den Anteil der Arbeitskosten an ihren Produkten so schnell und so nachhaltig wie möglich vermindern. Noch einmal im Zahlenvergleich: Im Jahre 1960 betrug das westdeutsche Bruttoinlandsprodukt rund 1000 Milliarden, 1994 2707 Milliarden DM; gleichzeitig *sank* das Arbeitsvolumen von 56 auf 45 Milliarden Arbeitsstunden.

Mit immer weniger Arbeitsaufwand wird immer mehr hergestellt: Dies ist der grundlegende Tatbestand. Technik ersetzt die Menschen. Die Agrarproduktion ging voran; der Anteil der in der Landwirtschaft Beschäftigen sank von einst 80 oder mehr Prozent der Bevölkerung auf 3 Prozent, während der Mangel sich in den chronischen Überfluß und eine für die Mehrheit dürftige Ernährung sich in die Überernährung verwandelte. Ärzte, Krankenkassen und Gesundheitspolitiker mahnen uns in seltener Einmütigkeit, daß wir weniger Fleisch essen, weniger Alkohol trinken und gar nicht mehr rauchen sollen, um gesünder zu leben.

Jetzt folgt die Industrie. In nur drei Jahren, vom September 1992 bis zum September 1995, verlor sie in Deutschland 1,13 Millionen Arbeitsplätze. Die Chemie verlor 83 000, die Elektrotechnik 183 000, der Maschinenbau 172 000 Arbeitsplätze; dabei gehören Chemie, Elektrotechnik und Maschinenbau zu den Vorzeigebranchen, in denen der deutsche Export noch immer seinen Anspruch auf die Weltmeisterschaft verteidigt. In den Vereinigten Staaten betrug der Anteil der Industriearbeiter an der Gesamtzahl der Beschäftigten im Jahre 1994 16 Prozent. 1973 waren es noch 26,2 Prozent – und früher einmal, in der Hochzeit der Industriearbeit, fast zwei Drittel. »Im nächsten Vierteljahrhundert werden wir praktisch die Ausrottung der Arbeiter erleben«, folgert Jeremy Rifkin und weist die Beschwichtigungen zurück: »Politiker machen die billigen Arbeitsplätze im Ausland und Immigranten im Inland für die Arbeitslosigkeit verantwortlich. Aber dies sind nur Sündenböcke. Die meisten Arbeitsplätze, die vernichtet werden, gehen zu Lasten des Umschwungs durch die neue Technologie.«[35]

Wohlgemerkt: Dies alles vollzieht sich bei wachsender statt schrumpfender Produktion. Aber läßt sie sich uferlos steigern? Gibt es nicht Grenzen des Wachstums, die vom noch halbwegs sinnvollen Verbrauch ebenso gesetzt werden wie von der Naturbelastung oder dem Rohstoffverbrauch? Vielleicht lernen wir es ja noch, ein Dutzend Fernsehprogramme gleichzeitig anzusehen, doch wir können nicht mehr als einen Anzug und ein paar Schuhe gleichzeitig tragen; wir brauchen im Haushalt nicht mehr als einen Waschautomaten und eine Tiefkühltruhe, und der ständig anschwellende Autoverkehr wird sinnlos, wenn man bloß noch im Stau steckt.

Ein Ausweichen, wie einst das Abwandern der Überschußbevölkerung aus der Landwirtschaft in die Industrie, gibt es kaum mehr. Zwar wird der Übergang von der Produktions- zur Dienstleistungsgesellschaft beschworen. Aber Illusionen sind schwerlich erlaubt: Den Erwartungen des Zugewinns hier oder dort treten, höchst konkret, die Verluste entgegen. Bei den Banken zum Beispiel hat das Rationalisieren bereits begonnen. Die beiden größten Dienstleistungsunternehmen, die Bundesbahn und die Post, vermindern ihr Personal, so schnell sie es ohne Entlassungen nur können. Sogar der Öffentliche Dienst stagniert oder schrumpft statt zu wachsen: Der Staat will und muß »schlanker« werden; er kann nicht mehr, sondern nur weniger Beamte und Angestellte bezahlen, wenn er nicht zahlungsunfähig werden oder die Steuerlasten ins Selbstmörderische hochtreiben soll. Die unerläßlichen Gesundheitsreformen führen zur Schließung von Kurkliniken und drängen Deutschlands Bäder in die Krise; allenfalls bei der Altenpflege läßt sich ein wachsender Bedarf noch mit Zuversicht vorhersagen. Nein, die Hoffnung auf das Dienstleistungswunder gleicht dem Glauben an »Wunder«-Waffen gegen Ende des Zweiten Weltkriegs.

Viele Einzelheiten ließen sich nachtragen, aber das Gesamtbild dürfte deutlich sein: Viereinhalb Jahrhunderte nach Beginn der großen protestantischen Kulturrevolution nähert sich die Arbeitsgesellschaft mit schnellen Schritten ihrem paradoxen Triumph. Sie schafft die Arbeit ab dank der Disziplin und der Leistungsbereitschaft, dem Wagemut und dem Einfallsreichtum, den sie entwickelt und über ungefähr fünfzehn Generationen – einer weltgeschichtlich nur kurzen Spanne – den Menschen als die bestimmenden Tugenden, als Ethos eingeprägt hat. Sie verwirklicht damit, wovon unsere Ahnen und Urgroßeltern, obwohl heimlich, angesichts der Lasten, die ihnen zugemutet wurden, immer geträumt haben. Vielleicht handelt es sich sogar um die Realisierung eines Menschheitstraums seit Anbeginn, wie er mythisch in der Geschichte vom Garten Eden sich darstellt. Die Engel mit den Flammenschwertern ziehen sich von den Toren des Paradieses zurück; wir dürfen heimkehren und müssen es sogar.

Aber der Triumph verkehrt sich zur Tragödie. Wenn, wie Max Planck gesagt hat, erst und einzig die Arbeit unserem Lebensschiff den richtigen Tiefgang gibt, dann treiben wir hilflos ins Seichte hinaus. Oder um Hannah Arendt das Wort zu geben, die schon 1958, als sonst noch niemand daran dachte, das Ende der Arbeitsgesellschaft beschrieben hat: »Was uns bevorsteht, ist die Aussicht auf eine Arbeitsgesellschaft, der die Arbeit ausgegangen ist, also die einzige Tätigkeit, auf die sie sich noch versteht. Was könnte verhängnisvoller sein?«[36]

Zum Wesen der Arbeitsgesellschaft gehörte allerdings die Doppelbödigkeit ihrer Zeitperspektiven, die man mit dem Begriff des »deferred gratification pattern«, der hinausgeschobenen Bedürfnisbefriedigung, bezeichnet hat: Die Gegenwart ist eines, die fernere Zukunft etwas anderes; heute muß man mit aller Kraft arbeiten, damit dereinst die Kinder oder wenigstens die Enkel und Urenkel es besser haben. So gewann die eigene Ausrichtung auf Arbeit und Leistung eine zusätzliche, »idealistische« Rechtfertigung; wie zu zeigen war, spielte sie für die Aufbaugeneration der Nachkriegszeit eine zentrale Rolle. Der Widerspruch zwischen dem öffentlich gepriesenen, von den Erziehungsinstutionen vermittelten und zugleich auch tief verinnerlichten Arbeitsethos und jener womöglich noch tieferen, jedoch verheimlichten und verdrängten Sehnsucht nach einem Leben in Muße und Überfluß wurde durch diese Doppelbödigkeit der Zeitperspektiven wenn schon nicht getilgt, dann doch überdeckt.[37] Zugespitzt könnte man von der Lebenslüge der Arbeitsgesellschaft sprechen. Aber sie wird offenkundig oder zerfällt ins Absurde, wenn nicht erst aus einem Traum von der Zukunft, sondern handfest aus der Lebensperspektive der Gegenwart die Arbeit verschwindet.

Inzwischen haben sich die in Staat und Gesellschaft führenden Kräfte auf die Verteidigung der Arbeitsgesellschaft eingeschworen, verständlich genug. In dieser Zielsetzung sind Regierungen und Parteien, Wirtschaftsverbände, Gewerkschaften und Gutachtergremien einig, so sehr auch die Mittel umstritten sein mögen. Steuerlasten und Lohnnebenkosten sollen gesenkt, Investitionshemmnisse beseitigt, Existenzgründer gefördert, Überstunden abgebaut, Arbeitsplätze geteilt, Ausbildung und Umschulung verbessert werden. Insgesamt soll die nationale Leistungsfähigkeit gesteigert werden, um im internationalen Wettbewerb zu bestehen. Tatsächlich läßt sich einiges erreichen; es gibt erfolgreiche und weniger erfolgreiche Volkswirtschaften.

Wer jedoch glauben machen will, daß der Mangel an Arbeit auf die Dauer gemildert oder sogar beseitigt werden kann und daß der Arbeitsgesellschaft in ihrer bisherigen

Form die Zukunft gehört, schafft Illusionen, denen das Erwachen zur Wahrheit um so grausamer folgt. Im übrigen schafft man bittere Gegensätze. Wenn man will, wie man muß, kann man vom Klassenkampf in einer neuen Art von Klassengesellschaft sprechen. Sie zieht ihre Grenzen nicht mehr, wie Karl Marx sie meinte, zwischen Bourgeoisie und Proletariat als den Besitzern und Nichtbesitzern von Produktionsmitteln, sondern zwischen den Besitzern und Nichtbesitzern von Arbeit.

Früher einmal, in der vormodernen Gesellschaft, war die Nichtarbeit oder positiv gewendet die Muße das kostbare Privileg einer aristokratischen Oberschicht. Heute ist es genau umgekehrt. »Oben«, an der Spitze der Ansehens- und Einkommenspyramide, befinden sich die Leute mit der Überfülle der Aufgaben und Ämter, die 70 oder mehr Stunden pro Woche arbeiten und wohlgefällig über ihren schon weit im voraus ausgebuchten Terminkalender klagen. In der Mitte gibt es die tarifvertraglich geregelte 35-Stunden-Woche, »unten« dagegen die Arbeitsarmen oder Arbeitslosen und die immer wachsenden Heere rüstiger Rentner. Je mehr aber der Arbeitsbesitz sich zum prinzipiell knappen und darum kostbaren Gut entwickelt, desto verbissener wird er natürlich verteidigt. Doch diese Verteidigung wird mißlingen, zumindest in dem Sinne, daß sie allen zugute kommt.

Menschen, besonders junge Menschen, sind im übrigen feinfühliger, als ihre Vormünder glauben. Selbst wenn ihnen die Begriffe fehlen, spüren sie doch, was vorgeht und daß die Wegweiser in die Zukunft falsche Inschriften tragen. Mit Friedrich Nietzsche zu reden: »Das Auseinanderfallen, also die Ungewißheit, ist dieser Zeit eigen: nichts steht auf festen Füßen und hartem Glauben an sich; man lebt für morgen, denn das Übermorgen ist zweifelhaft. Es ist alles glatt und gefährlich auf unserer Bahn, und dabei ist das Eis, das uns noch trägt, so dünn geworden: wir fühlen alle den warmen, unheimlichen Atem des Tauwindes – wo wir gehen, da wird bald niemand mehr gehen können!«[38]

Die vielberedete Glaubwürdigkeitskrise staatlicher und gesellschaftlicher Institutionen hat hiermit zu tun – und mit Recht. Auf ihre Weise bereiten die Deutschen sich ohnehin schon auf den Auszug aus der Arbeitswelt vor. Nach einer Erhebung aus dem Jahre 1996[39] glaubten 51 Prozent der Berufstätigen, sich nicht mehr in der Arbeit, sondern nur in der Freizeit »verwirklichen« zu können. Eine deutliche Mehrheit von 59 Prozent empfand die Freizeit als positiv erfüllt, die Arbeit nicht; sie entleert sich damit zum bloßen »Job«, in dem vom traditionellen Ethos der Arbeitsgesellschaft nur wenig bleibt.

Womöglich ließe sich also ein geordneter Rückzug aus der Arbeitsgesellschaft organisieren, der zu neuen Horizonten führt. Davon soll im dritten Teil dieses Buches die Rede sein. Dagegen aber stellen sich die überkommenen Institutionen, Anschauungen und Wertungen – und nicht zuletzt eben: die herrschenden Arbeitseliten.

Anmerkungen zur Globalisierung
und zur Wiedervereinigung

Wann immer heute von der Krise der Gegenwart die Rede ist, fällt früher oder später das Stichwort »Globalisierung«. Und wenn man der aufgeregten Tagesdiskussion folgt, handelt es sich um etwas grundlegend Neues. Was aber gemeint ist, kann man in einer alten Schrift aus dem Jahre 1848 lesen. Sie heißt »Das kommunistische Manifest«, und die Autoren sind Karl Marx und Friedrich Engels. Sie schreiben:

»Die Bourgeoisie reißt durch die rasche Verbesserung ihrer Produktionsinstrumente, durch die unendlich erleichterten Kommunikationen alle, auch die barbarischsten Nationen in die Zivilisation. Die wohlfeilen Preise ihrer Waren sind die schwere Artillerie, mit der sie alle chinesischen Mauern in den Grund schießt, mit der sie den hartnäckigsten Fremdenhaß der Barbaren zur Kapitulation zwingt. Sie zwingt alle Nationen, die Produktionsweise der Bourgeoisie sich anzueignen, wenn sie nicht zugrunde gehen wollen … Die uralten nationalen Industrien sind vernichtet worden und werden noch täglich vernichtet. Sie werden verdrängt durch neue Industrien, die nicht mehr einheimische Rohstoffe, sondern den entlegensten Zonen angehörige Rohstoffe verarbeiten und deren Fabrikate nicht nur im Lande selbst, sondern in allen Weltteilen zugleich verarbeitet werden … Und wie in der materiellen, so in der geistigen Produktion. Die geistigen Erzeugnisse der einzelnen Nationen werden Gemeingut. Die nationale Einseitigkeit und Beschränktheit wird mehr und mehr unmöglich.«

Neu ist eigentlich nur dies: Die fernen Nationen, zum Beispiel in Ostasien, deren Mauern die europäisch-amerikanische Welteroberung einst zusammenschoß, haben sich inzwischen selbst mit der schweren und wirkungsvollen Artillerie preiswerter Erzeugnisse versehen und schießen zurück. Um den Sachverhalt an einem Beispiel anschaulich zu machen: Seit der Erfindung des mechanischen Webstuhls hat die britische Industrie das uralte Textilhandwerk in Indien ruiniert. Kaum zufällig war darum die symbolträchtige Rückkehr zum Ursprung, zum Spinnrad, im Kampf um die indische Unabhängigkeit ein Wahrzeichen Mahatma Gandhis. Doch jetzt ist unter dem Druck weltweiter, nicht zuletzt asiatischer Billigproduktion ein Großteil der europäischen Textilindustrie zur Kapitulation gezwungen worden, und längst geht es um mehr als bloß um solche Massenware. Eine wachsende Zahl deutscher Unternehmen läßt einen wachsenden Anteil ihrer Computer-Software in Indien herstellen.

Man kann die Globalisierung als einen Wettlauf um die Zukunft beschreiben, bei dem immer mehr Athleten die Arena betreten und sich als konkurrenzfähig erweisen. Dabei laufen sie immer schneller, immer neuen Rekorden entgegen. Ohne Bild ausgedrückt: Früher mochte eine Firma ihr erfolgreiches Produkt mit geringen Änderungen für Jahrzehnte anbieten; heute verkünden die Schrittmacher des Fortschritts mit Stolz, daß es die Hälfte ihrer Erzeugnisse vor fünf Jahren noch gar nicht gab. Wer dann in diesem Wettlauf stehenbleibt, um Atem zu schöpfen, wer sich auf die Produkte, Organisationsformen und Sozialstrukturen verläßt, mit denen er gestern noch erfolgreich war, der befindet sich bereits auf der abschüssigen Straße, an deren Ende so geduldig wie unerbittlich der Konkursrichter beziehungsweise der nationale Niedergang wartet.

Die Globalisierung birgt Gefahren und Chancen. Die Gefahren sind offensichtlich, wenn Unternehmen ihre Produktionsstätten ins Ausland verlagern und die Arbeitslosigkeit bei uns wächst, weil man anderswo billiger produziert. Aber neue Konkurrenten bieten zugleich neue Märkte. Und zur Gegenbilanz gehört auch, daß unsere Autos ganz gewiß viel teurer und weit weniger gut wären, wenn sie noch in einem nationalen oder europäischen Naturschutzpark hergestellt würden, statt sich im weltweiten Wettbewerb gegen die Japaner und Koreaner behaupten zu müssen. Wenn im übrigen Marx und Engels schreiben, daß die nationale Einseitigkeit und Beschränktheit mehr und mehr unmöglich wird, dann hat ja auch das seine guten Seiten. Nur mit Schaudern blikken wir auf die nationalistische Borniertheit des »Dritten Reiches« zurück, und die jungen Leute, die kreuz und quer durch Europa und die Welt reisen, kaum daß sie flügge geworden sind, verstehen sie gottlob gar nicht mehr.

Alles in allem: Ihrem Prinzip nach ist die Globalisierung wirklich nicht neu. Wenn wir sie heute gleichwohl wie ein Schreckensbild entdecken und düster die Folgen ausmalen, dann heißt das offensichtlich nur, daß wir von ihrer Siegerseite (auf der wir uns zum Beispiel am Jahrhundertanfang im Verhältnis zu Großbritannien befanden) auf die Verliererstraße hinübergeraten sind.

Dieser Sachverhalt fällt nun zeitlich zusammen mit der deutschen Wiedervereinigung, und daraus läßt sich vieles erklären, was sonst unerklärbar bliebe, vor allem der drastische Stimmungsumschwung von der Begeisterung zur Verzagtheit und Verbitterung, zu den Schuldzuweisungen.

Die große Mehrheit der Menschen in der zerfallenden DDR verschwor sich nicht den Idealen der Bürgerrechtler, die ja auch rasch beiseite gedrängt wurden, sondern sie wollte aus der erfolglosen in die erfolgreiche Arbeitsgesellschaft umsteigen. Doch man geriet in deren Zerfallsphase und damit, sozusagen als Spätumsiedler, in die Position des Schwächsten, des schuldlos Ausgestoßenen hinein, der nicht gebraucht wird. Hieraus wird verständlich, daß sich eine Art von DDR-Nostalgie entwickelt hat: Waren früher nicht wenigstens die Arbeitsplätze sicher?

Nein, durchaus nicht. Im Grunde gab es für sie keine Perspektive mehr; der Einsturz der DDR wie der des gesamten Sowjetimperiums hat letztlich ja damit zu tun, daß der Kampf um die Zukunft hoffnungslos verloren war. Aber wer erkennt noch diesen Zusammenhang, wer will davon etwas wissen, wenn er die eigene, konkrete Notlage vor Augen hat und sie mit dem vergleicht, was einmal war?

Umgekehrt die Westdeutschen. Ging es ihnen bis zum Fall der Mauer oder bis zum Vollzug der Wiedervereinigung nicht gut? Ist seitdem etwa keine Wendung zum Schlechteren eingetreten? Und muß man darum nicht das eine aus dem anderen erklären?

Keineswegs. Einmal mehr ist entscheidend, daß zwei Entwicklungen sich zeitlich überdecken, die man nicht kurzschlüssig als Ursache und Wirkung vermengen darf. Doch natürlich ist es allemal leichter, Sündenböcke zu erfinden und zu jagen, als selbstkritisch zu analysieren, worum es in Wahrheit sich handelt.

Ein Rundgang durch deutsche Probleme

Der Ausgangspunkt

Die Krise der Arbeitsgesellschaft betrifft alle hochentwickelten Industriestaaten in prinzipiell gleicher oder doch ähnlicher Weise. Aber bei uns wirkt sie sich härter aus, sie rührt tiefere Ängste auf als bei anderen Völkern, weil wir uns gründlicher auf die Arbeitsgesellschaft eingelassen haben als sie. Sehr zugespitzt ausgedrückt: Wir haben nicht gearbeitet, um zu leben, sondern gelebt, um zu arbeiten und unsere Pflicht zu erfüllen. Anderswo blieben vormoderne Traditionsbestände eher erhalten; immer schon haben wir ja vermutet und teils verachtet, teils heimlich bewundert, daß man sich in Frankreich oder Italien auf die Kunst des Lebensgenusses besser versteht als hierzulande. Auch der englische Gentleman gewann seinen Vorbildcharakter nicht durch die Arbeit, die er leistete, sondern durch seine Haltung, seinen Stil – und durch das unbeirrbare Selbstbewußtsein, mit dem er ihn vertrat.

Am Anfang standen die Katastrophe des Dreißigjährigen Krieges und die allgemeine Verarmung, die ihm folgte. Zu Fleiß, Sparsamkeit, Opfersinn und Leistungsbereitschaft, wie das Luthertum und die preußischen Könige sie als Inbegriff der Tugenden den Menschen einprägten, gab es seither keine für die Praxis taugliche und wirtschaftlich tragfähige Alternative. Gewiß haben viele deutsche Groß- und Klein-

81

herzöge, Fürstbischöfe, Kurfürsten und Könige ein prunkendes Hofleben geführt. Beispielhaft hat der Kurfürst von Sachsen, August der Starke, als er katholisch wurde, um die polnische Königskrone zu gewinnen, einen Schönheitssinn entfaltet, dessen Hinterlassenschaften wir im Dresdener Zwinger oder im »Grünen Gewölbe« noch heute bewundern. Aber den Untertanen war damit wenig geholfen, und die Sachsen blieben als gute Lutheraner ohnehin bei ihrem Fleiß.

In der neueren Geschichte sind vor allem die politischen Umbrüche von 1871, 1918, 1933 und 1945 zu nennen. Immer handelte es sich um mehr oder minder radikale Einschnitte, um Traditionszerstörung und die Hinwendung zur Zukunft, um Modernisierungsschübe. Mobilmachung für Arbeit und Leistung: Das war unter allen und sogar kraß wechselnden Vorzeichen stets ein leitendes Thema; damit wurde ein Vorsprung vor anderen Völkern erkämpft, dadurch der Stolz, aber auch die Überhebung der Nation begründet.

In der Geschichte des 20. Jahrhunderts hat die Weltwirtschaftskrise, die 1929 begann, schlagend die Unterschiede demonstriert. Die Massenarbeitslosigkeit, die sie auslöste, wurde der Weimarer Republik als Systemversagen zugerechnet; der Radikalismus von rechts schwoll fast über Nacht zur Massenbewegung an und trug schließlich Hitler an die Macht.[40] Nirgendwo sonst gab es vergleichbare Reaktionen. In Großbritannien und den Vereinigten Staaten erreichte die Arbeitslosigkeit ähnliche oder sogar größere Ausmaße, und die sozialen Folgen waren besonders in Amerika einschneidender, weil sozialstaatliche Maßnahmen unter dem Druck der Krise erst improvisiert werden mußten. Aber die politischen Institutionen zerbrachen nicht, sondern hielten ohne Beschädigung stand.

Wir werden hierauf zurückkommen, wenn es um Strategien im Niedergang geht. Doch zunächst sollen die deutschen Probleme in ihren Einzelaspekten skizziert werden.

Der Sozialstaat

Seine Entwicklung gehört zu den Errungenschaften unserer neueren Geschichte, auf die wir mit Stolz zurückblicken. Sie begann in der späten Bismarckzeit; 1883 wurde die Krankenversicherung für Arbeiter, 1884 die Unfallversicherung, 1889 die Invaliden- und Altersversicherung eingeführt. Im einzelnen stets umstritten, im Grundsatz selten bezweifelt und von den politischen Regimewechseln kaum betroffen ist der Sozialstaat in mehr als einem Jahrhundert immer weiter ausgebaut worden. 1927 begann die Arbeitslosenversicherung; in den fünfziger Jahren haben die Gewerkschaften die Lohnfortzahlung im Krankheitsfall erkämpft, und die Rentenzahlungen wurden mit ihrer Ankoppelung an die Lohnentwicklung dynamisiert, das heißt gegen die Inflation geschützt. Zuletzt wurde die Pflegeversicherung eingeführt: eine sinnvolle Maßnahme angesichts der Tatsache, daß immer mehr Menschen ein hohes Alter erreichen.

Man kann die Bedeutung des Sozialstaats kaum hoch genug einschätzen. Zu ihr gehört nicht nur die Lebenssicherung der Menschen, die sie selbst nicht leisten können, sondern zum Beispiel auch das Mündig*bleiben* im Alter. Denn der Rentner gerät nicht mehr unter die Vormundschaft seiner ihn versorgenden Kinder, sondern entscheidet nach eigenem Ermessen, wie er das Geld verwendet, das ihm zusteht. Weiter gehört zur historischen Wirkung des Sozialstaats die Auflösung der Klassengegensätze zugunsten einer Solidargemeinschaft. Sie ist zwar nicht kurzfristig gelungen, wie Bismarck es in seinem Kampf gegen die Arbeiterbewegung erhoffte, aber langfristig um so nachhaltiger.

Freilich ist der Sozialstaat unter der stillschweigenden Voraussetzung aufgebaut worden, daß viele Berufstätige mit ihren Steuern und Abgaben für vergleichsweise wenige Leistungsempfänger aufkommen mußten. Außerdem wurde unterstellt, daß bei steigenden Löhnen und Einkommen auch eine steigende Belastung zumutbar sei. Fast ein Idealzustand wurde in den sechziger Jahren unter dem Vorzeichen der Vollbeschäftigung erreicht – und nach einer kurzen und eher milden Rezession am Anfang der siebziger Jahre noch einmal hergestellt.

Inzwischen sind die Fundamente brüchig geworden. Selbst wenn man die künftigen Zahlen der Arbeitslosigkeit so optimistisch einschätzt, wie es schwerlich erlaubt ist, setzt die deutsche Altersentwicklung unerbittliche Daten. Im Jahre 1900 betrug der Bevölkerungsanteil, der 60 Jahre oder älter war, bei den Frauen 8,4 und bei den Männern 7,1 Prozent; im Jahre 1993 erreichte er 22,1 und 15,3 Prozent. Die Belastung des Sozialstaats, die sich daraus ergibt, wird durch die Dauer des Rentenbezugs noch einmal und drastisch erhöht: 1960 betrug sie durchschnittlich 9,9 und 1993 15,7 Jahre.

Erst recht stellen sich die Vorausberechnungen dramatisch dar; sie besagen, daß im Jahre 2040 der Anteil der Menschen, die 60 Jahre oder älter sind, dann 35 Prozent betragen wird. Entsprechend kraß verändert sich der sogenannte Altersquotient: Wenn 1992 auf 100 Personen im erwerbsfähigen Alter zwischen 20 und unter 60 Jahren 35,6 Prozent Ältere kamen, wird sich dieser Anteil auf ein Verhältnis von etwa 100 : 70 verdoppeln.[41]

Natürlich kann man die Frühverrentung durch gesetzliche Maßnahmen drosseln und die Grenze des Ruhestandes erhöhen, wie es mit ersten Maßnahmen auch schon geschehen ist. Doch was hilft das, wenn insgesamt die Beschäftigungsdecke sich als zu kurz erweist und für jeden, der länger arbeitet, ein

Jüngerer ausgeschlossen bleibt? Es sei daran erinnert, daß das westdeutsche Arbeitsvolumen bei stark steigender Produktion zwischen 1960 und 1994 von 56 auf 45 Milliarden Arbeitsstunden pro Jahr gesunken ist. Was geschieht, wenn es sich weiter auf 40, 35, 30 Milliarden verringert?

Offenbar geraten Staat und Wirtschaft in eine Sozialstaatsfalle, einen fatalen Zirkel: Je weiter die Entwicklung fortschreitet, desto höher türmen sich die Steuer- und Abgabenlasten. Sie treiben die Unternehmen dazu, ihre Rationalisierungsanstrengungen zu verstärken, um bei gleichbleibender oder sogar wachsender Produktion mit weniger Arbeitskräften auszukommen. So verschärft die Finanzierung des Sozialstaats die Beschäftigungskrise – und die Beschäftigungskrise das Finanzierungsproblem.

Im Jahre 1971 beliefen sich die Sozialleistungen im engeren Sinne auf 136 Milliarden; zur Finanzierung trugen die Versicherten mit 38, die Arbeitgeber mit 79 und die öffentlichen Zuweisungen mit 19 Milliarden bei. Nimmt man weitere Ausgaben noch hinzu, wie zum Beispiel freiwillige Beiträge der Arbeitgeber, die Versorgung der Kriegsopfer, die Sozial- und die Jugendhilfe, das Wohngeld und die Steuerermäßigungen, so erhöht sich die Summe der Leistungen auf 191 Milliarden und die Zuweisung öffentlicher Mittel auf 69 Milliarden. Schon damals waren die Steigerungsraten beträchtlich; 1965, sechs Jahre zuvor, lagen die entsprechenden Zahlen noch bei 111 und 47 Milliarden. Aber im Rückblick möchte man von idyllischen Zeiten reden, denn in dreißig Jahren haben sich die Ausgaben verzehnfacht. Die Summe der Sozialleistungen überschritt 1992 die Billionengrenze, und 1994 wurden 1106 Milliarden erreicht. Die Sozialleistungsquote – ihr Anteil am Bruttosozialprodukt – betrug 33,3 Prozent. Die Abgabenquote aus Steuern und Versicherungsbeiträgen stieg auf über 43 und inzwischen auf 45 Prozent.

Wie soll das weitergehen? Es ist leicht, Wohltaten auszustreuen, doch sehr schwer, sie zurückzuschneiden. 1994 sprachen sich 67 Prozent der westdeutschen und 85 Prozent der ostdeutschen Bevölkerung mit Entschiedenheit dafür aus, daß Sparprogramme aller Art die Sozialleistungen keinesfalls antasten dürften. Der 1996 ausgebrochene Kampf um die volle oder auf 80 Prozent verkürzte Lohnfortzahlung im Krankheitsfall stellt wohl nur ein Vorspiel der Auseinandersetzungen dar, die zu erwarten sind.

Dabei ist abzusehen, daß die Renten und Pensionslasten weiter und sogar sprunghaft wachsen werden: Allein für den Ruhestand ihrer Beamten gaben Bund, Länder und Gemeinden 1995 39,2 Milliarden DM aus; zehn Jahre später muß man bereits mit 62,1 Milliarden rechnen, und wenn sich sonst nichts ändert, würde man im Jahre 2040 bei 237,9 Milliarden (und bei 93 Pensionären gegenüber 100 aktiven Beamten) angelangt sein. Aber längst schon reichen die laufenden Einnahmen nicht mehr aus, um die Bürde zu schultern. Die Schulden des Gesamtstaates wuchsen von 1989 bis 1996 von 929 auf 2135 Milliarden, die des Bundes von 491 auf 840 Milliarden; ein immer höherer Anteil der Steuererträge muß für die Zinsdienste ausgegeben werden. Auf Kosten der Zukunft lebt Deutschland über seine Verhältnisse.

Überlegungen zur Altersgesellschaft

Im Jahre 1900 glich der deutsche Altersaufbau einer Pyramide. Die Weltkriege und die Fieberanfälle unseres Jahrhunderts haben das Bild zerrissen, weil die Kriegsverluste besonders unter den Männern und die Wechsel von schwachen und starken Geburtsperioden zu Auszackungen oder Einbrüchen führten. Die Grafik des Jahres 2030 wird dann an einen Kirchturm mit Zwiebelspitze denken lassen: Dem eher schmalen Schaft schließt sich eine abgerundete Ausbuchtung an. Die stärksten Jahrgänge gruppieren sich nach unten und oben um das sechzigste Lebensjahr, und das noch sichtbare Kirchturmende reicht bis zum hundertsten Lebensjahr hinauf.

Bereits ein Rückblick auf die letzten Jahrzehnte läßt erkennen, was uns erwartet. Im Jahre 1960 gab es im gesamten Deutschland eine Bevölkerung von 73,147 Millionen, darunter 1 226 255 Kinder im ersten Lebensjahr. Bis 1994 war die Bevölkerung auf 81,539 Millionen gewachsen, aber die Zahl der Kinder im ersten Lebensjahr hatte sich auf 769 617 vermindert. Gleichzeitig stieg die Zahl der Menschen, die 65 Jahre alt oder älter waren, von 8 470 141 auf 12 541 773. (Zahlen jeweils zum Jahresende nach den Angaben des Statistischen Bundesamtes.) Auf jeweils ein Kleinkind kamen damit 1960 knapp sieben – und 1994 schon mehr als sechzehn alte Menschen.

Wie wird sich die künftige Altersgesellschaft verhalten, wie auf die Herausforderungen reagieren, die sie im Inneren bewegen und von außen treffen? Schon im Vorwort wurde gesagt: Wir wissen es nicht, denn die Erfahrungen fehlen; eine solche Gesellschaft gab es noch nie. Immerhin kann man Überlegungen zum Wahrscheinlichen und Unwahrscheinlichen anstellen. Dabei ist zunächst festzustellen, daß im parlamentarischen Regierungssystem den Altersjahrgängen eine wachsende Wählermacht zufallen wird – oder sogar eine Übermacht, wenn man das mittlere bis gehobene Alter noch hinzurechnet, etwa vom fünfundvierzigsten oder fünfzigsten Lebensjahr an, von dem aus man seine Erwartungen oder Befürchtungen bereits auf den Ruhestand richtet. Wer aber regieren will, muß Mehrheiten gewinnen und daher auf die Senioren Rücksicht nehmen. Schon heute zeichnet sich das ab, und es wird immer deutlicher werden. Nur noch acht Parlamentsperioden trennen uns von dem

Jahre 2030, in dem man gewiß wieder, wie 1998, von einer Schicksalswahl sprechen wird. Und kaum ein wichtigeres Ressort wird es dann mehr geben als das der Altersministerin, das man inzwischen eingeführt hat.

Als wahrscheinlich erscheint zunächst, daß eine Altersgesellschaft sich eher defensiv als aggressiv verhält. Man will in Ruhe genießen und nicht in Abenteuern aufs Spiel setzen, was man hat. Schon darum dürften alle Befürchtungen sich ins Abwegige verirren, die den zweiten, 1990 gegründeten deutschen Nationalstaat in den ersten von 1871 mit seinem »Sedan«-Triumph zurückversetzen und einen neuwilhelminischen Traum von der Weltmacht oder gar den Wahn von den Herrenmenschen heraufdämmern sehen.

Einst sprach man vom »Recht der jungen Völker«, das gegen die angeblich alten und abgelebten Nationen wie die Franzosen oder die Briten ins Feld geführt wurde.[42] »Macht Platz, ihr Alten!« hieß eine nationalsozialistische Parole; tatsächlich war die NSDAP in der »Kampfzeit« der Weimarer Republik im Vergleich mit »System«-Parteien wie der SPD oder dem Zentrum eine Bewegung der jungen Leute. Und herausfordernd sang man: »Es zittern die morschen Knochen …« Nein, derlei wird nicht mehr oder bloß noch im ohnmächtigen Abseits zu hören sein.

In einer Gegenperspektive wäre freilich von der Gefahr der Erstarrung zu sprechen. »Keine Experimente!« könnte die Parole lauten. Oder im schlimmeren Falle sogar: »Nach uns die Sintflut!« Das Schuldenmachen zu Lasten der Zukunft wurde bereits erwähnt, und es ist nicht auszuschließen, daß diese Tendenz sich verstärkt. Nicht nur wegen der Lasten, die den Jüngeren zur Sicherung des Alters aufgebürdet werden, könnte darum die Kluft zwischen den Generationen sich vertiefen und womöglich bis zum Konflikt verschärfen. Über alle Spekulationen hinweg wird ohnehin ein Zwiespalt und Widerspruch erkennbar:

Einerseits gehört zum Alter in Deutschland nicht nur die Hilfsbedürftigkeit, sondern auch oder erst recht der Reichtum. In privater Hand haben sich seit dem Zweiten Weltkrieg gewaltige Vermögenswerte angesammelt; man spricht von 14 Billionen DM, verteilt auf Kapital-, Immobilien- und Gebrauchsvermögen. Die Zahl, auch wenn sie nur auf Schätzungen beruht, vermittelt einen Eindruck von der Größenordnung, um die es geht. Allein die in einem Jahr neugebildeten Geldvermögen erreichten 1995 den Umfang von 234 Milliarden. Die höchst ungleiche Verteilung des Reichtums ist aber nicht nur – wie immer wieder und oft anklagend betont wird – durch soziale Schichtungen bedingt, sondern auch mit dem Generationenverhältnis verbunden. Ein Hauptteil der Vermögen liegt in alten Händen. Daraus ergibt sich ein Abhängigkeitsverhältnis, ein Anspruch der Alten auf das Wohlverhalten ihrer Erben.

Andererseits gehört zur modernen Entwicklung eine Abwertung des Alters zugunsten der Jugend. Der reißende technische Fortschritt begünstigt die Lernfähigkeit und stößt die Erfahrung ins Abseits. Buchstäblich spielend dringt der Enkel in die Geheimnisse des Computers und mit ihnen ins Verkehrsgetümmel auf globalen Datenautobahnen vor, in dem der Großvater sich hilflos verirrt und darum lieber gleich zu Hause bleibt. Welch ein Gegensatz zum einstigen Bauern oder Handwerksmeister, der nichts Besseres tun konnte, als seinem Enkel die Erfahrungen zu vermitteln, die er selbst von seinem Großvater empfangen hatte! Die Erfolgsgeschichten unserer Zeit erzählen von jungen Leuten; um so drohender zeichnet sich für eine vom Alter bestimmte Gesellschaft die Gefahr ab, daß sie sich aufs »Bewährte« verläßt und im weltweiten Konkurrenzkampf um die Zukunft weit und immer weiter ins Hintertreffen gerät.

Menschen sind Lebewesen, die von der Zukunft wissen. Als einzelne, in den sozialen Gruppierungen, zu denen sie gehören, und auch als Nationen müssen sie sich auf das Kommende einstellen, das sie nicht kennen, und sie tun es in sehr unterschiedlicher Weise. Die Neugier aufs Unbekannte, die Entdeckungslust kann sie tragen, gepaart mit Selbstbewußtsein und der Leistungsgewißheit, allen Herausforderungen und Risiken gewachsen zu sein. Mitunter kann diese Gewißheit sich sogar zu dem Glauben verdichten, für die Eroberung der Zukunft auserwählt und zu Großem berufen zu sein. Aber es gibt auch die Versagensängste, das Verzagen, das sich zu Alpträumen verdichtet: Alles wird schlimm ausgehen, und was mich, was uns erwartet, sind Unheil und Untergang. Mit der einen oder der anderen Einstellung verbindet sich dann oft, was man die »self-fulfilling prophecy« nennt, die Vorhersage, die ihre Erfüllung bedingt: Wer sich etwas zutraut, wird Erfolg haben, während die Versagensangst das Versagen gebiert.

In der neueren Geschichte hat sich die Bedeutung der Zukunft grundlegend verändert. In vormodernen Agrargesellschaften ereignete sich sehr wenig, was wirklich neu war. Zwar wußte man am Anfang eines Jahres nicht, ob man an seinem Ende nach einer guten Ernte sich sattessen oder nach einer Mißernte hungern würde, und mit den Seuchen des Viehs oder dem Kindertod mußte man ebenso rechnen wie mit dem eigenen Krankwerden und Sterben. Aber alles, was nach dem Willen Gottes geschah, vollzog sich im Horizont uralter, stets wiederkehrender Erfahrungen; kaum etwas war unbekannt. Man könnte daher von Erfahrungsgesellschaften sprechen, die aus dem Überlieferten ihre Standfestigkeit gewannen.

Der Wandel beginnt in der frühen Neuzeit, als auch die

Fundamente der modernen Arbeitsgesellschaft gelegt werden. Nicht von ungefähr spricht man von einem Zeitalter der Entdeckungen, zunächst im geographischen Sinne. Doch dieses Zeitalter dauert fort und fort, seine Schwerpunkte verlagern sich nur: von der Erdumseglung zu den Erfindungen, in die Labors der Wissenschaften. Heute leben wir erst recht und wohl unentrinnbar in einer Entdeckungsgesellschaft. Denn wir wissen von der Zukunft, daß sie anders sein wird als das Vergangene, und daß sie vom Umgang mit dem heute noch Unbekannten bestimmt sein wird. Die Entdeckungen schlagen sich in Techniken, Produktionsweisen und Produkten nieder, die unser Alltagsleben nicht bloß berühren, sondern umgestalten – sei es zum Guten oder zum Verderben.

Blickt man auf die deutsche Geschichte im 20. Jahrhundert zurück, so erkennt man krasse Pendelschläge zwischen Zuversicht und Zukunftsangst. In der wilhelminischen Zeit vor dem Ersten Weltkrieg glaubte man an den deutschen Erfolg, wenn nicht gar an die eigene Weltmission. Das Wort von den »herrlichen Tagen«, das der Kaiser 1892 prägte und zu denen er seine Untertanen führen wollte, war der Nation aus dem Herzen gesprochen. Als der Repräsentant der nach ihm benannten Epoche begeisterte sich Wilhelm II. für alles Neue, vom Zeppelin über die Röntgenstrahlen bis zum Schlachtflottenbau.

Ganz anders die Zeit der Weimarer Republik, besonders an ihrem Anfang und zum Ende hin. »Der Untergang des Abendlandes« von Oswald Spengler, dessen erster Band 1918 erschien, wurde allein schon mit seinem Titel zum Sensationserfolg. Zukunftsangst, um nicht zu sagen Verzweiflung beherrschte zumindest das Bürgertum und die Bildungsschichten; anders als aus den Abgründen der Zukunftsängste ist kaum zu erklären, warum die Deutschen schließlich einen Mann aus dem Nichts wie Adolf Hitler zum »Führer« erkoren und ihm zujubelten, als er sie zu neuer Siegesgewißheit emporriß.

Nach dem Absturz von 1945 begann bald der Wiederaufstieg, von dem in einem früheren Kapitel die Rede war. Die Arbeitsgesellschaft triumphierte, das Gespenst der Arbeitslosigkeit schien endgültig gebannt zu sein, und ein noch nie gekannter Massenwohlstand hielt seinen Einzug, durch Motorisierung, Urlaubsmöglichkeiten und einen stets weiter in die Ferne schweifenden Tourismus symbolisiert. In gewissem Sinne wurde sogar der deutsche Jahrhunderttraum von der Weltmacht zur Realität, jetzt friedlich statt kriegerisch: Die Bundesrepublik entwickelte sich nach den Vereinigten Staaten und vor Japan zur Weltwirtschafts- und Exportgroßmacht. Bei alledem bestätigten und verstärkten der handfeste Erfolg und das Erfolgsbewußtsein sich wechselseitig.

Doch seltsam genug begann dann ein Rückschwung des Pendels von der Zuversicht zur Zukunftsangst. Die Anfänge dieses Gezeitenwechsels sind nicht genau, sondern nur ungefähr auf die Mitte der siebziger Jahre zu datieren – jedenfalls noch nicht auf das Jahr 1968. Denn die studentischen Rebellen von damals fühlten sich auf ihre Weise durchaus siegessicher; im übrigen verfügten sie über die denkbar besten Berufsaussichten. Allerdings haben sie vorbereitend gewirkt, indem sie das Ethos der Arbeitsgesellschaft erschütterten und die Rechtfertigung der Väter zur vertuschten Unmoral, zur Fortsetzung des Faschismus mit anderen Mitteln erklärten.

Zum Kennzeichen des Wandels wurde die Entwicklung eines ökologischen Bewußtseins, dem sich die Triumphe menschlicher Weltbemächtigung durch den technischen Fortschritt als Wege in die Weltkatastrophe darstellten. 1975 erschien das Buch von Herbert Gruhl, das Aufsehen erregte: »Ein Planet wird geplündert – Die Schreckensbilanz unserer Politik«, mit der bezeichnenden Widmung: »Unseren Kindern«. Gruhl gehörte zu den Wegbereitern der Umweltbewegung und 1980 zu den Gründern der Bundespartei »Die Grünen«, aus der er sich später zurückzog. Vorausgegangen war 1972 der »Bericht an den Club of Rome zur Lage der Menschheit«, den Dennis Meadows und andere unter dem Titel »Die Grenzen des Wachstums« vorlegten. Welche Bedeutung diesem Bericht zukam, zeigt die Tatsache, daß schon 1973 der Club of Rome mit dem Friedenspreis des Deutschen Buchhandels ausgezeichnet wurde.[43]

Kein Zweifel: Der Bewußtseinswandel war überfällig. Im Rückblick erscheint kaum noch glaublich, mit welchem Gleichmut man in den Jahrzehnten des Wiederaufbaus die Zerstörung der Umwelt, die Vergiftung der Luft, des Wassers und der Erde hingenommen hat, mit welchem Leichtsinn man Chemieprodukte in Umlauf brachte, ohne die Folgen zu prüfen. Bloß als Beispiel sei das Umweltgift DDT genannt, dessen Einsatz zur Schädlingsbekämpfung, das heißt zur umstandslosen Insektenvernichtung man förderte und feierte; 1948 wurde der »Vater« des DDT, Paul Müller, mit dem Nobelpreis geehrt. Aber Welten klaffen zwischen einer nüchtern prüfenden Umweltpolitik, die Schritt um Schritt das Mögliche tut, und einer Umwelthysterie, die überall das Unheil, die Katastrophe, den Untergang entdeckt. Und eben diese Hysterie unterscheidet Deutschland von anderen Ländern. Vom »Waldsterben« über die Ozonwerte bis zum »Elektrosmog« oder dem »Rinderwahnsinn« dient ihr alles zum Anlaß, sich zu entfalten, nach dem Motto: Gelobt sei, was Angst macht. Viele und immer mehr Menschen fühlen sich und sind umweltkrank, obwohl ärztliche Untersuchungen nichts nachweisen können als eben die Angst.[44]

Charakteristisch ist dabei ein seltsamer Zwiespalt, eine Abart von Schizophrenie. Was man kennt, wird hingenommen und sogar robust verteidigt: Das Rasen, die »freie Fahrt

93

für freie Bürger« auf den Autobahnen darf nicht eingeschränkt werden, es sei denn durch die Überfüllung, den Stau auf allen Straßen. Das Neue dagegen wird nach Kräften bekämpft oder zumindest verzögert, und sei es eine Schnelltrasse für den ökologisch sinnvollen Schienenverkehr. Der Widerstand steigert sich, wenn es um das tatsächlich Neue geht, etwa im Bereich der Gen- und im weiteren Sinne der Biotechnologie, die nach dem Urteil der Fachleute im 21. Jahrhundert eine zentrale Bedeutung gewinnen wird. Dieser Zwiespalt ließe sich durch weitere Beispiele fast beliebig belegen. Er drängt zu der Folgerung, daß es sich nicht, wie oft behauptet wird, um eine allgemeine Technologiefeindlichkeit handelt, sondern um die Angst vor unbekannten Herausforderungen. Zukunftsangst bildet den Nährboden, der das Verhalten bestimmt.

Man kann den Sachverhalt sogar an Zahlen ablesen. Soweit es ums Bewahren geht, sind wir Weltmeister. Die Patentanmeldungen im Bereich der Umwelttechnologie stiegen von 215 im Jahre 1983 auf 876 zehn Jahre später, und der deutsche Weltmarktanteil an Produkten des Umweltschutzes liegt mit 21 Prozent fast doppelt so hoch wie in anderen Industriezweigen. Ganz anders auf den zukunftweisenden Feldern etwa der Mikroelektronik und der Kommunikationsindustrie: »Sie werden ohne bedeutende deutsche Beteiligung bestellt. So meldete 1994 Amerika (517) fast zweimal und Japan (813) fast dreimal soviel mikroelektronische Patente beim DPA (Deutschen Patentamt) an wie die Bundesrepublik (279). Bei der Bürotechnik ergab sich im selben Jahr ein noch düstereres Bild: 70 Patentanmeldungen aus der Bundesrepublik standen 401 (Amerika) und 7069 (Japan) gegenüber. Vor allem bei den zukunftsträchtigsten Schlüsseltechniken, die der Information und Kommunikation dienen, rangieren die Deutschen unter ›ferner liefen‹.«[45]

In seiner Regierungserklärung vom November 1994 hat

der Bundeskanzler gesagt: »Ohne positive Einstellung der Gesellschaft zu wissenschaftlich-technischem Fortschritt kann der Wohlstand in Deutschland nicht dauerhaft gesichert werden.« Das ist wahr, aber nicht nur die Einstellung der Gesellschaft, sondern auch die Entwicklung der Staatsausgaben weist in die Gegenrichtung. Die Mittel des Forschungsministers wurden nicht etwa dramatisch aufgestockt, sondern beschnitten, und wenn wir vor zehn Jahren relativ zum Sozialprodukt für Forschung und Entwicklung noch mehr ausgaben als die Vereinigten Staaten und Japan, dann sind wir seit 1993 hinter diese Hauptkonkurrenten zurückgefallen.

Woher die Zukunftsangst eigentlich stammt, läßt sich nur schwer ermitteln und allenfalls vermuten. Der Gedanke liegt verführerisch nahe, daß die Altersgesellschaft ins Spiel kommt. Denn wer alt wird, lebt immer mehr in seinen Erinnerungen und immer weniger mit der Neugier und Entdeckungslust; aus der Zukunft drohen Siechtum und Tod. Doch diese Erklärung reicht nicht aus; mit wichtigen Befunden läßt sie sich kaum vereinbaren. Die militanten und oft auch fundamentalistischen Bewegungen, die in den siebziger Jahren entstanden, wurden ganz überwiegend von jüngeren und jungen Menschen getragen; bisweilen hat man über »Kinderkreuzzüge« gespottet. Entsprechend sah es in der Gründungsphase bei den »Grünen« aus; nicht nur programmatisch, sondern auch im Generationenverhältnis waren sie gegenüber den Altparteien eine Jugendbewegung – was natürlich nicht aus-, sondern einschloß, daß man den Zuspruch von Älteren, wie Heinrich Böll, gerne entgegennahm.

Eine andere Vermutung hat mit deutschen Schuldfragen zu tun. In der Rebellion von 1968 wurde die Aufbaugeneration der Nachkriegszeit von ihren Kindern schuldig gesprochen, weil sie die Verbrechen der Gewaltherrschaft verdrängt und keine »Trauerarbeit« geleistet hatte. Nur konsequent ist es dann, auf einer zweiten Stufe die Väter auch für ihre unkritische Fortschrittsbegeisterung schuldig zu sprechen: Stellt sie etwa, nur mit anderen Mitteln, eine Fortsetzung des Kampfes um Eroberung und Herrschaft dar? Fordert man nicht wiederum Opfer ein – nun von der Natur statt von den Juden?

Die Fortsetzung des Krieges mit anderen Mitteln: Wer nicht selbst und jetzt erst recht schuldig werden will, muß sich, so scheint es, folgerichtig einer Zukunft verweigern, die sich nicht als Stiftung des Friedens, sondern als Aufforderung zur menschlichen oder unmenschlichen Weltbemächtigung und Naturunterwerfung darstellt:

> »'s ist Krieg! 's ist Krieg! O Engel Gottes wehre
> und rede du darein!
> 's ist leider Krieg – und ich begehre
> nicht schuld daran zu sein!«

So beginnt ein altes Gedicht von Matthias Claudius. Man könnte es neu deuten, als ein unvermutet aktuelles und noch immer sehr deutsches Sinngedicht.

Vielleicht muß man den einen Erklärungsansatz mit dem anderen verbinden, um zum Ganzen zu finden; menschliches Verhalten stammt selten, wie im durchschnittlichen Kriminalroman, aus einem einzigen, klar umrissenen Motiv. Noch wichtiger dürfte die Entwicklung der Arbeitsgesellschaft sein. Denn wenn sie unser Selbstverständnis und Selbstbewußtsein bestimmt, dann versetzt ihr Zerfall uns in Schrecken, in eine Panik, der mit nüchternen Überlegungen kaum noch beizukommen ist. Der Versuch aber, die Entwicklung aufzuhalten, beschleunigt wiederum den Zerfall und damit die Angst vor der Zukunft, der wir entgegengehen.

Wenn wir nun aus dem Reich der Vermutungen zur Realität von Wirtschaft und Technik zurückkehren, dann sind die Folgen nicht nur abzusehen, sondern bereits erkennbar.

Deutschland erbringt noch immer große Leistungen auf den vertrauten Gebieten zum Beispiel des Maschinenbaus und der Elektrotechnik, aber es fällt in den Zukunftsbereichen zurück, in denen das grundlegend Neue sich vorbereitet; die Klagen über diese Entwicklung sind längst alltäglich geworden. Doch sogar im Gewohnten droht die Gefahr, weil der Zeitgeist Grenzen nicht achtet. Er wendet sich gegen den wissenschaftlich-technischen Fortschritt insgesamt: Jahr um Jahr gibt es in den Natur- und Ingenieurwissenschaften weniger Studenten, immer mehr dagegen in anderen Bereichen. In einem Bericht über »Ingenieure in Deutschland« heißt es daher:

»Das Interesse an dem meisten Ingenieurberufen, voran denen der Maschinenbauer und Elektrotechniker, ist drastisch zurückgegangen, die Fächer drohen auszutrocknen. Die Zahl der Studienanfänger im Maschinenwesen hat sich in den vergangenen sechs Jahren auf zwei Fünftel verringert.« Es »läßt sich leicht ausrechnen, daß in absehbarer Zeit selbst ein noch so bescheidener Ersatzbedarf an Maschinenbau-Ingenieuren nicht mehr gedeckt werden kann – an Nettozuwachs wagt ja schon keiner mehr zu denken … Der Defaitismus über die Berufsaussichten und die schwindende Akzeptanz der Technik haben einen sich selbst verstärkenden Teufelskreis in Gang gebracht: Maschinenbau ist derzeit disciplina non grata.«

Umgekehrt in den Umweltberufen: »Weniger individuelle Karriereerwägungen als vielmehr den Zeitgeist spiegelt dagegen der Run auf die Ausbildung als Umwelttechniker wider. Während der Maschinenbauer oder Elektroingenieur als ›böser‹ Ingenieur gilt, dessen Tun mit äußerster Skepsis verfolgt wird, ist der mit der Umwelt Befaßte ein ›guter‹ Vertreter des Fachs. So simpel das klingt, so radikal sind die Folgen: Keiner weiß, wo diese vielen Umwelt-Fachleute künftig Beschäftigung finden sollen.«[46]

Wahrscheinlich in Beratungs- und Gutachtergremien des Gesetzgebers und vor allem im Staatsdienst, in den weiten Gefilden der Bürokratie. Denn auch dort hat der Zeitgeist Einzug gehalten: Wenn das Neue und Unbekannte grundsätzlich als Gefahr erscheint, muß man die Risikovermeidung zum Hauptziel machen, die Verordnungsdichte verstärken und alle Prüf- und Genehmigungsverfahren lückenlos gestalten. »Handle so, daß du nicht haftbar gemacht werden kannst!« – heißt das Verordnungsprinzip und ein kategorischer Imperativ der Verwaltung. Je komplexer im übrigen das Verordnungsgeflecht sich gestaltet, desto wichtiger wird die bürokratische Arbeit.[47]

In der Praxis entstehen freilich immer höhere Kosten – und vor allem Zeitverluste. Für Unternehmer mit neuen Ideen ist aber gerade der Zeitfaktor wichtig; nur der Vorsprung vor den Konkurrenten sichert den Erfolg. Wer will es ihnen verdenken, wenn sie dann in Länder umsiedeln, in denen die Genehmigungsverfahren sich nicht über Monate oder Jahre hinziehen, sondern in Wochen erledigt sind? Auch damit wird der deutsche Niedergang programmiert.

Eine Nebenbemerkung muß wohl noch der Durchrechtlichung aller Vorgänge gelten. Weltweit leistet sich Deutschland die höchste »Richterdichte«: Auf 100 000 Einwohner kommen 26 Richter; in den Vereinigten Staaten – einem angeblich besonders prozeßfreudigen Land – sind es fünf, in den Niederlanden sechs, in Frankreich und in Italien zehn Richter. Wegen der Überlastung der Gerichte schleppen sich gleichwohl die Verfahren in vielen Bereichen schier endlos hin. Wer also das Neue fürchtet, zieht vor Gericht und klagt durch die Instanzen hindurch. So wird erst einmal die Verzögerung erreicht, auf die es ankommt. Wenn dann abschließend so entschieden wird, wie man möchte, ist es gut. Wenn nicht, muß man die Dinge in die eigene Hand nehmen, zum Widerstand rufen und die Straßen und Schienenwege nach Gorleben blockieren.[48]

Angst vor der Zukunft: Das Thema ist zu ernst, um nicht nach einer Aufheiterung durch die Anekdote zu rufen. In seinem berühmten Werk »Über die Demokratie in Amerika« erzählt Alexis de Tocqueville:

»Ich treffe einen amerikanischen Matrosen und frage ihn, weshalb die Schiffe seines Landes nur für kurze Lebensdauer gebaut sind, und er antwortet mir ohne zu zögern, die Kunst des Schiffbaues mache täglich so rasche Fortschritte, daß das schönste Schiff bald wertlos wäre, wenn es länger als ein paar Jahre durchhielte. – In diesen zufällig von einem ungebildeten Mann über eine Einzelheit geäußerten Worten erkenne ich die allgemeine und systematische Vorstellung, von der sich ein großes Volk bei der Führung aller Dinge bestimmen läßt.«[49]

Wahrlich, von dieser Vorstellung haben wir uns trotz einer stets behaupteten und teils gepriesenen, teils bitter beklagten Amerikanisierung weit entfernt. Denn je schneller der Fortschritt abläuft, desto mehr Abfall erzeugt er. Unerbittlich wirft er zum »alten Eisen«, was man gerade noch brauchte. Das heißt in der Umkehrung: Der Abfall erscheint als das Böse, weil er vom Fortschritt zeugt. Und so sind wir denn, höchst dankenswert, zumindest auf dem Gebiet der Abfallvermeidung – oder jedenfalls der produktiven Wiederverwendung durch »Recycling« – zu Schrittmachern eines Fortschritts geworden, für den zu kämpfen sich lohnt.

Die deutsche Bildungskatastrophe

Im Jahre 1964 veröffentlichte der Pädagoge Georg Picht ein Buch mit dem aufrüttelnden Titel »Die deutsche Bildungskatastrophe«. Er rechnete vor, daß die höhere Ausbildung immer weiter hinter den Anforderungen zurückgeblieben war; es fehlte an Abiturienten und Studenten, an Lehrern,

Ärzten, Juristen, Naturwissenschaftlern, Ingenieuren: in fast allen Bereichen klafften Angebot und Bedarf weit auseinander. Picht warnte: Wenn man sich nicht zum Handeln aufraffte, würde die Bundesrepublik ihren Aufstieg kaum fortsetzen können und den Kampf um die Zukunft verlieren.

In der Tat steht und fällt die moderne Industriegesellschaft mit der qualifizierten Ausbildung, die sie der nachwachsenden Generation bietet, und mit ihren Leistungen in Wissenschaft und Forschung. Wie bereits der historische Rückblick zeigt, liefern Können und Wissen die Schlüssel zur Zukunft. Der preußisch-deutsche Aufstieg im 19. Jahrhundert und der des Kaiserreichs bis zum Ersten Weltkrieg sind vom Bildungsaufstieg nicht zu trennen. Preußen setzte Maßstäbe für die Volksschulentwicklung und erreichte im Duell mit Österreich um die Herrschaft in Deutschland auch damit einen Vorsprung. »Der preußische Schulmeister hat die Schlacht bei Sadowa (Königgrätz) gewonnen«, ist zum geflügelten Wort geworden.[50] Mehr noch traf das für die höhere Bildung in Gymnasien und Universitäten zu. Die Gründung der Universität von Berlin im Jahre 1810 durch Wilhelm von Humboldt schuf – wie schon skizziert – ein Modell, das weit über die preußischen und deutschen Grenzen hinaus bald als Vorbild erschien. In der Wiener Perspektive hat der große Gelehrte Lorenz von Stein das anschaulich gemacht, als er im Jahre 1875 schrieb:

»Österreich verstand es zu begreifen, daß seine Ebenbürtigkeit mit Deutschland nicht bloß auf seiner Industrie, auf seinen Schulen, auf seiner Presse, auf seiner Armee, auf seiner großen Geschichte, sondern auch auf der Ebenbürtigkeit seiner Universitäten mit den deutschen beruhe, und daß ein Zurückbleiben auf diesem Punkte ein Zurückbleiben auf allen bedinge.« – Den letzten Teil des Satzes sollte man wohl nicht nur historisch lesen, sondern ihn in seiner aktuellen Bedeutung begreifen.

»Da war es«, schreibt Stein weiter, »wo Österreich mit seiner ganzen vollen Kraft das deutsche Universitätswesen bei sich aufnahm; und diese deutsche Ordnung unserer Universitäten ist wahrlich nicht das letzte Blatt in dem großen Buche voll Achtung und Furcht, voll Neid und Liebe gewesen, das von der Geschichte Österreichs und Deutschlands redet! Denn so groß war die Kraft dieser Errungenschaft, daß nicht ein Jahrzehnt vorüberging, und die Universitäten Österreichs standen mit ihrem vollen Kraftbewußtsein *neben* jenen deutschen, auf die das deutsche Volk so stolz war, als eine glänzendste Zierde seiner Geltung in Europa.«[51]

Im Kaiserreich wurden die Realgymnasien und die Technischen Hochschulen nachdrücklich gefördert, und Wilhelm II. hat dazu seinen Beitrag geleistet, auch gegen konservativen Widerstand.[52] Auf eine Dankadresse der Technischen Hochschulen zur Verleihung des Promotionsrechtes antwortete der Kaiser in seiner Rede vom 9. Januar 1900: »Es hat Mich gefreut, die Technischen Hochschulen auszeichnen zu können … Ich wollte die Technischen Hochschulen in den Vordergrund bringen, denn sie haben große Aufgaben zu lösen … Das Ansehen der deutschen Technik ist schon sehr groß. Die besten Familien, die sich sonst anscheinend ferngehalten haben, wenden ihre Söhne der Technik zu, und Ich hoffe, daß das zunehmen wird. Auch im Ausland ist Ihr Ansehen sehr groß. Die Ausländer sprechen mit der größten Begeisterung von der Bildung, die sie an Ihrer Hochschule erhalten haben. Es ist gut, daß Sie auch Ausländer heranziehen; das schafft Achtung vor unserer Arbeit. Auch in England habe Ich überall die größte Hochachtung vor der deutschen Technik gefunden.«[53]

Das war keine Prahlerei, wie sie so oft die Reden des Kaisers verzerrte, sondern die Wahrheit. Wissenschaft und Forschung befanden sich auf der Höhe ihrer Weltgeltung; bewundernd ist damals gesagt worden, daß jeder Gelehrte zwei Vaterländer habe: sein eigenes und Deutschland. Diese Weltgeltung wurde freilich durch den Ersten Weltkrieg erschüttert, und mit der nationalsozialistischen Machtergreifung von 1933 kam sie ans Ende.

Der Schaden, der durch die Vertreibung des deutschen Geistes ins Exil angerichtet wurde, kann gar nicht hoch genug eingeschätzt werden.[54] Aus den Vorlesungsverzeichnissen der deutschen Universitäten und Hochschulen von 1938 sind insgesamt 3120 Lehrpersonen verschwunden, die im Wintersemester 1931/32 aufgeführt waren – rund ein Drittel des Bestandes. Dieser Anteil ändert sich nur unwesentlich, wenn man sich auf Personen beschränkt, die 1931 noch jünger als 60 Jahre waren. In einzelnen Bereichen lagen die Verluste noch weit höher: in der Mathematik bei 50, in den Wirtschafts- und Sozialwissenschaften bei 47, in der Rechtswissenschaft bei 45 und in den Geisteswissenschaften bei 42 Prozent. Zum weitaus größten Teil blieben die Verluste unwiderruflich: Nur 17 Prozent der Ordinarien und 13 Prozent der Nichtordinarien, die getilgt waren, sind seit 1949 nach Deutschland und in die Vorlesungsverzeichnisse zurückgekehrt. Die meisten Gelehrten, die Deutschland verließen, haben in den Vereinigten Staaten Zuflucht gefunden und dort einen Entwicklungsschub bewirkt. Inzwischen liegt das Weltzentrum der Forschung in Amerika, und das Englische ist zur eindeutig herrschenden Wissenschaftssprache geworden.

Ein Hinweis mag zur Anschauung helfen. Von 1901 bis 1932 waren unter den Trägern wissenschaftlicher Nobelpreise – für Physik, Chemie und Medizin – 31 Deutsche, 17 Engländer, 6 Amerikaner. Prüft man einen entsprechenden Zeitraum der Nachkriegszeit und setzt man für das ehemalige Reich die Bundesrepublik Deutschland von ihrer Gründung 1949 bis zum Jahre 1981 ein, so gab es unter den Preisträgern – bei zunehmend geteilten Preisen und daher erhöhten Zahlen – 101 Amerikaner, 32 Engländer, 14 Deutsche. Die DDR war nicht vertreten. Übrigens ist 1969 auch ein Nobelpreis für Wirtschaftswissenschaften gestiftet worden. Bis 1981 gehörten zu den Preisträgern zehn Amerikaner, kein Deutscher. Bei allen Vorbehalten läßt sich an der Veränderung der Zahlen doch wohl die Verschiebung der wissenschaftlichen Gewichte eindeutig ablesen.

Wir nähern uns wieder dem Ausgangspunkt, der Entwicklung seit 1945. »Gegen die zu weit gehende Unzufriedenheit mit den Hochschulen ist zu sagen, daß die Hochschulen Träger einer alten und im Kern gesunden Tradition sind.« Dieser Satz stammt aus der frühen Nachkriegszeit, aus dem »Blauen Gutachten« zur Hochschulreform, das – angeregt von der britischen Besatzungsmacht – 1948 veröffentlicht wurde.[55] Im Rückblick auf die Ereignisse seit 1933 nimmt er sich verwegen aus. Aber keiner war populärer, kaum einer ist häufiger zitiert worden; für zwanzig Jahre bildete er eine Richtschnur der Hochschulpolitik. Vorschläge zum Verändern, die es durchaus gab, prallten an dieser Mauer der »Kern«-Gesundheit ohnmächtig ab. Praktisch beschränkte man sich auf den materiellen Wiederaufbau zerstörter Hörsäle, Institute und Bibliotheken.[56]

Erst mit dem Alarmruf von Georg Picht entstand Bewegung, weil er an handfeste Interessen appellierte. Und ein zweiter Anstoß kam dann sehr rasch hinzu: »Alle an Bildung und Bildungspolitik beteiligten Bürger sollten beharrlich daran arbeiten, das Versprechen unserer Verfassungen auf gleiche Bürgerrechte endlich zu erfüllen. *Bildung ist Bürgerrecht.*« Das schrieb Ralf Dahrendorf 1965[57], und einmal mehr handelte es sich um eine wirksame Formel, wie bei der Beschwörung der »Bildungskatastrophe«: Die Chancengleichheit gehört doch zur Demokratie wie die Freiheit, und die begabte katholische Bauerntochter aus dem Bayerischen Wald soll ebenso zum Abitur und zum Studium finden wie der Sohn des Bonner Ministerialdirigenten. Die Zahl der Oberschüler, der Abiturienten und Studenten wuchs stetig, teilweise sprunghaft an; im Blick auf die Zahlen müßte man an eine Erfolgsgeschichte glauben:

In der Bundesrepublik erwarben 1950 6 Prozent eines Altersjahrgangs die Hochschulreife, 1979 bereits 20 Prozent. Die Zahl der Studenten an Hochschulen mit Universitätsrang, die 1960 bei 208000 gelegen hatte, verdoppelte sich von Jahrzehnt zu Jahrzehnt. 1970 lag sie bei 407000 und 1980 bei 803000; rechnet man die übrigen Hochschulen und die Fachhochschulen hinzu, so gab es 1980 insgesamt 1044000 Studenten. In der DDR zählte man 1977/78 130000 Studenten.

Leider hat der vordergründige Erfolg geradewegs wieder in die Katastrophe geführt: Es ist ein Massenbetrieb entstanden, der alle Beteiligten hoffnungslos überfordert und ständig wachsende Reibungsverluste erzeugt. Zwar wurden besonders gegen Ende der sechziger und zu Beginn der siebziger Jahre neue Hochschulen gegründet. Aber sie reichten bei weitem nicht aus, um den Ansturm der Studenten aufzufangen, und nirgendwo hat es Strukturreformen gegeben, die diesen Namen verdienen. Im wesentlichen kam es bloß zur Aufblähung der Institutionen: Wo es einmal fünf- oder siebentausend Studenten gab, sind es nun zwanzig- oder dreißigtausend oder noch mehr. Die Entwicklung des Lehrkörpers blieb dagegen immer weiter zurück, und inzwischen regiert angesichts der Finanznot des Bundes und der Länder der Rotstift; kaum ein Tag vergeht mehr, an dem nicht von irgendwoher die Einsparung von Stellen, die Streichung von Fächern oder ganzen Fachbereichen, die Kürzung der Mittel für Bibliotheken und andere Einrichtungen gemeldet wird.

Das Besondere, die Idee, die Größe der Universität Humboldts wurde dadurch begründet, daß sie eine Stätte des

Nachdenkens und der Forschung sein sollte; ihre Professoren waren dazu berufen und die nachwachsenden Dozenten wurden daran gemessen, daß sie Forschungsleistungen erbrachten. Den Studenten aber sollte der Gang der Forschung, die Entstehung des Wissens vorgetragen und im Lehrgespräch einsichtig werden. Die Praxis blieb hinter der Idee gewiß oft zurück; es liegt nahe, von einer Utopie zu sprechen. Doch sie wirkte als das regulative Prinzip, sie hat der deutschen Universität einmal zu ihrem Ansehen, zur Weltgeltung verholfen.

Aber zur Sache gehört, daß die Lehre sich nicht als eigenständige Aufgabe darstellt; sie wird ja aus dem Forschungsprozeß abgeleitet. Und die Annäherung an die Utopie kann nur gelingen, wenn alle Beteiligten, vom Druck des Alltagsgetriebes befreit, sich dem Nachdenken widmen. Diese Voraussetzungen sind entfallen. In der Hektik des Massenbetriebs hat niemand mehr Zeit, und das Lehrgespräch wird zur Farce, wenn sich im Seminar hundert oder mehr Studenten drängen. Im Enthusiasmus des Aufbruchs zur Chancengleichheit ist zudem eine höchst wirksame Zeitvernichtungsmaschine entstanden: die allumfassende »Gremienarbeit«, in der ausufernd und meist fruchtlos geredet und gestritten wird, der jedoch niemand sich entziehen kann, der seine eigenen Interessen verteidigen will.

Im übrigen blieb die Hoffnung unerfüllt, mit der man vor zwanzig oder fünfzehn Jahren die klagenden Hochschulen vertröstete: daß die Zahl der Studienanfänger mit den schrumpfenden Jahrgängen ganz von selbst zurückgehen und daß man untereinander bald schon um die jungen Leute konkurrieren werde. Nein, dafür sind die Jahrgangsanteile gestiegen. Zwar hat sich die Zuwachsrate ein wenig abgeflacht. Aber im Wintersemester 1995/96 gab es 1 858 428 Studenten, zwei Drittel davon – 1 213 773 – an den Universitäten.[58] Und wenn man auf das Jahr 1980 zurückblickt, unter Einrechnung der DDR mit damals insgesamt knapp 1,2 Millionen Studenten, dann war in absoluten Zahlen der Zuwachs niemals größer als in den 15 Jahren seither.

Im Ergebnis ist von der alten Universität nur ein Gespenst, die finstere Kehrseite geblieben: Die Lehre als abgeleitete statt eigenständige Größe wird mehr schlecht als recht dargeboten; die Masse der Studenten treibt orientierungslos dahin und vergeudet ihre Zeit. Etwa ein Drittel der Studienanfänger verliert sich irgendwie ins Ungewisse, ohne jemals ans Ziel zu kommen. Wer es erreicht, ist um drei, vier, fünf Jahre älter als sein Studienkollege in anderen Ländern und findet dann schwer aus dem Chaos seiner Ausbildung zur Berufspraxis hinüber; man könnte, man muß daher, trotz allen Wehklagens über die fehlenden Mittel, von einer Verschwendungsmaschine sprechen. Übrigens hat man einem falsch verstandenen Fortschritt zur akademischen Gleichheit sogar bewährte Institutionen geopfert. So sind in allen Bundesländern mit der Ausnahme von Baden-Württemberg die Pädagogischen Hochschulen aufgelöst und in die Universitäten eingegliedert worden: Sie haben damit viel von der früheren Funktionstüchtigkeit verloren, die ihre Lehre an der Schulpraxis orientierte.

Von der Bildungsweltmacht zur Bildungskatastrophe: Einst mußte in Deutschland studieren, wer neugierig und ehrgeizig war und dann in seinem Heimatland Karriere machen wollte. Die Neugier und den Ehrgeiz gibt es gottlob noch immer. Im akademischen Jahr 1994/95 studierten zum Beispiel 55 000 Japaner im Ausland – davon fast 43 000 oder 78 Prozent in Amerika, aber nur 1236 oder zwei Prozent in Deutschland. Bei den Indern betrug das Verhältnis 36 000 : 600. Unser Land, so scheint es, lohnt sich für anspruchsvolle junge Leute nicht mehr.

»Im Kern verrottet statt gesund«: So muß das melancholische Urteil über das deutsche Universitätswesen offenbar lauten, und immer dringender zielen Fragen und Feststellungen in diese Richtung.[59] Dabei handelt es sich nicht um den guten oder bösen Willen der Beteiligten, sondern um die Verhältnisse, denen sie ohne Hoffnung auf Entkommen ausgeliefert sind. Im Problemkern geht es um die überlieferte Verschränkung von Forschung und Lehre; der Massenbetrieb verdirbt sie in dem Sinne, daß die eine Seite die andere mit Fäulnis überzieht. Der Sachverhalt bestätigt sich im Kontrast an den funktionstüchtigen Institutionen, die es durchaus gibt. Sie zeichnen sich dadurch aus, daß sie *entweder* eindeutig auf die Forschung ausgerichtet sind, wie zum Beispiel die Institute der Max-Planck- und der Fraunhofer-Gesellschaft, – *oder* daß sie einer praxisorientierten Lehre dienen, wie die noch selbständigen Pädagogischen Hochschulen und die Fachhochschulen.[60]

Jede ernsthafte Reform müßte also chirurgisch ansetzen und zerschneiden, was nicht mehr zusammengehört; ein klar zweistufig gegliedertes Hochschulsystem müßte geschaffen werden. Auf der unteren Stufe würde es sich um eine straff geführte Ausbildung handeln, die in einem überschaubaren Zeitraum von etwa vier Jahren zu einem Abschlußdiplom führt, das die Berufszugänge eröffnet. Mit diesem Diplom hätte die Masse der Studenten die Hochschule zu verlassen, ungefähr 24 Jahre alt. Die Professoren und Dozenten wären nach ihrer Eignung und Bewährung in der Lehre zu berufen und zu befördern. Erst auf der zweiten Stufe sollte – bei strikter Auslese der Studenten und Begrenzung ihrer Zahl – die Forschung im alten Humboldtschen Sinne wieder in den Vordergrund treten.

Ein solches System hat den Vereinigten Staaten zu ihrer heutigen Vormacht im Bereich der Wissenschaften verholfen; es steht zur Besichtigung frei. Auf das »College« – englischen Ursprungs – hat man die »School« mit ihrer Abkunft aus der deutschen Fakultät aufgestockt. Am amerikanischen

Beispiel könnte man überdies lernen, daß ein Wettkampf um die Rangordnung unabdingbar ist: Eine Leistungselite entsteht, weil von Harvard und Princeton bis Stanford die Hochschulen, die für die besten gehalten werden, sich auch die besten Studenten aussuchen können. Hierzulande hat sich die Rangordnung, die es von Berlin über Göttingen, Heidelberg, Leipzig und Breslau bis Greifswald oder Erlangen einmal gab, längst ins Undurchsichtige verloren.

Doch warum geschieht nicht, was notwendig ist? Weil noch als Gespenst die überkommene Universitätsidee sich als übermächtig erweist. Ein gewaltiges Protestgeschrei würde sich erheben, von der Rektorenkonferenz und dem Hochschulverband der Professoren und Dozenten bis zum Studentenaufruhr, falls jemand zum chirurgischen Schnitt ansetzen wollte. Denn nach den überlieferten Humboldt-Kriterien müßte die Mehrheit der akademischen Lehrer mit einer Herabstufung rechnen, und der Mehrheit der Studenten würde die Freiheit genommen, sich in ihrer Subkultur auf unbestimmte Zeit wohnlich einzurichten.

Ein Rückblick auf geschichtliche Erfahrungen zeigt ohnehin, daß einschneidende Reformen nicht innerhalb der bestehenden Institutionen, sondern nur unter besonderen Umständen mit Neugründungen zu erreichen sind. Mit der Stiftung von Göttingen wurde die Reformuniversität des 18. Jahrhunderts im Kurfürstentum Hannover geschaffen, in einem Lande, in dem es noch keine Hochschuleinrichtungen gab. Die Humboldt-Gründung in Berlin erfolgte in der Ausnahmesituation des preußischen Reformzeitalters und in einem Obrigkeitsstaat, den der Protest seiner Untertanen kaum berührte. Noch die Fortschritte der wilhelminischen Zeit, von denen die Rede war, sind von einer höchst autoritären Kultusverwaltung durchgesetzt worden.[61]

Im Vergleich zu Preußen sind die heutigen Bundesländer zu klein, zu schwach, zu demokratisch und zu sehr mit ihren schon bestehenden Hochschulen befrachtet, um sich das eigentlich Notwendige leisten zu können. Und so werden wir uns wohl, falls kein Wunder geschieht, mit dem Niedergang abfinden müssen, der sich vor unseren Augen vollzieht.

Eliten im Wandel

Es widerstreitet dem Zeitgeist eines politisch korrekten Sprachgebrauchs, noch von Eliten zu reden. Denn die wahre Demokratie soll von »unten« statt von »oben«, aus dem Gemeinwillen des Volkes oder jedenfalls von den vielen statt von den wenigen bestimmt werden.[62] Aber natürlich gibt es Eliten, die Männer und – weit in der Minderheit – Frauen, bei denen sich die Entscheidungsbefugnisse tatsächlich konzentrieren. Dem »ehernen Gesetz der Oligarchie«, das Robert Michels schon vor dem Ersten Weltkrieg formulierte[63], damals im Blick auf die Sozialdemokratie, hat nicht einmal die »basis«-demokratische Begeisterung der »Grünen« standgehalten; es fordert seinen Tribut, sobald eine spontane Bewegung sich zum zielbewußten Kampf um die Macht organisiert und selbst einen Teil der Verantwortung übernimmt, die sie von anderen fordert.

Zu den Eliten gehören Kanzler und Ministerpräsidenten, Minister und Staatssekretäre, Partei- und Fraktionsführer, die Vorstandsmitglieder, Vorstandssprecher und Vorsitzenden wichtiger Industrie- oder Handelsunternehmen und Banken, die Mächtigen in der Welt der Medien, die tonangebenden Groß-Künstler und Groß-Professoren, die Spitzenfunktionäre von Verbänden und Gewerkschaften, die Kirchen- und Sportführer, nicht selten auch »graue Eminenzen« und Geschäftsleiter, die hinter den Kulissen die Regie übernehmen. Die Mitglieder der Eliten sind etwa fünfundvierzig bis siebzig Jahre alt, trotz Helmut Kohl eher schlank und gesundheitsbewußt als übergewichtig; sie zeichnen sich aus durch Zielstrebigkeit und Leistungsbereitschaft, Willensstärke und Ausdauer, durch eine schnelle Auffassungsgabe, Anpassungsfähigkeit und das Gespür für Machtverhältnisse, gepaart mit einem wenn nötig robusten, mehr aber noch gewinnenden Umgang mit anderen Menschen. Elitepositionen werden erkämpft und nicht mehr vererbt; in der Regel haben wir es mit Aufsteigern aus unauffälligen Mittelstandsfamilien oder sogar aus kleinen Verhältnissen zu tun.

Mit Bedacht ist hier von Eliten in der Mehrzahl die Rede. Denn zwischen den verschiedenen Bereichen gibt es wenig Austausch, kaum ein Hin und Her zum Beispiel zwischen Wirtschaft und Politik wie in den Vereinigten Staaten. Natürlich kennt man einander, und die Karrieremuster stellen sich ähnlich dar, wie gleich noch anschaulich gemacht werden soll. Aber wer vorankommen und eine Spitzenposition erreichen will, darf sich nicht verzetteln, sondern muß sich konzentrieren. Nur der gestürzte Minister ist froh, wenn ihm Wirtschaftsunternehmen eine Auffangstation und zusätzliche Versorgung bieten. Es fehlen auch die besonderen Institutionen, die Eliteschulen und -hochschulen, die in Frankreich, in England und den Vereinigten Staaten oft schon vorweg Verbindungen schaffen. Sofern es doch Gemeinsames gibt, beschränkt es sich aufs Formale, das die Arbeitsgesellschaft kennzeichnet: Zum Prestige gehört, angesichts einer Überfülle der Aufgaben keine Zeit mehr zu haben und im Blick auf den Terminkalender befriedigt zu seufzen, weil er so weit im voraus schon ausgebucht ist.

Im folgenden soll zunächst von der Politik gesprochen werden, weil hier die Personenprofile am bekanntesten sind. Schaut man auf die Nachkriegszeit zurück, so erkennt man einen nachhaltigen, fast dramatischen Wandel. Nach 1945 regierten überall die knorrigen, kantigen, eher autoritären Persönlichkeiten, die von den Schlägen der Geschichte ge-

härtet worden waren. Fast ließe sich hierzu ein Alphabet ent-
rollen, von Adenauer und Arnold über Brauer, Dehler, Kaisen, Kopf, Maier, Reuter und Schumacher bis Zinn. Dieser
Typus des »politischen Urgesteins« scheint inzwischen aus-
gestorben zu sein wie die Dinosaurier; zuletzt haben Herbert
Wehner und Franz Josef Strauß sich verabschiedet.

Aber was sich wirklich verändert hat, ist die Situation. In
der »Stunde Null« wenigstens der Parteiapparate und Institutionen konnte die Zügel ergreifen, wer nur den Willen
und eine feste Hand hatte, es zu tun. Konrad Adenauers
Weg zum Vorsitzenden der CDU und zur Kanzlerschaft ist
dafür so exemplarisch wie Ludwig Erhards Ausspruch le-
gendär – auf alliierte Vorhaltungen nach der Währungsreform, daß er bestehende Verordnungen nicht eigenmächtig
verändern dürfe –: Er habe sie gar nicht geändert, sondern
bloß abgeschafft. Die Männer des Neubeginns mußten sich
kaum anpassen, weil sie den Bezugsrahmen für eine künftige Normalität selbst erst herstellten. Dennoch hatten sie es
unter den allmählich veränderten Vorzeichen schwer genug,
sofern es ihnen nicht beschieden war, beizeiten zu sterben;
man erinnere sich an Adenauers qualvoll hingezogenen,
schließlich erzwungenen Abschied von der Macht.

Zum Vergleich stelle man sich – sofern das möglich ist –
einen Vorgang wie Erhards Durchsetzung der Marktwirtschaft nach der Währungsreform heute vor: Welch ein
Kampf würde entbrennen zwischen Referentenentwürfen
der Ministerialbürokratie und parlamentarischen Gremien,
in Koalitions- und Vermittlungsausschüssen, im Protest der
Verbände, der Öffentlichkeit, der Bürgerbewegungen! Und
welche Sorge vor einem Veto aus Karlsruhe, welch hektische
Suche nach immer neuen Kompromißformeln, welch ein
Bergekreißen um Mausgeburten: Man denke an das Welten-
ringen um eine bescheidene Erweiterung – und eben nicht
Abschaffung – der Ladenschlußzeiten. (Dabei drängt sich

die Frage auf, was in einem angeblich freien Gemeinwesen den Staat überhaupt dazu legitimiert, solche Dinge zu regeln.)

Doch es geht eben um veränderte Verhältnisse und Karrierebedingungen. Wer politisch aufsteigen will, kann kaum früh genug anfangen, etwa bei der Jungen Union oder den Jusos; für die »Grünen« wäre das Mitmachen in jeweils aktuellen Bewegungen oder bei Greenpeace-Aktionen zu empfehlen. Da lernt man das Handwerk: Einfädeln, Behauptung, Durchsetzung in der Gremienarbeit, in manchmal turbulenten, oft unübersichtlichen und rasch wechselnden, nie ganz berechenbaren Konstellationen. Sprachmächtigkeit ist gefordert, Präsenz in jedem Sinne – denn wer nicht »dabei« ist, hat schon verloren –, Verblüffungsfestigkeit, Beherrschung der Spielregeln, die Fähigkeit, Verbindungen zu knüpfen und wenn nötig sie wieder zu lösen. Das eigene Zeitbudget darf man nicht schonen, um nützlich zu sein und unentbehrlich zu werden, kurz um Engagement zu beweisen. Denn darauf kommt es an.

Nach dem Studium, das zu weiteren Erfahrungen mit der Gremienarbeit einlädt, folgt vielleicht die Assistenz bei einem schon »gestandenen« Politiker. Patenverhältnisse entstehen – dieser Begriff hier durchaus wertenthaltsam gebraucht. Es folgt der Kampf ums erste Mandat und damit um den eigentlichen Aufstieg. Wichtig ist nicht zuletzt, einen Zugang zu den Medien zu gewinnen, um genannt zu werden und sich bekannt zu machen. Je mehr »Name«, desto größer die Chance, beachtet zu werden – und desto mehr »Name« wiederum, der die Zugänge öffnet: Eine Publizitätsspirale nach oben beginnt. In der Gegenrichtung wäre von der berüchtigten »Schweigespirale« zu sprechen – und von der panischen Angst davor, ihr zu verfallen. Wenn unser Mann in Bonn oder demnächst in Berlin dann tatsächlich eine Spitzenposition erreicht, ist er folgerichtig so durchgeformt worden, wie er im Regelfall heute sich darstellt: Aus einem Rohdiamanten ist das sorgsam polierte, wohlgefällige Schmuckstück geworden.

Gegen die lauernden Mißverständnisse sei betont: Es geht hier, der Anschaulichkeit wegen, gewiß um Pointierung, aber keineswegs um die Karikatur. Und es geht nicht ums Verurteilen. Mancher mag, was sich vollzieht, deformierend nennen. Aber nicht von angeborenen oder erworbenen Charakterfehlern ist die Rede, sondern von der Macht der Verhältnisse und Institutionen. Im übrigen wäre es ebenso irreführend wie ungerecht, wenn man den Bereich der Politik isolieren wollte, so als gäbe es nicht überall ähnliche Tendenzen: das Überwuchern der Personen und Persönlichkeiten durch bürokratische Apparate – oder durch das, was man vage und eher kurzschlüssig den Preis der Demokratisierung nennen könnte.

Auch in der Wirtschaft ist der Klimawechsel offensichtlich. Nicht mehr auf den genialen, angeblich instinktsicheren und autoritären Einzelgänger kommt es an, sondern auf die Informationsvernetzung, den Teamgeist und eine Gesprächskultur zur Motivierung der Mitarbeiter. Nur manchmal, beim Cocktail vorm abendlichen Kamin, erinnert man sich mit einem halb wehmütigen, halb überlegenen Lächeln an die Dinosaurier des einstigen Wirtschaftswunders. Wo sind sie eigentlich geblieben, die Borgward und Schlieker, die Neckermann und Grundig? Oder was wurde aus einem Visionär wie Edzard Reuter? Einzig dort, wo umwälzende Entwicklungen Pionierland schaffen wie nach 1945, etwa im Bereich des Fernsehens, kann ein Mann vom alten Schlage wie Leo Kirch auftreten und zu Abscheu oder Bewunderung hinreißen.

Und wie war, wie ist es bei den Gewerkschaften? Vielleicht nirgendwo sonst gab es einmal so ausgeprägt die kantigen Persönlichkeiten, die Stammesherrscher, diese Männer mit dem unerschütterlichen Selbstbewußtsein, ja: die Herren im besten Sinne des Wortes. Es gab sie von Hans Böckler und Otto Brenner über Georg Leber bis zu Heinz Kluncker. Vielleicht gibt es sie hier oder da noch immer; im Konservatismus ihrer Organisationsformen lassen sich die Gewerkschaften schwerlich übertreffen. Aber niemand kann auf die Dauer dem Wandel der Zeiten sich widersetzen.

Schließlich sei noch einmal an die Universitäten erinnert. Was nach allen Unruhen seit 1968 und im fatalen Wachstum zu Großinstitutionen sich bilanzieren läßt, ist dreierlei. Erstens wurde das Maß bürokratischer Reglementierung entscheidend verstärkt. Zweitens hat sich die Zahl derer vervielfacht, die irgendwie mitzureden haben. Und eben darum hat, drittens, die »Gremienarbeit« sich multipliziert. Diesem Umsturz der Verhältnisse kann nur ein neuer Professorentypus Rechnung tragen. Nicht mehr der stille Gelehrte, der kauzige Eigenbrötler oder der patriarchalische Institutsregent ist gefragt, sondern derjenige, der mit der Bürokratie und den Gremien so virtuos umzugehen weiß, wie er die Deutsche Forschungsgemeinschaft zu beeindrucken und Drittmittel aus der Wirtschaft einzuwerben vermag. Großforschung ist ohnehin nur noch im Team und nicht mehr im Alleingang möglich. Der Groß-Professor indessen, der bei alledem gedeiht, gleicht sich dem Bundeskanzler oder dem Vorstandssprecher der Deutschen Bank an: »Frau Müller, wann muß ich in St.Gallen reden? Und wann in Toronto sein?«

Vom Deutschen Sportbund und der Fußball-Bundesliga bis zum Verlagswesen könnte man noch viele Bereiche untersuchen und würde stets auf ähnliche Entwicklungen stoßen, nur im mehr oder minder fortgeschrittenen Stadium. Womöglich steht sogar im Erscheinungsbild der Schriftsteller und Künstler ein Wandel bevor. In Amerika haben Agenturen sie an die Hand genommen, die ihre Talente umsichtig verwalten und zu Markte tragen. Dazu aber braucht man die vielseitig verwendbaren und pflegeleichten Autoren und Virtuosen.

Nur angemerkt sei, daß in Amerika längst analysiert wurde, was hierzulande nachgeholt wird. Man lese das Buch von William H. Whyte »Herr und Opfer der Organisation« oder von David Riesman »Die einsame Masse – Eine Untersuchung der Wandlungen des amerikanischen Charakters«.[64] Beide Bücher stammen aus den fünfziger Jahren; beide haben mit ihren Analysen uns inzwischen eingeholt. Riesman spricht anschaulich vom älteren, »innengeleiteten« Typus, der vom »außengeleiteten« abgelöst wird. Der eine steuerte gewissermaßen mit seinem inneren Kreiselkompaß, der andere tastet seine Umgebung wie mit einem Radargerät nach den immer wechselnden Situationssignalen ab, um geschmeidig sich anzupassen und wenn nötig Kurskorrekturen vorzunehmen. Tatsächlich muß ja bei der Fahrt ins Unbekannte – zum Beispiel in einem Seegebiet, in dem Eisberge treiben – die Kompaßsteuerung versagen, und nur die Radarpeilung kann dort noch helfen.

Noch einmal: Es geht nicht um Karikaturen und im Grunde überhaupt nicht um Wertungen, sondern darum, den Wandel anschaulich zu machen, der sich vollzieht und der unumkehrbar sein dürfte. Ohnehin muß man sich davor hüten, das Vergangene auf Kosten der Gegenwart zu verklären. Wer sich nüchtern zurückversetzt, wird wissen, daß zum Beispiel Konrad Adenauer für den Westkurs, den er samt Wiederbewaffnung der Bundesrepublik und Nachsicht für ehemalige Nationalsozialisten steuerte, von der Opposition, von den Intellektuellen und von wichtigen Presseorganen weitaus leidenschaftlicher angegriffen worden ist als jemals Helmut Kohl in seiner inzwischen noch längeren Regierungszeit.

Eliten werden von den Verhältnissen geformt, die sie zugleich repräsentieren, und wenn die sich verändern, ist auch ihr Wandel unabweisbar. Es ist daher müßig, sich die selbstbewußt herrenhaften Persönlichkeiten zurückzuwünschen, die es einmal gab; allenfalls der Bundespräsident kann das altmodische Ideal noch verkörpern – weil er zwar mahnen darf, aber wenig oder gar keine Macht hat und ohne einen weiterführenden Karriereehrgeiz am Ende seiner Laufbahn angelangt ist. Im übrigen sollten wir es wohl auf der Habenseite einer fortschreitenden Demokratisierung in Staat und Gesellschaft verbuchen, wenn der autoritäre Charakter weniger Chancen hat als früher und im Zweifelsfall schon bei seiner Kandidatenaufstellung zur Kreistags- oder Bürgermeisterwahl scheitert.[65]

Die Frage ist allerdings, ob moderne Eliten noch über die eigenständige Willenskraft, die Distanz zur Alltagsverflechtung und die Autorität verfügen, die sie benötigen, um langfristige Strategien zu entwickeln und das ganz und gar Unbequeme, im Augenblick Unpopuläre durchzusetzen, wenn die Probleme sich häufen – oder gar einer Nation Halt zu geben, die in den Schatten ihres Niedergangs gerät. Führung gehört zu jeder Regierungsform, und der Vorteil der Demokratie ist nur, daß sie sich vor dem Volk verantworten muß, das sie wählt oder abwählt. Dieser Vorteil schlägt jedoch zum Nachteil aus, wenn die Eliten, um sich in der Macht zu behaupten, bloß noch das Volkstümliche sagen und tun.

Um auf Riesmans Bild zurückzugreifen: Ein Radargerät mag unentbehrlich sein, um den Eisbergen auszuweichen, aber vorweg und übergeordnet muß es dennoch eine Kursbestimmung geben. Fehlt sie, so gerät man an den ebenso knappen wie symbolträchtigen Dialog, den Philipp Eulenburg als Begleiter Wilhelms II. auf dessen Nordlandreise im Jahre 1898 mit dem Steuermann der Yacht »Hohenzollern« führte:

»›Na‹, sagte ich, ›wohin geht die Fahrt des Kaisers? Norden? Süden? Osten? Westen?‹ – ›Nee‹, sagte er gedehnt, ›ick fahre nur man so drauflos.‹«[66]

Vielleicht kann man das Problem an Deutschlands exemplarischer Führungsfigur der letzten anderthalb Jahrzehnte deutlich machen: an Helmut Kohl. Er ist das Genie des Momentanen. Instinktsicher wie kaum ein anderer tut er von Augenblick zu Augenblick das Mögliche – und verläßt sich im übrigen aufs schon sprichwörtliche »Aussitzen«. Zugleich ist er ein Virtuose darin, allüberall Verbindungen zu knüpfen und Fremdheit in Freundschaft zu verwandeln, so als käme es auf die Härte der Interessenkonflikte innerhalb der Nationen oder zwischen ihnen gar nicht erst an.

Sein geschichtlicher Ort wird dem Bundeskanzler wohl mit seiner Rolle bei der deutschen Wiedervereinigung in den Jahren 1989 und 1990 zugewiesen werden. Im reißenden Situationswandel, um nicht zu sagen im Unvorhersehbaren, hat er Schritt um Schritt seinen Weg ertastet, an allen Abgründen vorüber, und die historische Gelegenheit beim Schopfe gepackt, die sich ihm bot. Aber zugleich hat er nicht erkannt – oder jedenfalls nicht gesagt –, was die Zukunft erforderte; er hat keine Schweiß- und Tränen-Rede gehalten und die Menschen in Ost- und Westdeutschland nicht auf die Opfer vorbereitet, die sie zu erbringen haben würden. So hat er wesentlich dazu beigetragen, daß die Hochstimmung der Wiedervereinigung bald in die Mißstimmung, in Depressionen und Schuldzuweisungen umschlug.

Das eine werden die Historiker dem Kanzler wahrscheinlich als große Leistung, das andere als schweres Versagen anrechnen. Und wenn an diesem Fallbeispiel tatsächlich etwas Exemplarisches ist, dann liegt die Vermutung nahe, daß es die Leistungsmöglichkeiten und die Grenzen der modernen deutschen Eliten sehr genau demonstriert.

Das deutsche Regierungssystem ist seltsam zwiespältig angelegt. Es zielt weder auf eine Konsensdemokratie, wie in
der Schweiz, noch wie in England auf die Verfahrensordnung
des parlamentarischen Konflikts. Es will beides zugleich. Auf
der einen Seite gibt es im Bundestag das klassische Gegenüber von Regierungsmehrheit und Opposition, das dem britischen Beispiel entspricht. Auf der anderen Seite gibt es als
Vertretung der Länder den Bundesrat, der bei vielen und gerade den wichtigen Entscheidungen mitwirkt, zumal dann,
wenn es ums leidige Geld geht. Eine Übereinstimmung muß
hergestellt werden, um Gesetze zu verabschieden, und der
Vermittlungsausschuß stellt als Gelenk zwischen Bundestag
und Bundesrat eines der praktisch wichtigsten Verfassungs-
organe dar.

Mit diesem Zwiespalt läßt sich leben, solange die Sonne
scheint und man Wohltaten ausstreut, um wachsenden
Wohlstand zu ernten. Probleme entstehen im schweren
Wetter, in Zeiten der Krise, in denen weitreichende und
schmerzhafte Reformen das Gebot der Stunde sind. Das ent-
schlossene Regierungshandeln wird gelähmt, weil es sich
von vornherein auf den Widerspruch der Länderkammer
einstellen muß und selbst im besten Falle nur den Kompro-
miß erreicht. Doch sogar die Opposition wird gelähmt. Wie
soll sie sich als klare Alternative darstellen, wenn sie zugleich im Bundesrat und im Vermittlungsausschuß Verantwortung übernimmt?

Naturgemäß verstärkt sich diese doppelseitige Lähmung,
wenn im Bundestag und im Bundesrat gegensätzliche Mehrheiten herrschen, wie das gegenwärtig und schon seit Jahren
der Fall ist. Notgedrungen findet man sich schließlich am
»runden Tisch« und in einer heimlichen großen Koalition

zusammen, um ein »Bündnis für Arbeit« oder ähnliches zu verabreden. Falls auch das mißlingt, bleiben bloß die wechselseitigen Vorwürfe oder Schuldzuweisungen, und die Bevölkerung nimmt von allem Hin und Her nur noch wahr, daß nichts Durchgreifendes geschieht.

Prüft man insgesamt die deutschen Verhältnisse, so entsteht die Frage, ob wir uns nicht weit über das Regierungssystem hinaus in das zwielichtige In- oder Durcheinander von Konsens und Konflikt eingelebt haben. Gilt ähnliches nicht für die Betriebsordnungen, für Arbeitgeber und Gewerkschaften, für die Tarifparteien? Einmal mehr ließ sich mit dem In- oder Durcheinander in guten Zeiten vortrefflich leben; man konnte es sogar als Modell anpreisen, an dem sich andere ein Beispiel nehmen sollten. Taugt es indessen zum Steuern im Sturm? Ernüchterung scheint geboten zu sein. »Denn«, um mit Joseph A. Schumpeter zu reden, »heute ist eine jener Situationen, in denen Optimismus nichts ist als eine Form der Pflichtvergessenheit.«

Überlegungen zum Wertewandel

In seinen »Ideen zur Philosophie der Geschichte der Menschheit« hat Johann Gottfried Herder geschrieben: »Lasset uns bedenken, was in den großen Gaben Vernunft und Freiheit liegt, und wieviel die Natur gleichsam wagte, als sie dieselben einer so schwachen, vielfach gemischten Erdorganisation, als der Mensch ist, anvertraute. Das Tier ist nur ein gebückter Sklave; wenngleich einige edlere derselben ihr Haupt empor heben oder wenigstens mit vorgestrecktem Halse sich nach Freiheit sehnen. Ihre noch nicht zur Vernunft gereifte Seele muß notdürftigen Trieben dienen, und in diesem Dienste sich erst zum eignen Gebrauche der Sinne und Neigungen von fern bereiten. Der Mensch ist der erste Freigelassene der Schöpfung; er steht aufrecht. Die Waage des Guten und Bösen, des Falschen und Wahren hängt in ihm; er kann forschen, er soll wählen. Wie die Natur ihm zwei freie Hände zu Werkzeugen gab und ein überblickendes Auge, seinen Gang zu leiten: so hat er auch in sich die Macht, nicht nur die Gewichte zu stellen, sondern auch, wenn ich so sagen darf, selbst Gewicht zu sein auf der Waage.«[67]

Wir müssen uns also unsere Lebensanweisungen selbst schaffen – oder sie uns von Gott geben lassen, wie in der biblischen Geschichte auf dem Berge Sinai die Gesetzestafeln, auf denen geschrieben steht: »Du sollst ...« oder »Du sollst nicht ...« Die Anweisungen sind notwendig, damit wir wissen, wie wir uns verhalten sollen und was wir von anderen zu erwarten haben. Ohne Gebote oder modern ausgedrückt Verhaltensregeln würden wir in einem Chaos versinken; mit ihnen gewinnen wir Sicherheit. Und damit sie die Sicherheit gewährleisten, werden sie mit Sinn ausgestattet und von Sanktionen umstellt: Wer die Regeln zuverlässig und womöglich beispielhaft einhält, findet Anerkennung, wird gelobt, befördert und geehrt. Wer sie verletzt, wird verlacht, getadelt, verachtet, zurückgesetzt oder wenn nötig mit der Absonderung im Gefängnis bestraft. In diesem Sinne sprechen wir von Moral und Unmoral, von Recht und Unrecht, von Vorbildern und Verbrechen. Die Art der Hauptregeln entscheidet über die Menschlichkeit oder Unmenschlichkeit – und die Zuverlässigkeit ihrer Einhaltung über die Lebenskraft einer Gesellschaft. Wehe darum, wenn sich ins Ungewisse verliert, was eigentlich die Gebote, die Tugenden sind, denen wir folgen sollen, und was die Untugenden, die wir zu meiden haben. Unausgesprochen geht es stets auch um die Frage nach der Sinnerfüllung des Lebens, und wenn die Antwort ausbleibt, wächst zwangsläufig die Zukunftsangst.

Wahrscheinlich läßt sich erst von hier aus wirklich erklären, woher sie stammt. In einem vielbeachteten Buch hat der Soziologe Ulrich Beck von der modernen oder postmodernen »Risikogesellschaft« gesprochen und gesagt: »Die treibende Kraft in der [früheren] Klassengesellschaft läßt sich in den Satz fassen: *Ich habe Hunger!* Die Bewegung, die mit der Risikogesellschaft in Gang gesetzt wird, kommt demgegenüber in der Aussage zum Ausdruck: *Ich habe Angst!* An die Stelle der *Gemeinsamkeit der Not* tritt die *Gemeinsamkeit der Angst.*«[68] Aber damit werden Ursache und Wirkung vertauscht. Erst wenn die Frage nach der Sinnerfüllung des Lebens ohne Antwort bleibt, geraten wir in die Lebensangst. Und die *sucht* dann ihre Rationalisierung und Rechtfertigung: Überall entdeckt sie den GAU, den »größten anzunehmenden Unfall«, der alles Leben zerstört.

Wie zu zeigen war, hat sich in der neueren deutschen Geschichte sehr ausgeprägt eine Arbeitsgesellschaft entwickelt. Fleiß, Disziplin, Ordnungssinn, Leistungs- und Opferbereitschaft gehörten in den Kernbereich ihres Tugendkanons. Kritisch ist allerdings gesagt worden, daß es sich um Sekundärtugenden handelt; sie sagen wenig oder nichts über die ersten oder letzten Werte, und im Grunde werden sie pervertiert, wenn man sie zu Sinnzielen erhebt. Sie können dem einzelnen, der nur sich selbst sieht, oder Gruppeninteressen ebenso dienen wie dem Staat, der Nation oder der »Volksgemeinschaft«, die man im »Dritten Reich« beschwor. Nichts Großes läßt sich erreichen ohne die Disziplin und die Leistungsbereitschaft, aber streng genommen könnte es sich auch um Anforderungen handeln, die eine Verbrecherorganisation ihren Mitgliedern auferlegt. Wie sich herausstellte, war genau das unter Hitlers Herrschaft der Fall.

Nach 1945 gelang der deutsche Wandel, der so staunenswert gar nicht war, wie er vielen Betrachtern sich darstellte. Denn nicht die überlieferten Tugenden änderten sich, sondern ihre Zielsetzungen. Darum vollzog sich die Umstellung fast über Nacht und beinahe reibungslos: Aus der eben noch von ihrem Herrschaftswahn getriebenen und schreckensvoll gescheiterten wurde die friedfertige, westliche und zivile Nation. Statt der übergeordneten Gemeinschaft rückte der einzelne oder seine Kleingruppe, die Familie, in den Vordergrund[69], und statt der Eroberung wurde der Fortschritt zum Wohlstand das Ziel.

Eine Gegenprobe lieferte die Entwicklung in der DDR. Dort blieb es nicht nur bei den überlieferten Tugenden, sondern auch, hinter oberflächlich veränderten Inhalten, bei den alten Idealen: Leistungs- und Opferbereitschaft wurden weiterhin für die übergeordnete Gemeinschaft eingefordert. Als man sich dieser Gemeinschaft nach dem Bau der Mauer im August 1961 nicht mehr durch die Flucht in den Westen entziehen konnte, blieb allenfalls die Flucht ins Private, in die »Nischengesellschaft«.[70]

Davon war schon die Rede: An der Verweigerung des nach 1945 in Westdeutschland zeitgemäß vollzogenen Wandels ist die DDR in ihrem Duell mit der Bundesrepublik psychologisch gescheitert. Und in gewissem Sinne wurde nach dem Jubel, der seit dem Fall der Mauer am 9. November 1989 die Wiedervereinigung begleitete, bis sie vollzogen war, die Enttäuschung vorprogrammiert, die dann folgte. Die Mehrheit der Menschen in den neuen Bundesländern erwartete den beglückenden Einzug in die westdeutsche Arbeits- und Erfolgsgesellschaft der Nachkriegszeit und den Nachvollzug ihres »Wirtschaftswunders« – wie er vom Kanzler der Einigung ja auch, und wohl guten Glaubens, verheißen wurde. Aber diese Nachkriegsgesellschaft gab es nicht mehr. Sie war längst in die Krise geraten, in die man nun unvorbereitet hineingezogen wurde.

Der westdeutsche Wertewandel begann mit dem Aufbegehren, das die Jahreszahl 1968 markiert. Die Studentenbewegung »hinterfragte« das Ethos, das Tugendprofil der

Arbeitsgesellschaft und brandmarke es als »faschistisch«. Das Leistungsprinzip wurde für »repressiv« erklärt und Leistungsverweigerung ausdrücklich gefordert. In den siebziger Jahren strömten tausende junger Menschen zu einem »Tunix«-Kongreß nach Berlin. Nachhaltiger noch wirkte die feministische Bewegung, indem sie den ganz und gar männlich geprägten Charakter der preußisch-deutschen Ideale anprangerte. Schließlich entdeckte die »grüne« Bewegung die lebensfeindliche, naturzerstörende Kehrseite des technischen Fortschritts. Auch davon war die Rede, und es sei nur daran erinnert.

Aber die wirklich zentrale Herausforderung stammt aus der Arbeitsgesellschaft selbst. Wie soll sie noch überzeugen, wenn sie die Arbeit abschafft und immer mehr Menschen gerade das verweigert, was ihre Verheißung ausmacht? Muß es auf Arbeitslose und zwangsweise Frühpensionäre nicht wie ein Hohn wirken, wenn man ihnen predigt, daß einzig die Arbeit unserem Leben »Tiefgang« verleiht und es fruchtbar macht? Und ist es denn abwegig, wenn auch viele und immer mehr von denen, die noch Arbeit haben, innerlich auswandern und ihre Beschäftigung nicht mehr als Erfüllung, sondern als einen »Job« ansehen, den man notgedrungen braucht, um sein Einkommen zu sichern?

Leider vollzieht sich die Auswanderung eher mit Bitterkeit als mit Freude, mit schlechtem statt gutem Gewissen, so als fürchte man die Strafe, die den Deserteur erwartet. Es liegt nahe, einmal mehr von einer Paradoxie sprechen: Weil wir Deutschen stärker und rückhaltloser als andere Völker unser Selbstverständnis und Selbstbewußtsein, unsere Identität aus der Arbeitsgesellschaft und ihren Tugenden gewannen, werden wir jetzt um so mächtiger von Ängsten überschwemmt, statt die Herausforderungen der Zukunft anzunehmen.

Das Problem ist nur, daß tragfähige Alternativen kaum zu erkennen sind. Zwar spricht man seit langem vom Wertewandel[71], aber die Vielzahl der politischen Debatten, Reden und Ratschläge läuft durchweg darauf hinaus, die Arbeitsgesellschaft wieder funktionstüchtig zu machen. So unterschiedlich oder sogar gegensätzlich die Standpunkte der Parteien, der Regierung und der Opposition, der Wirtschaftsverbände und der Gewerkschaften, der Fachleute aller Art sein mögen: In dieser Zielsetzung sind alle sich einig. Wie die Engländer in den Nachkriegsjahrzehnten an den »Geist von Dünkirchen«, so appellieren sie an die überkommenen Tugenden, im Zweifelsfall unter Beimischung eines erneuerten Gemeinsinns, der die Opferbereitschaft einschließt. Was denn sonst? Die Reden, die Ratschläge und die Appelle werden von den Eliten oder ihren Beiträgern formuliert, die die Arbeitsgesellschaft bis heute führen und ihre Werte repräsentieren.[72]

Doch die Appelle klingen zunehmend hohl; ihre Überzeugungskraft schwindet. Kaum von ungefähr spricht man von der »Glaubwürdigkeitslücke«, die sich zwischen den politischen Institutionen, den Parteien, den Parlamenten, den Regierenden und den Menschen »draußen im Lande« aufgetan hat. Ähnlich ergeht es der Wirtschaftselite. Man traut ihr immer weniger zu, daß sie ihrer Aufgabe gerecht wird; ein Buch, das die »Nieten in Nadelstreifen« verhöhnt, ist zum Bestseller geworden.

Wenn die traditionellen Tugenden ihre bindende, sinnstiftende Wirkung verlieren und nicht durch andere ersetzt werden, sind die Folgen absehbar. »Eine neue deutsche Spaßkultur macht sich breit«, behauptete DER SPIEGEL 1996 in einer Titelgeschichte.[73] Es gibt keine Tabus mehr, alles wird verblödelt und zerlacht; regelrechte Witzefabriken entstehen, um den immer wachsenden Bedarf zum Beispiel der Fernsehunterhalter zu decken. Mit tieferer Bedeutung, mit Humor oder gar Ironie hat dieses Witzigsein allerdings wenig zu tun. Eher wäre von der Kehrseite einer Verfinsterung zu reden: Wenn man niemandem wirklich vertraut und an nichts mehr glaubt, schon gar nicht an die Zukunft, wenn also die Lage hoffnungslos wird, dann ist sie auch nicht mehr ernst zu nehmen.

Wohl in die Nähe dieser Entwicklung gehören die spannungsreichen Schau-Spiele, mit denen der Sport die Massen in seinen Bann zieht. Ob Autorennen, Tennis oder – vor allem – der Fußball: In den Arenen herrscht Hochkonjunktur. Die Umsätze steigen sprunghaft; schon geht es um Milliardenbeträge. Die Stars der Wettkämpfe, wie Michael Schumacher, Boris Becker, Steffi Graf und Jürgen Klinsmann, sind in aller Munde und werden fast über Nacht zu Multimillionären. Mit gutem Instinkt sucht daher der Bundeskanzler die Nähe seiner deutschen »Helden«, wenn sie die Europameisterschaft gewinnen. In einer Betrachtung über den Feiertag des Kaiserreiches, den Sedantag, hat Sebastian Haffner bereits vor Jahren geschrieben: »Das war eine Stimmung – ich finde für die heutige Zeit keinen anderen Vergleich –, als ob die deutsche Nationalmannschaft die Fußballweltmeisterschaft gewonnen hätte, und zwar jedes Jahr aufs neue.«[74] Dieser Satz sagt viel über die wilhelminische Zeit, aber noch mehr über die Gegenwart.

Andere Symptome lassen sich beinahe beliebig aufzählen. Höchst ehrbare Leute hinterziehen Steuern; die weniger ehrbaren stehlen wie die Raben, denn die Achtung vor dem Eigentum schwindet wie die vor dem Recht. Der Versicherungsbetrug erscheint als Kavaliersdelikt. Inzwischen steigt die Gewaltbereitschaft, bereits und besonders bei Jugendlichen, bei Kindern, in den Schulen. Manager wirtschaften in die eigene Tasche, die Korruption breitet sich aus und wächst wie ein Krebsgeschwür samt seinen Metastasen tiefer und tiefer auch in die Stadt-, die Staatsverwaltungen hinein. »Der Ehrliche ist der Dumme«, um einen sehr erfolgreichen Buchtitel von Ulrich Wickert zu zitieren.

Manche Menschen suchen Zuflucht im angeblich einfachen und natürlichen, andere im unnatürlichen Leben, in ihren privaten Obsessionen. Oder die Sekten drängen herbei. Nicht manche, sondern viele Menschen greifen zur Droge, mehr noch verfallen dem Alkohol. Die meisten jungen Leute suchen ihre Zuflucht gottlob nur in der betäubend lauten Musik, die bloß ihr Gehör schädigt. Eine Alternative führt zum Abenteuer, zur Suche und Sucht nach dem Risiko bis zum äußersten. Wohl am wichtigsten ist die Ablenkung durch das Fernsehen, das alltäglich alles im Überfluß bietet: das Blödeln, das Gerede, den Sport, die Obsessionen, die Gewalt und das Abenteuer bis zum gruselig Bizarren.

Das alles gab es schon früher, mag man beschwichtigend sagen: Man denke an »Brot und Spiele« im antiken Rom. Ja, gewiß. Aber sie gehören zur Kaiserzeit, die dem Niedergang entgegentreibt, nicht zur republikanischen Größe.[75]

DRITTER TEIL:

Strategien im Niedergang

Vorspiel und Vergleich: Das britische Beispiel

Am Anfang dieses Buches war von Spanien und Venedig die Rede, um den Begriff des Niedergangs anschaulich zu machen. Aber diese Beispiele liegen weit zurück; weder hier noch dort sind zu Beginn der Neuzeit moderne Arbeitsgesellschaften entstanden, und praktische Folgerungen für die Gegenwart oder die Zukunft verbieten sich von selbst. Viel näher liegt darum der Vergleich mit Großbritannien, dem Mutterland der Industriellen Revolution, das exemplarisch den Niedergang als Wirtschaftsvormacht durchlitten – und diesem Niedergang standgehalten hat. Daß Großbritannien und Deutschland in der ersten Hälfte des 20. Jahrhunderts zwei schicksalsschwere Duelle ausgefochten haben, kommt noch hinzu. Vielleicht läßt sich darum am britischen Beispiel etwas lernen, was sich für unseren eigenen Gebrauch als nützlich erweist.

Das Inselreich nahm seit seinen Siegen über das napoleonische Frankreich bei Trafalgar 1805 und bei Waterloo 1815 im 19. Jahrhundert eine überragende Weltstellung ein. Es stand im Mittelpunkt allen Handelsverkehrs, seine Flotte – die zivile wie die Kriegsmarine – beherrschte die Ozeane, und sein Kolonialbesitz umspannte den Erdball. Ein größeres Imperium hat es niemals gegeben. Vor allem setzte das Land die Maßstäbe industrieller Entwicklung. Wie gewaltig der britische Vorsprung einmal war, zeigt ein Vergleich: Im Jahre 1840 gab es in Deutschland eine Dampfmaschinenkapazität von 40 000 Pferdestärken, ebenso wie in Belgien. Frankreich lag mit 90 000 PS noch deutlich vor seinem Nachbarn im Osten. Damit standen diese drei Länder an der Spitze des kontinentalen Fortschritts. Großbritannien jedoch verfügte bereits über 620 000 PS – weit mehr, als das ganze übrige Europa zusammengenommen.

Kaum zufällig glaubten viele, in England das Zukunftsmodell schlechthin vor Augen zu haben. Friedrich Engels, der Fabrikantensohn aus Barmen, der in Manchester die Zweigstelle der väterlichen Firma leitete, veröffentlichte 1845 sein Buch »Die Lage der arbeitenden Klassen in England«; auf dieser Grundlage errichtete dann Karl Marx sein revolutionäres Theoriegebäude. Die Liberalen vieler Länder, nicht zuletzt in Deutschland, nahmen dagegen die englische Verfassungsentwicklung einer parlamentarisch bestimmten Monarchie zum Vorbild. Zu den großen innenpolitischen Leistungen gehörte der mit den Wahlrechtsreformen von 1832 und 1867 eingeleitete und ohne Beschädigung der politischen Institutionen vollzogene Übergang von der aristokratisch-großbürgerlichen Oligarchie zur Demokratie. Im übrigen erschien England als ein Muster der Zivilisation, wenn schon nicht für die Damen, dann doch um so mehr für die Herren[76]; das Selbstbewußtsein und der Lebensstil seiner Oberschichten erregten die Bewunderung und den Neid.[77]

In der zweiten Hälfte des 19. Jahrhunderts begann die wirtschaftliche Aufholjagd besonders der Vereinigten Staaten und Deutschlands. Zwar nahm Großbritannien am Vorabend des Ersten Weltkriegs nicht mehr die schlechthin überragende, aber noch immer eine führende Stellung ein. Sein Anteil am Weltaußenhandel betrug im Jahre 1913 15 Prozent; der deutsche Anteil lag bei 13, der amerikanische bei 11 und der französische bei 8 Prozent. Dabei verfügte England über Kapitalanlagen im Ausland im Wert von

18 Milliarden Dollar; Frankreich brachte es auf 9, Deutschland auf 5,8 Milliarden, während die Vereinigten Staaten noch zu den Schuldnerländern gehörten. Nur auf den Weltmeeren behauptete die alte Seemacht ihre bestimmende Position: Mit einer Gesamtgröße von 19,9 Millionen Bruttoregistertonnen lag die britische Handelsflotte klar vor Deutschland mit 4,6 und den Vereinigten Staaten mit 2,8 Millionen BRT. Doch sogar in seinem ureigenen Feld sah England sich herausgefordert. Auf der entscheidend wichtigen Nordatlantikroute machten die schnellen Post- und Passagierschiffe des Norddeutschen Lloyd aus Bremen und der HAPAG aus Hamburg den britischen Reedern erfolgreich Konkurrenz; 1884 errang erstmals ein Schiff des Norddeutschen Lloyd das »Blaue Band« für die schnellste Atlantiküberquerung, und der Untergang der »Titanic«, die auf ihrer Jungfernfahrt nach New York am 14. April 1912 nach dem Zusammenstoß mit einem Eisberg im Meer versank und 1517 Menschen in die Tiefe riß, erschien wie ein Menetekel.

Praktisch viel wichtiger war, daß Deutschland bereits um die Jahrhundertwende seine Stärke im Maschinenbau bewies und in den zukunftweisenden Bereichen der Elektrotechnik, der Optik und Feinmechanik, der Chemie und der Pharmazie die Führung übernahm. Bei den Medikamenten und den künstlichen Düngemitteln erreichte der Weltmarktanteil sogar 90 Prozent – eine fast schon erdrückend überlegene Stellung.[78] Mit Michael Stürmer zu sprechen:

»Das Bayer-Kreuz und die Höchster Brücke waren in vielen Ländern der Welt Symbole deutscher Wissenschaft und Technik. Der Innovations- und Modernisierungsprozeß, der die industrielle Produktionsweise im Zeichen expansiver Märkte kennzeichnet, und die Wachstumsimpulse, die davon auf nahezu alle Wirtschaftsbereiche ausstrahlten, kamen in diesen modernen Leitsektoren des Industrialisierungsprozesses vielfältig zum Ausdruck. Von den Patentanmeldungen, deren Zahl von ungefähr 6000 im Jahr 1880 auf rund 45 000 im Jahr 1910 stieg, gehörte die Mehrzahl in diesen modernen Bereich, in dem systematische Forschung und Entwicklung einen weltweiten Marktvorsprung garantierten.«[79]

Diese Sätze sollte man allerdings sehr genau und womöglich wieder als ein Menetekel lesen. Denn wenn man sie auf die Gegenwart überträgt und die Zukunft abschätzt, scheint Deutschland am Ausgang des 20. Jahrhunderts in die Altherrenriege und genau jene Defensivposition zu geraten, die an seinem Anfang Großbritannien einnahm, als Deutschland zu den Angreifern zählte, wie heute die »jungen Tiger« in Ostasien.

Zur politischen Geschichte des 20. Jahrhunderts mögen Stichworte genügen. Schon immer gehörte es zur Bestimmung oder jedenfalls zum Interesse des Inselreiches, das europäische Gleichgewicht zu wahren. Darum kämpft man von der Epoche Ludwigs XIV. bis zur napoleonischen Zeit gegen das französische Vormachtstreben; darum tritt Großbritannien in zwei Weltkriegen gegen Deutschland an und behauptet sich. Die vielerörterten Schuldfragen lassen wir beiseite, weil sie zu der Sache nichts beitragen, um die es hier geht.[80]

Der Erste Weltkrieg kostet Großbritannien 947 000 Gefallene; am Ende steht ein zwiespältiger Sieg. Zwar erreicht das Commonwealth nach 1918 mit der Annexion deutscher Kolonien und türkischer Einflußgebiete seine größte Ausdehnung, aber zugleich machen sich die Erschütterungen, die Auflösungserscheinungen bemerkbar. Kanada, Australien, Neuseeland und Südafrika gelangen auf dem Weg zu praktischer Unabhängigkeit an ihr Ziel, und in Indien beginnt unter der Führung Mahatma Gandhis der Kampf gegen die Kolonialherrschaft. Vor allem verliert England seine industrielle und finanzielle Vormachtstellung an die Vereinigten Staaten. Aber auch Deutschland erstarkt bald wieder.

Im Zweiten Weltkrieg geht es um alles oder nichts, um Selbstbehauptung oder Unterwerfung; in einem bitteren und glorreichen Jahr kämpft Großbritannien vom Sommer 1940 bis zum Sommer 1941 ganz allein und fast verloren gegen die deutsche Übermacht. Doch die Niederlage der Armee in Frankreich verwandelt sich bei Dünkirchen zum moralischen Sieg, weil die Mehrheit der Soldaten gerettet wird, auch indem private Schiffs- oder Kutterbesitzer spontan zur Hilfe eilen, und in der »Schlacht um England« retten ein paar hundert junge Männer als Hurricane- oder Spitfire-Piloten das Land. Die Mobilmachung der Bevölkerung für die Kriegsproduktion übertrifft dann die deutsche zumindest bis 1941 oder 1942. Die Schlacht im Atlantik gegen die deutschen U-Boote wird nach zähem Ringen schließlich gewonnen, und die wechselvollen Feldzüge in Nordafrika, zu der auch die bitteren Niederlagen gehören, krönt der Sieg bei El-Alamein. 1945, nach dem Abschluß des schreckensvollen Kampfes, beklagt Großbritannien 388 000 Tote, darunter 62 000 Zivilisten, – weit weniger als im Ersten Weltkrieg und angesichts der Gesamtverluste des Zweiten Weltkriegs von etwa 50 bis 55 Millionen Toten ein vergleichsweise geringes Opfer.

Einmal mehr oder erst recht erweist sich indessen der Sieg als ein zweischneidiger Triumph. Die Vormachtstellung in Europa und der Welt geht endgültig verloren; fortan bestimmen die »Supermächte«, die Vereinigten Staaten und die Sowjetunion, was zu geschehen hat und was nicht. Das Ende der eigenen Entscheidungsgewalt wurde höchst drastisch demonstriert, als 1956 die USA und die Sowjetunion die Landungsoperation französischer und britischer Truppen am Suezkanal durch ihren Einspruch stoppten und den Rückzug erzwangen.

Das Ende der Großmacht zur See, die 1588 mit dem Sieg über die spanische Armada ruhmreich begonnen hatte, war ohnehin gekommen. Nach dem Ersten Weltkrieg mußte England die Parität der Vereinigten Staaten ausdrücklich anerkennen; nach 1945 fiel es weit zurück, weil die Rüstungslasten sich nicht mehr finanzieren ließen. Allenfalls eine drittklassige Macht wie Argentinien kann man fortan noch in die Schranken weisen – sofern man von niemandem sonst daran gehindert wird.

Nach dem Zweiten Weltkrieg löste sich auch das Kolonialreich auf. 1947 wurden Indien und Pakistan in die Unabhängigkeit entlassen; die Kaiserkrone, die Disraeli 1876 für die Königin Victoria erfand, hat nicht viel länger gehalten als die deutsche, die Bismarck 1871 dem preußischen König Wilhelm I. zu dessen Unwillen aufs Haupt drückte. Die anderen Kolonien folgten bald nach, besonders in den sechziger Jahren; die Übergabe Hongkongs an China setzte 1997 einen vorläufigen Schlußpunkt. In der Regel vollzog sich der britische Abzug in ehrbaren und versöhnenden Formen; nicht selten wurden Anführer des Aufruhrs zu Ministerpräsidenten oder Präsidenten ernannt und wenig später von Ihrer Majestät der Königin als Staatsgäste empfangen – Männer, die man eben noch steckbrieflich gesucht oder ins Gefängnis gesteckt hatte. Nirgendwo hat man sich in so aussichtslose Kriege verwickeln lassen, wie sie Frankreich in Vietnam und Algerien oder Portugal in Angola führten. So blieb formell sogar das Commonwealth erhalten, obwohl ihm mehr als ein Erinnerungswert kaum noch zukommt.

Alles in allem: eine noble Bilanz, auf die man mit Stolz zurückblicken kann. Natürlich gab es schwerwiegende Fehler, wie etwa die Beschwichtigung Hitlers bis zum Frühjahr 1939 oder den kostspieligen, moralisch wie militärisch gleich fragwürdigen Bombenkrieg gegen die deutsche Zivilbevölkerung zwischen 1941 und 1945. Aber entscheidend bleibt, daß die Selbstachtung der Nation und die Verfassungsordnung der Freiheit gegen alle Anfechtungen von innen und außen sicher bewahrt wurden. Unter den Vorzeichen des Niedergangs ist das wahrlich nicht wenig, und die politische Leistung der englischen Elite stellt sich als beispielhaft dar.

Um so düsterer nimmt sich allerdings auf wirtschaftlichem Felde das Zurückbleiben Großbritanniens hinter seinen Konkurrenten aus, und um so dringender wird es, die Ursachen zu erkunden. Nach 1945 gelang es nicht, die Anstrengungen bei der Kriegsproduktion in Friedensleistungen zu übertragen, obwohl das Land weit weniger mit Zerstörungen zu kämpfen hatte als die meisten Staaten des Kontinents. Die amerikanische Hilfe zum Wiederaufbau, die nach Großbritannien reichlicher floß als nach Frankreich oder nach Deutschland, verlor sich ohne spürbare Wirkung. Ganze Industriezweige verrotteten, die einst eine zentrale Rolle gespielt hatten, wie die Textil-, die Werft- oder die Autoindustrie; die Rettung von Restbeständen gelang meist nur, wenn ausländische Firmen die Regie übernahmen. Zwar behauptete sich London als ein bedeutendes Dienstleistungs- und Finanzzentrum. Wer aber sonst in den sechziger oder siebziger Jahren durch die ehemaligen Hochburgen der Arbeit und des Wohlstands wanderte, wie Manchester, Birmingham, Liverpool oder Glasgow, sah die trostlosen Bilder eines offenbar unaufhaltsamen Verfalls.

Wenn jemand am Anfang unseres Jahrhunderts einem Briten geweissagt hätte, daß nach kaum drei Menschenaltern Italien sein Land überholen würde, wäre die Antwort gewiß ein ungläubiges Gelächter gewesen. Doch inzwischen entspricht es den Tatsachen. Als viel wichtiger erweist sich in englischer Perspektive der Vergleich mit dem deutschen Rivalen, mit dem es den Briten ungefähr so ergangen ist wie dem Goetheschen Zauberlehrling mit dem verruchten Besen, der sich nicht zum Stillstand beschwören läßt und gegen den man darum das Kriegsbeil schwingt:

»Seht, da kommt er schleppend wieder!
Wie ich mich nur auf dich werfe,
gleich, o Kobold, liegst du nieder;
Krachend trifft die glatte Schärfe!
Wahrlich, brav getroffen!
Seht, er ist entzwei!
Und nun kann ich hoffen,
und ich atme frei!
Wehe! Wehe!
Beide Teile
stehn in Eile
schon als Knechte
völlig fertig in die Höhe!
Helft mir, ach! ihr hohen Mächte!«

Hier, so scheint es, hat sich ins britische Gemüt denn doch eine Art von Minderwertigkeitskomplex eingefressen. Wie sonst sollte man die in Film und Fernsehen unaufhörlich wiederkehrenden Kriegsgeschichten deuten, an deren gutem Ende eine paar listige Briten so unfehlbar über die Vielzahl stiernackiger und bornierter Deutscher triumphieren wie im Märchen das Rotkäppchen oder Hänsel und Gretel über den bösen Wolf und die Hexe?

Wie ist nun der englische Niedergang zu erklären? Fast immer handelt es sich bei komplexen Vorgängen nicht um einen einzigen Faktor, sondern um ein Bündel von Ursachen; so auch hier. In einem Beziehungsgeflecht, in dem die Teilwirkungen einander verstärken, entsteht das Ganze des Unheils.

Zunächst ist wohl wichtig, daß Großbritannien das Pionierland der modernen Wirtschaftentwicklung war; seine Industriestruktur gelangte früher zur Reife als die deutsche oder die amerikanische. Um den bekannten Satz von Michail Gorbatschow ironisch abzuwandeln: Wer zu früh kommt, den bestraft das spätere Leben. Die Unternehmenskultur, die Organisation der Arbeitsabläufe, die Marktstrategien, die Beziehungen zwischen Betriebsleitung und Arbeitern: Alles entwickelt und verfestigt sich zu bestimmenden Formen, und dies um so mehr, als es ja nicht nur und nicht einmal in erster Linie um den Stand der technischen Ausrüstung, sondern um menschliche Verhaltensmuster geht.

Es ist nicht einfach und manchmal fast unmöglich, sie aufzusprengen und zu verändern, wenn sie erst einmal eingeschliffen sind. Der Erfolg tut ein übriges. »Das machen wir schon immer so ...«: Man kennt diese bewußten oder mehr noch vorbewußten Abwehrstrategien gegenüber Neuerungen, die in der Industrie ebenso mächtig sind wie in der Bürokratie und in anderen Lebensbereichen. Wenn man zum Beispiel seinen technischen Standard und seinen zeitweiligen Vorsprung vor anderen den Einzeleinfällen, den genialen Tüftlern und Erfindern verdankt, dann fällt es schwer, Wissenschaftler zu engagieren und ihnen Abteilungen für die systematische Erforschung und Entwicklung neuer Produkte einzurichten: »Diese Leute wissen nicht, was wir brauchen, und kosten bloß Geld.« Aber aus solch einem Übergang von den Tüftlern zur systematischen Forschungs- und Entwicklungsarbeit stammt der Vorsprung, den die deutsche Chemie und Pharmazie am Ende des 19. Jahrhunderts gegenüber der englischen Konkurrenz erreichten.

Um den Sachverhalt positiv auszudrücken: Wer später kommt, den belohnt das Leben. Er beginnt schon beim inzwischen erreichten Stand der Dinge und wendet sich fast instinktiv den neuesten Techniken und Produktionsmethoden zu, um sich gegen die älteren, zunächst fast übermächtig erscheinenden Wettbewerber durchzusetzen. Infolgedessen kommt er auch schneller voran als jeweils der Vorgänger. England hat nach 1780 etwa 60 Jahre gebraucht, um sein Sozialprodukt zu verdoppeln; Amerika benötigte seit 1840 etwa 47, Deutschland seit 1870 43 und Japan nach 1885 35 Jahre. Südkorea kam nach 1966 mit elf Jahren aus, und China, Singapur oder Malaysia sind jetzt bei sieben bis acht Jahren angelangt.[81]

Großbritanniens Industriekultur erreicht schon um 1840 einen ausgereiften Stand. Dabei ist technisch betrachtet ihr Entwicklungsmotor und buchstäblich ihre Hauptantriebskraft die Dampfmaschine. Sie läßt sich um so rationeller einsetzen, je größer die Fertigungseinheiten sind; sie taugt nicht für Handwerker und Kleinproduzenten. Daher wird die rasche und einseitige Entfaltung von Großunternehmen begünstigt; in Deutschland erinnert hieran die Entstehung des Ruhrgebiets, die schon in der ersten Hälfte des 19. Jahrhunderts beginnt und dessen Strukturprägung durch Bergbau und Schwerindustrie für mehr als ein Jahrhundert gültig bleibt. Übrigens gilt der Sachverhalt bis in die Landwirtschaft hinein: Der Dampfpflug sozusagen als der Dinosaurier moderner Agrartechnologie läßt sich nur auf den weiten Flächen des Großgrundbesitzes sinnvoll einsetzen, nicht auf kleingeschnittenen Bauernfeldern.

Mit der Struktur des Dampfmaschinenzeitalters entsteht die klassische Klassengesellschaft, wie Karl Marx sie – dank Friedrich Engels – auf dem Stand der Dinge von 1840 oder 1845 erkennt und auf deren Grundlage er seine revolutionäre Lehre vom Weltenkampf zwischen Bourgeoisie und Proletariat und vom Endsieg der Arbeiterklasse entwirft. Diese Dampftheorie ist ihrem Zeitalter durchaus angemessen.

Doch die Geschichte liebt ironische Rösselsprünge. Zwar hat Lenin als gläubiger Marxist vom Kommunismus als der Sowjetmacht plus Elektrifizierung gesprochen. Aber das Zeitalter der Elektrotechnik schafft ganz neue Bedingungen. Es ermöglicht Dezentralisierung, wie dann auch der Otto- und der Dieselmotor. Der Handwerker, der Kleinproduzent und der Mittelstandsunternehmer bekommen ihre Chance – wie Württemberg gegenüber dem Ruhrgebiet oder der Bauer auf seinem Traktor gegenüber dem Großgrundbesitzer mit dem Dampfpflug. Daran, daß ihre Theorie auf dem technischen Stand von 1840 dogmatisch erstarrte, sind die Marxisten-Leninisten in der Praxis gescheitert; überall, wo sie zur Herrschaft kamen, haben sie sich für die Riesenkombinate, die Agrarfabriken begeistert und die Bauern, die Handwerker, die Klein- und Mittelstandsunternehmer vernichtet. Nochmals ironisch und mit Karl Marx formuliert: »Die Frage, ob dem menschlichen Denken gegenständliche Wahrheit zukomme, ist keine Frage der Theorie, sondern eine *praktische* Frage. In der Praxis muß der Mensch die Wahrheit, i.e. Wirklichkeit und Macht, Diesseitigkeit seines Denkens beweisen. Der Streit über die Wirklichkeit des Denkens, – das von der Praxis isoliert ist –, ist eine rein *scholastische* Frage.«[82]

Um zurückzukehren: Großbritanniens Industriekultur wurde vom Dampfzeitalter geprägt – und entsprechend die Sozialstruktur. Nirgendwo sonst ist die Klassengesellschaft so bestimmend gewesen und so hartnäckig bewahrt worden wie in England. Ihr Prinzip war Kampf statt Kooperation und Abwehr statt Erneuerung, denn jede Zusammenarbeit mit dem Klassenfeind erschien als Verrat. Erst die »eiserne Lady« Margaret Thatcher hat einen Wandel bewirkt. Bei allen Verwüstungen in der Gesellschaft und Kahlschlägen in der Industrie, die sie anrichtete, hat sie ihrem Lande zugleich auch neue Möglichkeiten geschaffen. Inzwischen gehören die ständigen und oft irrationalen Streiks der Vergangenheit an, und japanische Unternehmen errichten ihre europäischen Produktionsstätten mit Vorliebe in Großbritannien.

Deutschlands Industriekultur hat dagegen, trotz des Ruhrgebiets, erst gegen Ende des 19. Jahrhunderts ihre Gestalt gefunden. Die Errungenschaften von Siemens und der AEG waren in Wahrheit viel wichtiger als die von Krupp oder Thyssen. Mit ihnen gedieh das mittelständische Unternehmertum in Sachsen, Württemberg und anderen Gebieten. Sogar die Schrecken des 20. Jahrhunderts haben einen Modernisierungsschub bewirkt. Die Gewaltherrschaft des »Dritten Reiches« zerschlug unbarmherzig alte Institutionen, nicht zuletzt die Parteien und die Gewerkschaften; der Wiederaufstieg wurde daher von neuen Formationen begleitet oder bestimmt, die nicht mehr weltanschaulich sich verriegelten, sondern pragmatisch den Erfolg suchten. Nicht mehr der Kampf, sondern die Sozialpartnerschaft wurde zum leitenden Prinzip – wobei zu den Partnern zugleich auch der Staat gehört. Heute muß man allerdings dringend fragen, ob sich das Zeitalter der Mikroelektronik und Informatik vom gestern noch Gültigen nicht so grundlegend unterscheidet wie das der Elektrotechnik und der Chemie am Beginn unseres Jahrhunderts von dem Dampfzeitalter um 1840.

Eine ganz andere Betrachtung muß den Eliten gelten. Ihre englische Eigenart hat im historischen Ursprung etwas mit der Adelsverfassung zu tun, die sich von den Verhältnissen in Deutschland und anderen Gebieten Europas deutlich abhebt. Nur der älteste Sohn erbt die Adelskrone – oder der jeweils nächste Anverwandte.[83] Die anderen Nachkommen treten ins Bürgertum über: Winston Churchill zum Beispiel war der Sohn eines Lords und der Enkel des siebenten Herzogs von Marlborough[84]; er hat es abgelehnt, sich für seine Verdienste wieder in höhere Adelsränge versetzen zu lassen, um seinen Platz im Unterhaus nicht zu verlieren, wo nur der gemeine »Sir« zugelassen ist. Weil nun keine Adelsinflation droht, können in der Gegenrichtung ständig verdiente Persönlichkeiten in den Adelsstand erhoben werden, seien es Politiker, Gelehrte, Künstler oder erfolgreiche Unternehmer. In Ausnahmefällen kann es sich sogar um anglisierte Ausländer handeln: Aus dem deutschen Soziologieprofessor Ralf Dahrendorf ist zunächst Sir Ralf, dann Lord Dahrendorf geworden, samt dem Recht, seinen Sitz im Oberhaus einzunehmen, um dort zu sprechen und abzustimmen.

Dieses Hinüber und Herüber hat in der Abfolge der Generationen und Jahrhunderte eine sehr homogene Elite geschaffen, durch Eliteschulen wie Harrow oder Eton und Eliteuniversitäten wie Oxford oder Cambridge noch unterstützt. Der Adel riegelte sich nicht so ab, wie es mehr oder minder rigoros im kontinentalen Europa geschah, sondern rückte ohne Berührungsängste nahe an das Bürgertum heran, und seine Karriereerwartungen beschränkten sich nicht aufs Beamtentum und Militär wie in Preußen. Umgekehrt übernahm das Bürgertum wie von selbst adlige Lebensformen; der vielberufene Gentleman ist eben weder ein Potsdamer Gardeoffizier noch ein purer Geschäftsmann, sondern er wird durch die Vermittlung adligen Selbstbewußtseins und großbürgerlicher Welterfahrung geprägt.

Der gesellschaftliche Ausgleich hat die blutigen Revolutionen und Bürgerkriege überflüssig gemacht, die zur neueren Geschichte Frankreichs, Rußlands oder Spaniens ebenso gehören wie die schroffen Traditionsabbrüche zum deutschen Schicksal. Mit ihrem halb vormodernen, halb modernen Charakter ist die englische Elite allerdings daran gehindert worden, sich ungehemmt dem Leistungsprinzip der Arbeitsgesellschaft zu verschreiben. Es ist ehrenvoll, in der Politik etwas zu leisten – oder im Sport, bei der Anlage schöner Gärten und der Pflege alter Wohnsitze und Parks. Aber das Geldverdienen und die wirtschaftliche Leistung erscheinen allenfalls als Mittel, um sich im Lebensstil des Gentleman zu behaupten, nicht als ein Selbstzweck. Hierdurch sind die unternehmerischen Energien zumindest abgeschwächt worden; die Nachkommen erfolgreicher Fabrikanten oder

Bankiers suchten und fanden Anschluß an die alte Elite, und die erworbenen Vermögen wurden oft eher im Grundbesitz oder im Rentenkapital angelegt, als daß man sie produktiv investierte und mit ihnen auf die Weiterentwicklung der Unternehmensleistungen setzte.

Wenn etwas die englische Elite positiv kennzeichnete, dann ihre politische Fähigkeit. Spätestens seit der »glorreichen« Revolution von 1688 entwickelte sich – zunächst oligarchisch – ein Zweiparteiensystem der »Whigs« und der »Tories« und mit ihm eine Gewöhnung an die Selbstverständlichkeit des politischen Kampfes. Zugleich entstand eine unverbrüchliche Bindung an die zentralen politischen Institutionen, vorab an das Parlament. Wieder als Beispiel: Mit seiner Kriegernatur und seiner Beredsamkeit wäre Winston Churchill unter anderen Umständen vielleicht der Führer einer Bürgerkriegspartei und ein Diktator geworden, wie Mussolini in Italien oder Franco in Spanien. Unter den englischen Bedingungen aber blieb er unangefochten mit ganzer Seele der große Parlamentarier, der er war; er konnte vieles ungerührt hinnehmen, aber er weinte, als deutsche Bomben das Unterhaus zerstörten.[85]

Zum Vergleich: In Deutschland gab es seit dem 19. Jahrhundert und bis in die Weimarer Republik hinein den ins Prinzipielle reichenden Meinungsstreit über die wünschenswerte Staatsordnung und ihre Institutionen. Was die einen sich wünschten, verwarfen und verachteten die anderen. In einer Krisensituation verschaffte diese Verachtung schließlich dem Mann aus dem Nichts seine Chance, der Führer ins Nichts zu werden. Soweit es überhaupt eine Kontinuität gibt, ist sie vor allem in der Staatsbürokratie zu finden. Die überragende Bedeutung des Beamtentums wurde bereits in Preußen begründet und hat sich über alle Umbrüche hinweg behauptet.

Zur politischen Erziehung der englischen Elite und zur

Abschwächung ihrer wirtschaftlichen Energien hat gewiß auch das weltumspannende Imperium beigetragen. Immer blickte man von oben herab nach unten, und als Kolonialbeamter oder Kolonialoffizier lernte man das selbstbewußte Regieren, aber schwerlich, daß die Arbeit es ist, die dem Leben Tiefgang und Sinn verleiht.

Alles in allem ergibt sich eine zwiespältige Bilanz. Die Verteidigung der Freiheit im Zeitalter des Niedergangs gehört zu den wirklich großen Leistungen der englischen Elite. Hier könnte nicht nur unsere Bewunderung, sondern auch unser Lernprozeß zur eigenen Nutzanwendung ansetzen. Doch vom Versagen muß man ebenso sprechen: Der Niedergang selbst findet einen seiner Gründe darin, daß die Elite sich ihrer Verpflichtung zur Fortentwicklung wirtschaftlicher Leistungsfähigkeit weithin entzog.[86]

Es ist nicht einfach, die deutschen und die englischen Verhältnisse in einen Vergleich zu setzen; allzu vieles fließt dabei ein, was unwägbar bleibt. Aber zumindest versuchsweise bieten sich einige Überlegungen an.

1. An den englischen Eliten gemessen stellen die deutschen Führungsschichten sich traditionslos dar. Sie sind Arbeitseliten und beinahe nichts außerdem. Daraus könnte man ableiten, daß sie den wirtschaftlichen Herausforderungen der Zukunft ihre Aufmerksamkeit widmen und den Niedergang nicht mit stoischem Gleichmut hinnehmen werden: Ihre Existenz steht auf dem Spiel, denn ihre einzige Rechtfertigung ist der Erfolg. Andererseits stellt sich die Staatsbürokratie als weitgehend »konjunkturresistent« dar – und es sei daran erinnert, daß der Öffentliche Dienst sogar in den Parlamenten eine bestimmende Rolle spielt.

2. Zu unserem politischen System gehört, anders als in Großbritannien, das ausgeprägte Harmoniebedürfnis; eine »eiserne Lady« wie Margaret Thatcher, die den Konflikt mit den Gewerkschaften bis zum bitteren Ende durchkämpft, ist

143

hierzulande nicht vorstellbar. Davon war bereits die Rede: Die Sozialpartnerschaft steht für das »Modell Deutschland«. Zum politischen System gehört nicht das klare Gegenüber von Regierung und Opposition, sondern die vielschichtige Verschränkung, schon wegen der Mitwirkung der Länder bei der Gesetzgebung des Bundes, und der Vermittlungsausschuß als Scharnier zwischen Bundestag und Bundesrat ist nicht nur eine zentrale, sondern auch eine symbolträchtige Institution. Das Bedürfnis nach Ausgleich und die Nötigung, ihn herzustellen, verstärken sich wechselseitig. Ob damit allerdings die harten Entscheidungen getroffen und durchgesetzt werden können, die die Zukunft erfordert, läßt sich bezweifeln.

3. Vom Erfolg begünstigt, haben wir bisher in einer Schönwetter-Demokratie gelebt. Die Verteidigung der Freiheit in Zeiten der Krise wird uns daher viel Kraft abfordern. Mit Bewußtsein, durch Aufklärung müssen wir das leisten, was den Briten mit der Heiligung freiheitlicher Institutionen durch die Jahrhunderte fast von selbst zufiel.

4. Niemals hat es in England das Aus- oder Unmaß an Zukunftsangst gegeben, das heute in Deutschland umgeht. Doch bei der Suche nach sinnerfüllten Lebensformen, die die Angst bannen, können wir zwar das englische Vorbild zu Rate ziehen, aber ihm schwerlich folgen; zu weit sind die geschichtlichen Erfahrungen voneinander entfernt.

Als Fazit bleibt: Wir müssen unseren Weg ins 21. Jahrhundert schon selber finden.

Die Verteidigung des Wohlstands

Wer den Niedergang aufhalten oder doch abmildern will, darf keinen Illusionen verfallen. Um angemessene Strategien zu entwickeln, muß er die Zukunft so nüchtern wie möglich einschätzen und zunächst einmal das Mögliche vom Unmöglichen unterscheiden. Heute sind alle Anstrengungen oder jedenfalls die Reden und Ratschläge darauf gerichtet, die Arbeitsgesellschaft zu retten. Denn wenn eine Wiederannäherung an die Vollbeschäftigung gelänge, wäre die Welt wieder in Ordnung, in der wir uns heimisch fühlten, und wir könnten zur liebgewonnenen Tagesordnung übergehen.

Aber die Arbeitsgesellschaft in ihrer bisherigen Gestalt läßt sich nicht retten. Um mit Tocqueville zu reden: »Eine völlig neue politische Welt bedarf einer neuen politischen Wissenschaft. Doch daran denken wir nicht; von einem reißenden Strom dahingetrieben, heften wir die Augen hartnäckig auf ein paar Trümmer, die man noch am Ufer wahrnimmt, während die Strömung uns mit sich reißt und rücklings den Abgründen zuträgt.«[87]

Natürlich gibt es die Wunschträume und das eine oder andere Hilfsmittel, das uns tatsächlich Atempausen verschafft. Eine neue Hochkonjunktur mag Arbeitsplätze herbeizaubern, oder vielleicht kann man sie vermehren, wenn man sie teilt, die Überstunden vermindert, die Steuern und die Lohnnebenkosten gehörig senkt. Leider wird das alles wenig oder nur kurzfristig helfen. Der nächste Abschwung der Konjunktur kommt bestimmt; er wird den »Sockel« der langfristig Arbeitslosen wiederum erhöhen oder die Zahl der zwangsweisen Frühpensionäre um einige hunderttausend vermehren. Global betrachtet hat sich die Hochkonjunktur ohnehin längst entwickelt, besonders, aber keineswegs nur in Asien; wenn sie an uns vorübergeht, ist das unser und nicht ihr Problem. Im Jahrzehnt von 1985 bis 1995 betrug das Wachstum des Bruttosozialprodukts in Thailand 152 Prozent, in China 151, in Singapur 139, in Malaysia 126, in Südkorea 123, in Taiwan 101, in Indonesien 95 – und in Deutschland 29 Prozent. Auch in Afrika und Lateinamerika, im Nahen Osten und sogar in Europa gab es Länder, die uns ums Doppelte bis Dreifache übertrafen.[88]

Die Teilung von Arbeitsplätzen mag im Einzelfall nützlich und angenehm sein; volkswirtschaftlich betrachtet handelt es sich um Augenwischerei, weil entsprechend die Einkünfte sich halbieren. Die Abschaffung der Überstunden zahlt sich nicht aus, weil es viel kostspieliger ist, bei sinkender Nachfrage die zusätzlich eingestellten Kräfte wieder zu entlassen. Politiker, die in diesem Punkt die Unternehmer anklagen, sollten sich ihre eigenen Haushalte ansehen: Um sie zu entlasten, haben sie vielfach schon die Arbeitszeit ihrer Beamten und Angestellten erhöht, statt sie zu senken und neue Planstellen zu schaffen. Ohnehin soll und muß ja der Staat »schlanker« werden, um finanzierbar zu bleiben.

Für die Senkung der Steuern und Abgaben bleibt insgesamt wenig Spielraum, weil die Defizite der öffentlichen Haushalte sich schon heute auf mehr als 100 Milliarden D-Mark pro Jahr belaufen. Und mit den Lohnkosten in Portugal oder Polen können wir auf keinen Fall konkurrieren, mit denen in Indien und in China erst recht nicht. Daher wird man, was auch in Deutschland geschieht, weiterhin und verstärkt Arbeitsplätze durch Technik ersetzen oder sie ins Ausland verlagern – und dies nicht nur im Bereich der materiellen Produktion. Die Tatsache, daß heute bereits ein Teil der Computer-»Software« für deutsche Firmen in Indien hergestellt wird, markiert nur den Anfang einer Entwicklung.

Wohin die reißende Strömung uns trägt, mag ein Gedankenexperiment erhellen. Ein Unternehmer, dem es gelänge, seine Lohnkosten auf Null zu reduzieren und sie vollständig durch Technik, durch die Computersteuerung seiner Werkzeugmaschinen, durch Industrieroboter zu ersetzen, wäre vieler Sorgen ledig. Denn die technische Ausrüstung wird zu Weltmarktpreisen angeboten; sie ist hierzulande nicht teurer als in China. Dafür arbeiten die Anlagen rationeller und präziser als jeder Chinese, 24 Stunden pro Tag und sieben Tage pro Woche, ohne Anspruch auf Urlaubsgeld, Lohnfortzahlung im Krankheitsfall und Weihnachtsgratifikationen. Die Konkurrenzfähigkeit wäre endlich gesichert, und kein Wehgeschrei der Gewerkschaft oder des Betriebsrats wäre mehr zu hören.

Natürlich handelt es sich um eine Utopie; sogar in dreißig oder in fünfzig Jahren wird man immer noch Ingenieure und ein hochqualifiziertes Fachpersonal zur Einrichtung, Überwachung und Wartung der Anlagen brauchen. Aber das Gedankenexperiment zeigt die Entwicklungsrichtung: Es lohnt sich, Arbeitsplätze durch Technik zu »vernichten«; genau darauf zielt seit Anbeginn der Industriellen Revolution der Fortschritt. Wohin man gerät, wenn man ihn versäumt und sich auf den einmal errungenen Vorsprung verläßt, hat das englische Beispiel gezeigt: Unerbittlich führt der Weg dann für den Unternehmer zum Konkursrichter und für die Nation zum Niedergang, der sich mit der allgemeinen Entwicklung womöglich zum Absturz beschleunigt.

Um die Wahrheit ohne jede Beschönigung zu formulieren: Es lohnt sich nicht mehr, die Arbeitsgesellschaft in ihrer

bisherigen Gestalt zu verteidigen und ihr Rettungsringe zu-
zuwerfen. Wer es dennoch tut, mag für den Augenblick Bei-
fall finden, aber er vergeudet seine Zeit – und nicht nur sein,
sondern unser gutes Geld. Es wäre zum Beispiel schon vor
Jahren sinnvoll gewesen, alle Kumpel des Steinkohleberg-
baus im Ruhrgebiet und an der Saar entweder in den vor-
zeitigen Ruhestand zu schicken oder sie mit großzügigen
Abfindungen zu entlassen; die eingesparten Milliardenbeträge hätte man für Zukunftsinvestitionen einsetzen können.
Wenn der Kumpel einen Durchschnittslohn von 60 000 DM
im Jahr erreicht, aber dafür sein Arbeitsplatz mit mehr als
der doppelten Summe subventioniert werden muß, gerät
man in den Bereich des Absurden. Und warum darf man
westdeutschen Arbeitskräften nicht abverlangen, was ihren
ostdeutschen Kollegen seit 1990 wie selbstverständlich zugemutet wurde? Je hartnäckiger man im übrigen sich an das
Gestrige klammert, desto düsterer wird aussehen, was uns
erwartet. Wie Meinhard Miegel gesagt hat:

»Die Bevölkerungen der frühindustrialisierten Länder
stehen damit vor der Weichenstellung: Arbeit für viele
oder Wohlstand für alle. Noch erscheint diese Alternative
unwirklich. Noch halten die Bevölkerungen am überkommenen Typus der Erwerbsgesellschaft fest, behindern sie –
gewollt oder ungewollt – die Entfaltung von Ideen und
Wissen. Sie aber sind in Zukunft die wichtigste Wohlstands-
ressource. Erst danach folgt die Arbeit der vielen.«[89]

Etwas ganz anderes als die Verteidigung der Arbeitsgesellschaft ist also die Verteidigung des Wohlstands. Für ihn
lohnt sich der Kampf; unser wohlverstandenes Eigeninter-
esse sollte uns dazu antreiben, daß wir die angemessenen
Strategien entwickeln und alle Kräfte mobilisieren. Heute
gehört Deutschland zu den reichsten Ländern der Welt,
sofern man von den Sonderbedingungen einiger Ölstaaten
absieht. Von den enormen Vermögen, die sich in privater

Hand angesammelt haben, war schon die Rede. Auch mit dem durchschnittlichen Pro-Kopf-Einkommen hat Deutschland eine Spitzenposition erreicht. 1994 lag es in Westdeutschland bei 28 203 DM im Jahr, in den neuen Bundesländern um gut 8000 DM niedriger – aber selbst damit noch vor Großbritannien mit 19 139 und sehr weit vor Portugal mit 8011 DM.

Natürlich werden in der Zukunft andere Länder aufschließen und manche uns überholen. Warum denn nicht? Der Niedergang ist eben ein relativer Begriff, und selbst wenn wir uns »nur« auf dem Standard von 1990 behaupten – oder dem von 1980 –, werden wir ein angenehmes Leben führen, sofern wir uns angemessen darauf einrichten. Im folgenden sollen nun unter verschiedenen Gesichtspunkten die Strategien erörtert werden, die zur Verteidigung des Wohlstands notwendig sind.

Die Mobilmachung geistiger Kräfte

Deutschland verfügt über eine gut entwickelte Infrastruktur. Das Verkehrswesen wird durch den Ausbau des Schienenschnellverkehrs, der im Gange ist, noch verbessert werden. Rein technisch betrachtet sind wir sogar auf dem Gebiet der Telekommunikation für die Zukunft gerüstet; dabei dürfte in den kommenden Jahren die Privatisierung der Deutschen Telekom und die Öffnung des Marktes für andere Wettbewerber sich noch günstiger auswirken. Übrigens hat die Deutsche Telekom seit 1990 eine große, kaum angemessen gewürdigte Leistung vollbracht, als sie in wenigen Jahren die völlig veralteten Systeme der DDR durch moderne und leistungsfähige Netzwerke ersetzte.

Doch über die Zukunft entscheidet die Mobilmachung geistiger Kräfte, die Begabung mit der Neugier aufs Neue und

Lust an der Leistung verbinden. Um diese Kräfte zu wecken, brauchen wir das angemessene Bildungswesen. Die Schulzeit bis zur Erlangung der Hochschulreife muß von 13 auf 12 Jahre verkürzt werden, wie in fast allen vergleichbaren Ländern. Denn die Überalterung der jungen Leute, die sie für die Berufspraxis verdirbt, muß endlich beendet werden, und dazu sollte auch das Schulwesen seinen Beitrag leisten.

Für seine Berufs- oder Hochschulreife braucht jeder junge Mensch künftig zwei Voraussetzungen: Erstens muß er die englische Sprache beherrschen. Das Deutsche, die Sprache Luthers, Goethes, Heines, Fontanes, Bismarcks und Thomas Manns, ist ein Kulturheiligtum, das wir nach Kräften zu hüten und vor Entstellungen, sozusagen den Graffiti-Schnöseleien zu bewahren haben, die es bedrohen. Aber in Wissenschaft und Wirtschaft braucht man das Englische, je weiter in die Zukunft hinein, desto dringender. Beim Umgang mit dem Computer und auf den weltweiten Datenautobahnen gilt ohnehin, wie für Flugkapitäne und Fluglotsen im leibhaftigen Weltverkehr: »English spoken here, and nothing else.«

Zweitens brauchen wir als ein neues Kernfach des Schulunterrichts die Informatik. Denn wer den Umgang mit dem Computer nicht erlernt, gehört zu den Analphabeten der Zukunft; auch der Handwerker oder der Facharbeiter wird ohne die einschlägigen Kenntnisse verloren sein. Und wie beim Geigen- oder beim Schachspiel oder beim Tennis kann man nicht früh genug anfangen. Hier wie überall gilt die alte Schäferweisheit: »Was Hänschen versäumet, holt Hans nicht mehr ein.«[90]

Über die Verrottung der Universitäten und die durchgreifenden Strukturreformen, die notwendig sind, wurde bereits gesprochen. Heute haben wir es mit Verschwendungsmaschinen zu tun, die unser Humankapital nicht befruchten, sondern es verdorren lassen; wenn wir diesen Zustand nicht ändern und die Hochschulen national und international wieder attraktiv machen, gibt es für die Verteidigung unseres Wohlstands wenig Hoffnung. Die Frage ist, wie eine Reform von Humboldtschem Format gelingen kann, wenn die Kulturhoheit bei den Ländern liegt und diese zu schwach sind, um den Neuanfang zu wagen.

Vielleicht sollte man an eine gewissermaßen exterritoriale Lösung, eine Bundesuniversität denken, die das Modell für die Zukunft schafft, dem die bestehenden Einrichtungen dann folgen müssen. Dazu ist eine Verfassungsänderung erforderlich. Aber wer will sie verhindern, wenn die politischen Eliten und die Parteien ihre Verantwortung wahrnehmen und erkennen, worum es geht? Auch die Wirtschaftseliten sollten sich engagieren: Für den »Standort Deutschland« handelt es sich um eine Existenzbedingung.

Wie wichtig sie ist, mag eine nur scheinbar abschweifende Überlegung zeigen. Im 21. Jahrhundert wird die deutsche Bevölkerung schrumpfen, von jetzt 82 auf 60, schließlich auf 50 oder noch weniger Millionen. Das muß kein Unglück sein; vielleicht werden wir sogar besser miteinander auskommen als heute, da wir so dicht aufeinander sitzen. Aber wo finden wir dann die begabten und leistungstüchtigen jungen Leute, die den Wohlstand bewahren? Es gibt sie überall auf der Welt, sei es in Rußland, in Indien und Indonesien, in Vietnam oder in anderen Ländern; wir müssen sie nur herbeiholen und ihnen bieten, was sie suchen. Und dazu brauchen wir als erste Voraussetzung die attraktiven Hochschulen, an denen sie mit Nutzen studieren, statt sich verloren zu fühlen und ihre Zeit zu vergeuden.

Ein Teil der Studenten wird mit dem Diplom in der Tasche natürlich in seine Heimatländer zurückkehren, um sich dort mit dem erworbenen Wissen nützlich zu machen. Das übrigens ist eine gute Form der Entwicklungshilfe, im Grunde die einzige, die etwas taugt. Denn überall bildet die Mobilmachung geistigen Kapitals den Schlüssel zum Fortschritt. Doch andere junge Leute werden bleiben – sofern wir sie dazu einladen und ihnen die günstigen Bedingungen bieten, zu denen eine zügige Einbürgerung gehört.

Das heißt zugleich: Wir sollten uns darauf einrichten, ein Einwanderungsland zu sein, und dafür die zukunftsgerechte Politik entwickeln. Seit den sechziger Jahren haben wir den falschen Weg eingeschlagen, als wir damit anfingen, massenweise arme Menschen mit geringer oder gar keiner Qualifikation zu importieren, um uns von ihnen die einfachen und unansehnlichen Formen von Arbeit abnehmen zu lassen. Daraus ist ein Sog für Armutsflüchtlinge geworden, der bis heute anhält und den wir stoppen müssen, weil er bloß noch die Arbeitslosigkeit und die Kriminalität vermehrt. Um so dringender brauchen wir eine neue Politik, zugespitzt ausgedrückt: für die Eliteneinwanderung.

Wer nicht glaubt, daß es so etwas geben kann, mag an einem historischen Beispiel Anschauung gewinnen. Im Jahre 1685 begann mit dem Widerruf des Edikts von Nantes die Verfolgung und Vertreibung der Protestanten in Frankreich, der Hugenotten. Hierauf antwortete der brandenburgische Große Kurfürst umgehend mit dem Edikt von Potsdam: In seinem armseligen, rückständigen, noch immer tief von den Wunden des Dreißigjährigen Krieges gezeichneten Land bot er den Menschen aus der Fremde nicht bloß Asyl, sondern eine neue Heimat.[91] Die Glaubensflüchtlinge kamen in Scharen; zeitweilig stammte jeder siebente oder nach anderen Berichten sogar jeder fünfte Berliner aus Frankreich.

Schon in ihrer alten Heimat bildeten die Hugenotten einen besonders dynamischen Teil der Bevölkerung und zogen dadurch den Neid, die Verfolgung auf sich, wie früher bereits die Mauren und die Juden in Spanien. Jetzt brachten sie ihre Fähigkeiten und Kenntnisse, ihre Leistungsbereitschaft mit; sie zeichneten sich als Landwirte, Handwerker und Kaufleute, als Beamte, Offiziere, Gelehrte, Künstler und Schriftsteller aus; ohne ihren Beitrag ist der Aufstieg

Preußens zum modernen Staat und zur europäischen Großmacht kaum vorstellbar.[92]

Wer das Beispiel beargwöhnt, weil es so weit aus der Vergangenheit stammt, sei in der Gegenwart an den Spitzensport verwiesen, an die Bundesligavereine des Fußballs und Basketballs, des Eishockeys und so fort. Da heißt man die jungen Leistungsträger aus Polen, Rußland, Tschechien, aus Kanada, den Vereinigten Staaten, Brasilien, Nigeria, Südafrika oder Neuseeland herzlich willkommen, und wenn es nötig ist, gelingt wie von Zauberhand sogar die kurzfristige Einbürgerung.

Warum eigentlich sollte im Bereich der Wissenschaft und Forschung, bei der Entwicklung neuer Ideen und ihrer Vermarktung nicht möglich sein, was im Sport bereits selbstverständlich ist? Warum keine deutschen Nobelpreisträger – wie in Amerika schon mehrfach – mit indischen oder japanischen Namen?[93] Auch die Wirtschaft sollte ihren Beitrag leisten. Wenn sie sich zunehmend im Ausland ansiedelt, liegt es doch nahe, daß sie dort auf Talentsuche geht und zu ihrem eigenen Nutzen einen Zustrom der Besten nach Deutschland in Gang bringt. Die unabdingbare Voraussetzung ist neben einer angemessenen Einbürgerungspolitik eben nur, daß wir selbst das Beste zu bieten haben, nämlich Universitäten und Hochschulen, die durch eine grundlegende Reform die Anziehungskraft zurückgewinnen, die sie einmal besaßen.

Die Entriegelung des Fortschritts

Wer den Wohlstand verteidigen will, darf die Herausforderungen der Zukunft nicht scheuen, sondern muß sich ihnen stellen. Heute gewinnt man manchmal den Eindruck, als wolle man das glücklich Erreichte mit Mauern umgeben und den Fortschritt, wie einst den gestrandeten Schiffsarzt Gulliver im Reich der Zwerge, mit tausend Zwirnsfäden fesseln. Aber die Mauern taugen so wenig wie 1940 die Maginotlinie, die die Franzosen aus ihrem Siegesmythos von Verdun sich erschufen, gegen die deutschen Panzerarmeen. Dabei trügt der Vergleich: In der Epoche der Weltkriege lief der technische Fortschritt noch langsamer ab als in der Gegenwart, und in die Zukunft hinein wird er sich weiter beschleunigen. In Deutschland jedoch muß vieles geschehen, um ihn aus seinen Fesseln zu erlösen.

Dem Forschungsminister kommt ein wichtiges, wahrscheinlich das wichtigste Amt zu, das zu vergeben ist. Später einmal – und womöglich zu spät – wird es wohl als unbegreiflich erscheinen, daß man hier keine Prioritäten zu setzen vermochte und in einer Zeit der Krise seine Mittel beschnitten hat, statt sie dramatisch aufzustocken. Noch schlimmer sieht es in den Bundesländern aus. Da gibt es zwar die Wissenschaftsminister, die die Hochschulen als ihre Sparkommissare verwalten, aber nirgendwo eine Institution, die Entwicklungsfragen bündelt und zur Lösung vorantreibt. Nur verzweifelte Bürgermeister legen allüberall »Technologieparks« an, in denen dann die Kaninchen sich tummeln, weil die Mittel und die Menschen längst anderswo festgelegt wurden. Um wieder ein militärisches Bild zu gebrauchen: Wenn man den Durchbruch in die Zukunft erkämpfen will, darf man nicht kleckern, sondern muß klotzen und gegen die Übermacht des Bestehenden alle Kräfte am rechten Angriffsflügel zusammenfassen.

Die Beschleunigung des Fortschritts hat damit zu tun, daß viel mehr Wettbewerber als früher im Rennen sind: mehr Länder, mehr Forscher und Forschungseinrichtungen, mehr Mittel und mehr Firmen, die bereit und imstande sind, neue Ideen schnell in die Praxis zu übertragen. Hier gilt wirklich und unerbittlich der Satz von Michail Gorbatschow: Wer zu spät kommt, den bestraft das Leben.

Deutschland hat einmal Maßstäbe gesetzt, als es darum ging, die wissenschaftliche Forschung systematisch voranzutreiben und aus ihren Entdeckungen Produkte zu entwickeln, die auf dem Weltmarkt verkauft werden konnten. Damit hat es vor hundert Jahren in der Chemie, der Pharmazie und in anderen Bereichen seine Vormachtstellung gegenüber Großbritannien begründet. Doch das ist lange her. Inzwischen, so scheint es, möchte man den Fortschritt durch Zeitverzug stoppen oder ihn jedenfalls zur Spaziergängergemütlichkeit drosseln. Im Bemühen, jedes Risiko auszuschließen, ist ein Gesetzes- und Verordnungsdschungel entstanden, in dem sich auf viele Monate oder auf Jahre verliert, wer ihn betritt. Ein fast beliebiger Zeitungsbericht vom Genehmigungsalltag mag Anschauung vermitteln; er handelt vom Landwirt Karl Kliem in Karben-Kloppenheim bei Frankfurt am Main:

»Vor drei Jahren hat Kliem rund eine halbe Million DM investiert und einen neuen Hühnerstall gebaut, hat es jedoch versäumt, zusätzlich zur Baugenehmigung einen Antrag beim Regierungspräsidium Darmstadt zu stellen. Denn sein Neubau zählt zu den Anlagen, die ›in besonderem Maße geeignet sind, schädliche Umwelteinwirkungen hervorzurufen‹, wie es in der Sprache der Juristen heißt, und bedarf einer Genehmigung nach Paragraph 4 des Bundes-Immissionsschutzgesetzes. Der Antrag wurde nachgeholt, er ist 70 Seiten dick, umfaßt Lagepläne und Querschnitte der Anlagen, enthält Ausführungen über Kotsammlung, Kottrocknung, Kotlagerung, beschreibt die Luftströme im Stall und gibt an, aus welcher Richtung nach Angaben des Wetterdienstes in Kloppenheim der Wind bläst. Ohne die Hilfe eines Agraringenieurs hätte Kliem das nicht geschafft. Doch trotz aller Mühe konnte Kliem die Behörde nicht zufriedenstellen. So wurde in den Nachforderungen beispielsweise bemängelt, daß auf Seite 23 unter 6.2.2 auf ›3. Futteraufbereitung‹ verwiesen wird, diese jedoch unter 6.2.3 zu finden sei oder der Kottrockner in der Legende mit ›W1‹ statt ›WT1‹ bezeichnet wird. Das Verfahren dauert derzeit noch an. – Wenn die Rede darauf kommt, geht das Temperament mit dem Landwirt durch. ›Das ist ein Hühnerstall und kein Atomkraftwerk‹, poltert er.«[94]

Dabei erzählt das Beispiel ja nicht vom umstürzend Neuen, dessen Risiko erst erforscht werden muß. Wenn es sich tatsächlich um die Weiterentwicklung der Atomenergie handelt, die mit einem Vielmilliardenaufwand öffentlicher Mittel zu ihrem heutigen Spitzenstandard entwickelt wurde, kann eigentlich nur gelten: Laßt alle Hoffnung fahren.

Hinzu kommt die Durchrechtlichung aller Vorgänge. »Rechtswege in Deutschland immer verworrener – Weltweit höchste Richterdichte«, lautete die Überschrift einer anderen Zeitungsmeldung.[95] Und wenn Bürgerverbände Betroffenheit bekunden und durch die Instanzen hindurch ihren Widerspruch einklagen, wie sie es unfehlbar tun, ist der Zeitverzug um Jahre fast schon garantiert, der im internationalen Wettbewerb auf die Verliererstraße führt.

Natürlich muß es eine vernünftige Güterabwägung geben. Nur der Dummkopf oder der aberwitzig Tollkühne, der jede Gefahr verlacht, als gäbe es sie nicht, gibt immerfort Vollgas, provoziert dann den Unfall und verbringt des Rest seines Lebens als Querschnittsgelähmter im Rollstuhl. Wer dagegen wie eine Schnecke kriecht, verursacht den endlosen Stau. Und wer auf dem Weg ins Neuland jedes Restrisiko ausschalten will, steigert den Zeitbedarf ins Unendliche und kommt niemals ans Ziel. Zugleich allerdings wächst die Gefahr fast zur Gewißheit, daß die Verteidigung des Wohlstands mißlingt und wir ebenfalls oder erst recht ins Unheil geraten.

Um ein Bild zu gebrauchen, das so grotesk ist wie der Sachverhalt, um den es geht: Wir sind auf dem Wege zu einer Nation, die sich ihre Querschnittslähmung vorbeugend selber verordnet, um den Unfall zu vermeiden, der sie verursacht.

Von der goldenen Mitte zwischen Tollkühnheit und Panik haben wir uns leider weit entfernt. Warum, so möchte man wissen, gibt es überhaupt noch diese Zwischeninstanzen preußischer Abkunft, die Regierungspräsidien, – die einzige Verwaltungsebene ohne demokratische Kontrolle? Warum sind sie in den Bundesländern nicht seit langem schon durch Zukunftsministerien ersetzt worden, die den Sachverstand zusammenfassen und eine zielbewußte Förderung des Fortschritts mit der Risikoprüfung verbinden?

Zugegeben, die Fragen sind naiv. Denn überall gilt »Parkinsons Gesetz«, das von der bürokratischen Arteriosklerose in England berichtet.[96] Je komplizierter und unübersichtlicher die Gesetze und Verordnungen sich gestalten, desto mehr Sachbearbeiter braucht man nun einmal, und je mehr Sachbearbeiter es gibt, desto dringender wird es, sie durch ihre offenkundige Arbeitsüberlastung zu rechtfertigen.

Wie schwer es fällt, Abhilfe zu schaffen, wird erkennbar, wenn man sich daran erinnert, daß in Bund, Ländern und Gemeinden die notorisch stärksten Parlamentsfraktionen nicht von der CDU/CSU oder SPD gestellt werden, sondern von den Beamten und Angestellten des Öffentlichen Dienstes, übrigens bei den »Grünen« noch ausgeprägter als bei der Union oder der FDP. Und der Öffentliche Dienst erweist sich als so wirtschaftsfern wie konjunkturresistent. Aber für die Verteidigung des Wohlstands geht es beim Überwuchern oder bei der Rodung des Dschungels um eine Frage von Überleben und Sterben. Entweder entriegeln wir den Fortschritt, indem wir ihn systematisch fördern statt behindern, oder wir sollten uns darauf einrichten, daß wir verarmen.

Zwei weitere Probleme seien nur kurz erwähnt. Erstens wird immer gesagt, daß die Existenzgründer mit neuen

Ideen wichtig sind. Und immer wird beklagt, daß sie es zu schwer haben und daß die Banken das Risiko scheuen, sie mit Gründerkrediten zu unterstützen. Aber warum, falls es so ist, sind beim Bund und bei den Ländern nicht längst die angemessenen Förderungsagenturen entstanden und mit den notwendigen Mitteln ausgestattet worden?[97]

Zweitens ist zu fragen, ob nicht im Rahmen des föderativen Systems der regionale Wettbewerb deutlich verstärkt werden müßte. Der angebliche Verfassungsauftrag des Grundgesetzes, überall für gleiche Lebensbedingungen zu sorgen (der ohnehin nicht erfüllt werden kann), fördert durch seinen Zwang zum Finanzausgleich zwischen den Bundesländern höchst fatal die Immobilität; er bestraft die Tüchtigen und belohnt die Untüchtigen.

Der Umbau des Steuer- und Sozialstaates

Es ist in aller Munde, daß der Staat »schlanker« werden soll. Ob damit mehr und Dauerhafteres erreicht wird als bei den alljährlichen Fastenkuren des Bundeskanzlers, ist allerdings die Frage. Ganz außer Frage steht dagegen, daß der Steuer- und Sozialstaat nach einem grundlegenden Umbau verlangt, wenn er den Anforderungen der Zukunft gerecht werden soll. Kann dafür die Steuerreform, um die man streitet, wenigstens als ein Anfang genügen? Jeder sieht und sagt sogar, daß sie notwendig ist. Und jeder protestiert und will sie verwässern, wenn die eigenen Vergünstigungen in Gefahr geraten.

Illusionslos muß man erkennen, um welch kraß widersprüchliche Anforderungen es geht. Erstens soll der Staat für die Zukunfts- und Fortschrittsförderung entschieden mehr leisten als bisher. Zweitens soll er die Abgaben verringern, vorab im Bereich der Lohnnebenkosten, um die Wirtschaft zu entlasten und ihr die Schaffung neuer Arbeitsplätze zu erleichtern. Drittens aber wird langfristig die Beschäftigungsquote auf jeden Fall sinken. Damit steigen die Anforderungen an den Sozialstaat, während die Einnahmen sich weiter vermindern. Wie läßt sich das alles vereinbaren? Viele Vorschläge sind im Umlauf, und es würde ein eigenes Buch füllen, sie zu erörtern. Hier kann es bloß darum gehen, Perspektiven für den Weg ins 21. Jahrhundert zu entwickeln; daß die Ziele nur in Teilschritten erreicht werden können, versteht sich.

Falls wir den Wunschträumen entsagen, gehört zum Anfang aller Überlegungen die Feststellung, daß der Sozialstaat in seiner bisherigen Form nicht zu halten ist – selbst dann nicht, wenn man ihn mit diesen oder jenen »Einschnitten« zurechtstutzt, seien sie sanft oder brutal. Seine Überlebensfähigkeit beruht auf zwei Voraussetzungen: Einerseits darf der Anteil der alten Leute, die versorgt werden müssen, gewisse Grenzwerte im Verhältnis zu den Jüngeren nicht übersteigen. Andererseits muß die große Mehrheit der Menschen im Alter zwischen 20 und 60 oder 65 Jahren Beschäftigung finden. Beide Voraussetzungen entfallen. Wir gehen der Altersgesellschaft entgegen, und die Beschäftigungsquote wird weiter und unerbittlich sinken. Mit 5 Prozent Arbeitslosen kann man auskommen; mit 10 bis 12 Prozent sind wir bereits in die Krise geraten. Doch in der weiteren Zukunft müssen wir mit 15 und dann wohl mit 20 Prozent rechnen; wahrscheinlich wird eines Tages sogar die Mehrheit der Bevölkerung im Beschäftigungsalter jedenfalls im bisherigen Sinne des Wortes ohne Beschäftigung sein.

Die einzig plausible Alternative zum bisherigen System, die sich langfristig anbietet, ist die Einführung einer einheitlichen Bürger- oder Grundrente für alle, die jeden vor unverschuldeter Not schützt, ergänzt durch die Grundversorgung im Krankheits- oder Pflegefall.[98] Als Alternative wird das Kapitaldeckungsverfahren vorgeschlagen[99], und eine Kombination bietet sich an.

Mit der Einführung dieses neuen und dem Auslaufen des alten Systems würde, nebenher bemerkt, der Staat wirklich und entschieden »schlanker« werden, weil es um ein sehr einfaches Prinzip ginge und man auf die bisherigen, höchst komplizierten und kostspieligen Apparaturen verzichten könnte; nicht einmal einen Sozialminister würde man streng genommen mehr brauchen. Denn alles übrige, etwa die Aufstockung der Grundrente durch zusätzliche Vorsorgeleistungen, fiele in die Verantwortung des einzelnen zurück, sogar für die Beamten und Angestellten des Öffentlichen Dienstes. Und wahrscheinlich ginge es nicht bloß um ein Nebenher, sondern um eine Hauptsache, um ein Aufsprengen der Entmündigung und Hörigkeit, in die wir geraten sind und die wir leider kaum mehr bemerken, weil sie sich eingeschliffen hat. Mit Wilhelm von Humboldt zu reden:

»Überhaupt wird der Verstand des Menschen doch, wie jede andre seiner Kräfte, nur durch eigne Tätigkeit, eigne Erfindsamkeit oder eigne Benutzung fremder Erfindungen gebildet. Anordnungen des Staates aber führen immer mehr oder minder Zwang mit sich, und selbst wenn dies nicht der Fall ist, so gewöhnen sich die Menschen zu sehr, mehr fremde Belehrung, fremde Leitung, fremde Hilfe zu erwarten, als selbst auf Auswege zu denken ... Noch mehr aber leidet durch eine zu ausgedehnte Sorgfalt des Staates die Energie des Handelns überhaupt und der moralische Charakter.«[100]

Am Beispiel des Öffentlichen Dienstes wird drastisch sichtbar, was der Umbau bewirkt. Die Pensionslasten entfallen, die sich ins Ungeheure türmen und die Bewegungsfreiheit des Staates immer weiter, bis zur Lähmung, einengen. Allerdings braucht die Umstellung viel Zeit. Die heutigen Pensionäre und die aktiven Beamten oder Angestellten zumindest bis zu den mittleren Jahrgängen hinunter haben ein

Anrecht darauf, daß es bei der bisherigen Regelung bleibt, schon weil sie sich nicht darauf einstellen mußten, eigene Vorsorgeleistungen zu erbringen. Um so wichtiger ist es, daß der Umbau sehr bald beginnt; mit jedem Jahr, das ungenutzt vertan wird, verfinstern sich die Horizonte der Zukunft. Wie eine Firma krank ist, die tief und immer tiefer in die roten Zahlen gerät, so ist es auch der Staat, der bei einem mittleren, keineswegs negativen Konjunkturverlauf ohne das Schuldenmachen in dreistelliger Milliardenhöhe nicht mehr auskommt.

Was nun die Finanzierung angeht, dürfte viererlei wichtig sein. Erstens müssen die Tarife der Lohn- und Einkommensteuer ebenso wie die Lohnnebenkosten ermäßigt werden und gemäßigt bleiben; mit seinem Einkommen soll der einzelne ja einen größeren Teil seiner Vorsorge bestreiten als bisher. Mit der Abnahme der Beschäftigung wird das einschlägige Steueraufkommen ohnehin weiter zurückgehen. Das Schwergewicht muß daher, mit deutlicher Erhöhung, auf die Verbrauchssteuern verlagert werden, wohl auch mit ökologischen Komponenten, die uns zu einem sinnvollen Sparverhalten erziehen.

Zweitens gehört zur wirtschaftlichen Entwicklungstendenz, daß der Anteil menschlicher Arbeit an den Produktionsleistungen sinkt. Entsprechend die Kosten, selbst wenn das Lohnniveau konstant bleibt oder noch mäßig steigt. In der Utopie, von der die Rede war, nähern sich die Arbeitskosten dem Nullpunkt, während die Gewinne um so kräftiger steigen. Man hat darum schon die Einführung einer Maschinensteuer vorgeschlagen. Aber sie ist doppelt unsinnig. Einerseits wäre es unerhört kompliziert, sie zu erheben: Wie überhaupt soll man abertausende von verschiedenen Gerätetypen bewerten? Andererseits würde der technische Fortschritt nicht gefördert, sondern behindert, auf den es ankommt. Um so stärker kann man die Gewinne besteuern.

Denn nur die Betriebe werden belastet, die überhaupt schwarze Zahlen schreiben. Falls sie aber in erhöhte Investitionen ausweichen: um so besser. Denn damit leisten sie ihren Beitrag zur Sicherung unserer Zukunft.

Drittens sei an die riesigen Vermögenswerte erinnert, sie sich in privaten und zu einem Hauptteil in alten Händen angesammelt haben. Daß man sie stärker als bisher zur Deckung des Steuerbedarfs heranzieht, ist unerläßlich, wenn die Altersgesellschaft gesichert werden soll, ohne die jüngeren Generationen mit einer Bürde zu befrachten, die sie nicht mehr tragen können. Die »vertikale« Finanzierung des Alters durch die Nachwachsenden ist also durch einen »horizontalen« Ausgleich innerhalb des Alters zu ergänzen: An der stark progressiven Besteuerung privater Vermögen und Erbschaften führt kein Weg vorüber.

Viertens muß als ehernes Prinzip gelten: Jede Erhaltungssubvention ist des Teufels, die das Bestehende verfestigt, statt es in Bewegung zu bringen. Ebenso muß der Dschungel der Steuerbegünstigungen nicht nur gelichtet, sondern radikal gerodet werden. Denn sie machen das Besteuerungssystem so unerhört kompliziert, wie es heute sich darstellt, und ihr groteskes Ergebnis ist, daß diejenigen am wenigsten Steuern zahlen, die am meisten verdienen.

Dies alles mag nicht sehr bequem sein. Wenn wir aber weiterhin träge dahindämmern oder es bei der sterilen Aufgeregtheit, beim puren Gezänk, bei der wechselseitigen Blockade von Bundestags- und Bundesratsmehrheiten belassen, werden wir den Kampf um die Zukunft verlieren. Wir werden unseren Wohlstand nicht verteidigen, sondern im Elend versinken, und statt uns umsichtig vom Höhenrausch zu verabschieden, werden wir im selbsterzeugten Schwindel den Halt verlieren und schreckensvoll in die Tiefe stürzen.

Die Verteidigung der Freiheit

Die Verteidigung des Wohlstands ist wichtig, aber die der Freiheit ist es erst recht. Das wissen wir aus bitterer Erfahrung und dürfen es niemals vergessen: Die Preisgabe des Rechts und der Freiheit hat uns die Gewaltherrschaft, den Krieg und den millionenfachen Mord, kurz die deutsche Katastrophe beschert, moralisch mehr noch als materiell, die in der Geschichte der modernen Zivilisation ohne Beispiel ist.

Zu den Erfahrungen unserer neueren Geschichte gehört aber auch, daß der Bestand der Freiheit an das Wohl oder Wehe der Arbeitsgesellschaft gekettet war. Die frühen Krisenjahre der Weimarer Republik, angefüllt mit Putschversuchen von rechts und von links, waren gekennzeichnet durch die immer schnellere Entwicklung der Inflation, die 1923 ihren bizarren Höhepunkt erreichte.[101] Doch der Währungsreform folgte Beruhigung; die Nationalsozialistische Deutsche Arbeiterpartei, kurz NSDAP, erreichte bei den Reichstagswahlen vom Mai 1924 zwar einen Stimmenanteil von 6,5 Prozent, aber sieben Monate später bloß noch 3 und 1928 nur 2,6 Prozent. Es handelte sich, so schien es, um eine bedeutungslose Splittergruppe aufgeregter Schreihälse.

Dann begann im Herbst 1929 die Weltwirtschaftskrise. Die Arbeitslosigkeit verdoppelte sich von 1,6 Millionen im Oktober 1929 auf 3,2 Millionen bereits im Januar 1930 und erreichte ihren Höhepunkt von 6,1 Millionen im Februar

1932. Mit dieser Arbeitslosigkeit schwoll die NSDAP zur Massenbewegung an: Bei der Reichstagswahl vom September 1930 sprang sie auf 18,3 und am 31. Juli 1932 auf 37,3 Prozent; sie bildete jetzt die mit Abstand stärkste Partei. Gleichzeitig wuchsen die Kommunisten von 10,6 Prozent 1928 auf 16,8 Prozent im November 1932. Gemeinsam bildeten NSDAP und KPD im Reich und in vielen Ländern eine negative Mehrheit; für das parlamentarische Regierungssystem gab es fortan keine Chance mehr.[102]

In kaum dreieinhalb Jahren trug also der Zerfall der Arbeitsgesellschaft Hitler zur Macht. »Deutscher Arbeiter, ans Werk!« hieß darum seine Parole. Es folgte die massive öffentliche Arbeitsbeschaffung, sei es um den Preis rasch wachsender Staatsverschuldung, der Lehrbuchweisheit von John Maynard Keynes schon vorweg und im genauen Gegensatz zur Sparpolitik Heinrich Brünings.[103] Die stets massivere Aufrüstung schloß sich an.[104] Mit beidem wurde ein rascher Abbau der Arbeitslosigkeit erreicht: von 29,9 Prozent im Jahresdurchschnitt 1932 auf 1,9 Prozent 1938 oder von 5,6 Millionen auf einen Restbestand von wenigen Hunderttausend. Dabei gab es noch einen starken Zugang aus den »Reservearmeen« sowohl der Landwirtschaft, deren Beschäftigtenzahl von 1933 bis 1939 um 1,4 Millionen sank, als auch der Frauen mit einem Anstieg ihrer Berufsarbeit um 1,3 Millionen – allen Parolen von »Blut und Boden« und von der Familien- und Mutterrolle der Frau zum Hohn. Wenn darum die Beschäftigungskrise Hitler ins Kanzleramt führte, dann hat der Triumph der Arbeitsgesellschaft ihn zum kaum umstrittenen, inbrünstig umjubelten Führer gemacht.

Im internationalen Vergleich nimmt sich die deutsche Vorkriegsbilanz noch eindrucksvoller aus. In den westlichen Industriestaaten kam die wirtschaftliche Erholung nur schleppend in Gang und wurde seit 1937 von einer neuen Rezession erstickt. In Großbritannien lag die Arbeitslosigkeit 1932 bei 22,1 Prozent und 1938 bei 12,9 Prozent. Am schlimmsten erging es den Vereinigten Staaten: 1932 erreichte die Arbeitslosigkeit 34 Prozent und 1938 mit 26,4 Prozent schon wieder eine furchterregende Größe.

Der Vergleich zeigt indessen den dramatischen Unterschied: In England und Amerika hielten die politischen Institutionen ihrer Herausforderung stand, in Deutschland nicht; fast auf den Tag zeitgleich mit Hitlers Machtergreifung trat Franklin Delano Roosevelt sein Amt als 32. Präsident der Vereinigten Staaten an, der eine Erneuerung, nicht die Vernichtung der Demokratie versprach.[105]

Die deutsche Schicksalsverbindung von Arbeitsgesellschaft und politischer Ordnung läßt sich auch noch in der Nachkriegsgeschichte erkennen. Die Entwicklung und Festigung der Bundesrepublik ist von ihrem wirtschaftlichen Aufstieg nicht zu trennen, mit dem ein nie gekannter Wohlstand und die Vollbeschäftigung erreicht wurden. Nicht Konrad Adenauer, sondern der Mann des Wirtschafts-»Wunders«, Ludwig Erhard, war die populärste Figur. Als aber in der Mitte der sechziger Jahre eine – vergleichsweise milde – Rezession den Aufschwung unterbrach, trat sofort wieder der Rechtsradikalismus auf den Plan: Die NPD hielt in mehreren Landtagen Einzug und scheiterte vor den Toren des Bundestages nur knapp an der Fünf-Prozent-Hürde. In der Antwort auf die wirtschaftliche Herausforderung entstand 1966 für drei Jahre die Große Koalition aus CDU/CSU und SPD, die unter der Federführung von Franz Josef Strauß als Finanzminister und Karl Schiller als Wirtschaftsminister das Wachstum und die Vollbeschäftigung bald wiederherstellte und – eben damit – den Rechtsradikalismus erfolgreich bekämpfte.

Im Grunde immer noch wesensverwandt stellte sich die Entwicklung in der DDR dar. Sie wurde sogar ausdrücklich als Arbeitsgesellschaft definiert – und zwar als die wahre, gerechte und darum im Vergleich zur Bundesrepublik weitaus bessere Arbeitsgesellschaft; aus ihr stammte die sozialistische Verheißung, der – dem Anspruch nach – die politische Ordnung nur als »Überbau« diente. Zu den praktischen Errungenschaften, auf die man mit Stolz verwies, gehörte die Vollbeschäftigung. Den eigentlichen und unerbittlichen Maßstab bildet allerdings der Arbeitserfolg, und an ihm gemessen versagte die DDR. Sie blieb hinter dem übermächtigen Konkurrenten im Westen immer weiter zurück. Nur durch den Bau der Berliner Mauer konnte sie sich vorläufig retten und zerbrach mit ihr im Herbst 1989.

Inzwischen hat sich das Bild verändert: Die historischen Erfahrungen, so scheint es, haben ihre Geltungskraft verloren. Die Arbeitslosigkeit erreicht Rekordhöhen wie in der Zeit der Weltwirtschaftskrise nach 1929, doch bisher ist die politische Ordnung nicht ernsthaft beschädigt worden. Zwar ist vom Verlust der Glaubwürdigkeit die Rede, der die Parteien und die Parlamente ebenso in Mitleidenschaft zieht wie die Regierung und die Opposition. Keiner Seite traut man viel zu. Aber eine akute Gefahr läßt sich kaum erkennen. Die rechte Randpartei der »Republikaner« ist nach kurzem Aufschwung wieder in die Bedeutungslosigkeit zurückgefallen, wie einst die NPD. Und der Fremdenhaß traf auf den Widerstand nicht nur der politisch bestimmenden Kräfte, der Justiz und der Massenmedien, sondern auch einer Vielzahl von engagierten Bürgern; die Brandfackeln wurden ausgetreten und von den Lichterketten überstrahlt, die zur Toleranz und zur Versöhnung riefen.

Wie soll man die Veränderung deuten? Haben die politischen Institutionen ein Eigengewicht gewonnen, das sie standfest macht – und wodurch? Genügte der Gewöhnungsprozeß einiger Nachkriegsjahrzehnte? Sind wir endlich und unwiderruflich Demokraten geworden?

Aus ihrer gründlichen Untersuchung des Wandels deutscher Einstellungen und Verhaltensweisen seit den Anfängen der Bundesrepublik haben Martin und Sylvia Greiffenhagen schon 1979 eine optimistische Schlußfolgerung abgeleitet: »Gelingt es, die ideologische Verhärtung zwischen den Parteien aufzulösen, die Furcht vor der linken Gefahr zu bannen und jenes Maß an Gelassenheit zu finden, das allein demokratisches Leben garantiert, dann wird die Bundesrepublik eine Politische Kultur ausbilden, die sich in kurzer Zeit nicht mehr von den alten Demokratien Europas und Nordamerikas unterscheiden wird.[106]

Offenkundig ist jedenfalls, daß die Sklavenketten sich gelockert haben oder gesprengt wurden, die in der Geschichte des 20. Jahrhunderts das Wohl oder Wehe der politischen Ordnung so eng an den Stand der Vollbeschäftigung oder der Arbeitslosigkeit fesselten. Ob das allerdings der Stärke unserer demokratischen Kultur zuzuschreiben ist, bleibt die Frage. Vielleicht handelt es sich, höchst unerwartet, um die positiven Folgen, die sich aus dem Verfall der Arbeitsgesellschaft ergeben. Wenn nämlich immer weniger Menschen in der Arbeit noch die Mitte und die Sinnerfüllung ihres Lebens finden[107], dann reagieren sie auch nicht mehr so kurzschlüssig wie bisher mit politischem Radikalismus, falls sie arbeitslos werden.[108] Die Politik und ihre Institutionen gewinnen die Autonomie, die ihnen bisher fehlte.

Wenn aber die Arbeitsgesellschaft nicht mehr sinnbestimmend wirkt, was dann? Gibt es etwas, was sie beerbt hat und unsere Identität begründet, etwa einen »Verfassungspatriotismus« der Freiheit und des Rechts, der sich lebenskräftig selbst trägt und der Verteidigung kaum noch bedarf?[109] Es wäre höchst leichtsinnig, sich darauf zu verlassen, denn viele Wegweiser deuten in eine andere Richtung. Um so wichtiger wird es, die Zeichen der Zeit kritisch zu prüfen.

»Wir wollten Gerechtigkeit, und wir bekamen den Rechtsstaat.« Dieser Satz stammt aus den Reihen der ehemaligen

Bürgerrechtler, die durch ihre Zivilcourage die DDR zum Einsturz brachten. Er drückt die Mißstimmung, die Enttäuschung aus, die dem Jubel der Wiedervereinigung folgte. So wurde er auch verstanden, so immer wieder zitiert – und kaum irgendwo kritisiert. Aber darf man den Rechtstaat derart ins Abseits rücken? Was überhaupt ist die Gerechtigkeit? Jeder fordert sie, als sei er ihr Hüter oder der Erbpächter, jeder die seine – und schlägt dann mit ihr wie mit einer Keule auf den Andersdenkenden ein.

Der Rechtsstaat stellt sich, eher glanzlos, als eine Verfahrensordnung dar. Auf der Grundlage der bestehenden Gesetze sollen Streitfälle entschieden werden. Die Gesetze wurden von fehlbaren Menschen gemacht, und auch Richter sind Menschen, die manchmal Fehlurteile fällen. Darum gibt es Revisionsmöglichkeiten durch die Instanzen hindurch. Und weil man immerfort mit der Fehlbarkeit rechnen muß, gibt es die Fülle der Verfahrensregeln. Ein Richter kann wegen Befangenheit abgelehnt werden, wenn seine eigenen Interessen ins Spiel kommen oder er eine vorgefaßte Meinung bekundet, die das Verfahren berührt; der Angeklagte braucht einen Verteidiger und darf nicht nach Gesetzen verurteilt werden, die es zum Zeitpunkt seiner Tat noch nicht gab, und so fort.

Ob am Ende eines Verfahrens die »Gerechtigkeit« siegt, wie die eine oder andere Partei sie versteht, bleibt nicht dann und wann, sondern dem Prinzip nach offen. Für den Rechtsstaat gibt es ein anderes und recht verstanden ein edleres Ziel: die Herstellung des Rechtsfriedens. Sie wird um so eher gelingen, je weniger die Parteien, wie Michael Kohlhaas, sich auf ihre persönlichen Vorstellung von der Gerechtigkeit versteifen und zum »Widerstand« rufen, falls sie auf dem Rechtsweg unterliegen.

Wie das Recht, so die Verfassungsordnung der Freiheit. Auch sie beruht auf Verfahren[110], und deren praktisch wichtigste Regel besagt, daß die Mehrheit entscheidet. Daß sie gegenüber der Minderheit die Vermutung höherer Weisheit auf ihrer Seite hat, sollte niemand unterstellen. Immer muß es uns möglich bleiben, von hanebüchener Torheit zu reden und für eine Änderung der Beschlüsse durch neue Mehrheiten so zu kämpfen wie der Anwalt für seinen Mandanten: Die Revisionsinstanz des demokratischen Verfahrens ist die nächste Wahl.

Doch offenbar treibt es uns dazu, verfahrensfremde Maßstäbe zu setzen und dem Andersdenkenden zu unterstellen, daß er des Teufels und ein Verfassungsfeind sei. In diesem Sinne hat Robert Leicht schon vor Jahren sarkastisch gesagt: »Jedermann als Reaktionär oder als linkssozialistischen Kollektivisten zu bezichtigen, ist zwar an sich schon ein schönes Verdammungsurteil, aber zündend hört es sich erst an, wenn der Betroffene außerdem nicht mehr auf dem ›Boden des Grundgesetzes‹ steht, also nicht nur politisch, sondern zudem ›rechtskräftig‹ verurteilt ist. Die Gegenreaktion liegt auf der Hand: Weil es politisch nicht gerade förderlich ist, derart gebrandmarkt zu sein, schwört nun wieder jeder Stein und Bein aufs Grundgesetz, alle auf denselben Artikel, so daß außer großem verbalem Aufwand nicht mehr gewonnen ist, als eine heillose Verdeckung des eigentlichen politischen Konflikts.«[111] Die politische Auseinandersetzung wird durch das Freund-Feind-Verhältnis ersetzt, von dem man dann auch noch behauptet, daß es den Inbegriff des Politischen darstellt.[112]

Gewiß, unsere Verfassung kennt den Verfassungsfeind. Denn den Vätern des Bonner Grundgesetzes, den gebrannten Kindern der Gewaltherrschaft, erschien die Weimarer Republik als grundsatzlos, als »relativistisch«. Sie entwarfen darum die »wehrhafte« Demokratie: Die wichtigsten Verfassungsprinzipien wurden dem Mehrheitszugriff entzogen, der »Wesensgehalt« der Grundrechte für unantastbar erklärt und das Bundesverfassungsgericht zum Hüter bestellt. Nach

Artikel 18 verwirkt die Grundrechte, wer sie »zum Kampfe gegen die freiheitlich demokratische Grundordnung mißbraucht«.

Aber war es wirklich dieser Relativismus, der die Weimarer Republik zerstörte? War es nicht weit eher die Tatsache, daß kaum jemand sich auf ihn einlassen wollte und daß fast alle politische Parteien oder Bewegungen, vorab die Kommunisten und die Nationalsozialisten, sich mit ihren Weltanschauungen zu Vernichtungsfeldzügen panzerten? Damit allerdings entstand die Situation des schwelenden oder offenen Bürgerkrieges, dem schließlich die Diktatur ein Ende machte – oder, genauer: den sie mit der Verfemung und Verfolgung ihrer wirklichen oder vermeintlichen Feinde, mit Konzentrations- und Vernichtungslagern zu seiner abgründigen Konsequenz entfesselte.

Eine Verfassungsordnung der Freiheit wird nur dann möglich und notwendig, wenn es keine inhaltlich bestimmten Traditionen, Glaubens- und Sinnkonstruktionen, Wahrheiten und Werte mehr gibt, über die alle einig sind und auf die man jeden verpflichten kann, der zu den Mitbürgern zählen soll. Am Anfang der Neuzeit standen die Religionskriege, die aus der Glaubensspaltung der Christenheit durch Reformation und Gegenreformation aufsprangen und durch keine Gemetzel oder Vertreibungen an ein Ende zu bringen waren. Einzig die Einübung der Toleranz, der zunächst einmal schmerzhafte Verzicht auf die Überwältigung des vermeintlichen Irr- oder Unglaubens durch die für wahr gehaltene Lehre, bot den rettenden Ausweg. Hier ist darum der historische Ausgangspunkt für die Entwicklung moderner Verfassungsordnungen der Freiheit zu suchen.

Um so finsterer und eindringlicher sind wir im 20. Jahrhundert über die Möglichkeiten des Rückfalls belehrt worden. Die Glaubensenergien, die das Christentum nicht mehr band, brachen vernichtend ins innerweltliche Leben ein und ergriffen Politik und Gesellschaft.[113] Wenn dann erst ein Führer die »Vorsehung« kommandiert oder eine Monopolpartei die Wahrheit und das Sinnziel der Geschichte verwaltet, ist die Freiheit verloren, weil jedes Abweichen und Anderssein als Verbrechen gebrandmarkt wird.

Diese Erfahrung sollte uns für die Zukunft wappnen: Selbst wenn irgendwer, ein Prophet, eine Versammlung der Weisen, eine wohlorganisierte Partei oder eine spontane Bürgerbewegung, über die Wahrheit verfügte und die Gerechtigkeit in ihren Händen hielte, wäre dennoch jeder Anspruch, daraus ein Recht auf die Durchsetzung abzuleiten, bedingungslos zurückzuweisen. Denn damit verkäme die Wahrheit schon zur Propaganda und zur Lüge, die Gerechtigkeit zur Gewalt und zum Unrecht, wie der Bürger zum bekenntnispflichtigen Untertanen. »Ein Staat, der sagt, was gut und schön, richtig und wahr ist, ein Staat, der vorgibt, ein Hort menschlicher Wärme zu sein, kann nur repressiv für seine Bürger, lähmend für eine lebendige Entwicklung, lächerlich und hassenswert für die Außenstehenden sein.«[114]

Was wirklich wichtig ist und woraus sich die unantastbaren Grundrechte ableiten, sagt unsere Verfassung in ihrem ersten Artikel: »Die Würde des Menschen ist unantastbar. Sie zu achten und zu schützen ist die Verpflichtung aller staatlichen Gewalt.« Die Würde wird dadurch begründet, daß der Mensch, um mit Herder zu reden, der erste Freigelassene der Schöpfung ist und daß die Waage des Guten und Bösen, des Falschen und Wahren in ihm hängt: »Er kann forschen, er soll wählen.« Er trägt die Verantwortung für das, was er sagt oder tut, und niemand, kein Vormund von Gottes oder selbsternannten Gnaden, darf sie ihm entwenden.

Hier allerdings und nur hier beginnen die rechtmäßige und unverzichtbare Wehrhaftigkeit der Demokratie und die

Verteidigung der Freiheit gegen ihre Feinde. Vor zwanzig Jahren gab es in der Bundesrepublik eine hitzige Debatte über sogenannte Grundwerte[115]. Doch um es boshaft zu sagen: Sie sind verfassungswidrig, falls sie, vom Staat, von Glaubensgemeinschaften, von Parteien oder wem auch immer verordnet, für die Gesamtheit der Bürger als inhaltliche Festlegungen verbindlich gemacht werden. Aufgezwungene Werte verwandeln sich gespenstisch in Unwerte; sie zerstören die Würde, die Mündigkeit, die Freiheit des Menschen zu seiner eigenen Entscheidung und Verantwortung. Oder noch pointierter: Die Verteidigung der Freiheit setzt den Unglauben als Verfassungsprinzip voraus; einzig dieser amtliche Unglaube öffnet das Tor zum Glauben, der uns selbst und keinem Vormund gehört.

Mit anderen Worten: Die Verteidigung der Freiheit verlangt, daß wir alle Monopolansprüche auf das Gute und Gerechte, auf die Wahrheit und den wahren Volkswillen entschieden zurückweisen. Denn man bedenke die Konsequenz etwa der folgenden Behauptung, die aus der Hochzeit der Friedensbewegung im Kampf gegen die Raketen-»Nachrüstung« stammt:

»Was aber besagen Mehrheiten – in der Perzeption der Minderheiten – schon angesichts einer ›drohenden Selbstvernichtung‹? Was ist das, was apathische, ignorante ›Akklamationsmehrheiten‹ und ihre Repräsentanten in solcher Situation tun, anderes als ›Parteinahme für den Tod, die Vernichtung, ohne daß ihnen das voll bewußt (wäre)‹? Vermag in einer solchen Situation der Hinweis auf bestehende Mehrheitsverhältnisse wirkliche Legitimität zu begründen, oder hat er nicht allenfalls arithmetischen und statistischen Wert für die Vertreter eines (überholten) quantitativen Demokratieverständnisses?«[116]

Apathie und Ignoranz auf der einen, der bösen, Einsicht und Wahrheit auf der anderen, guten Seite: Das läuft nicht

172

bloß auf den Abschied von einem überholten Demokratie-
verständnis hinaus, wie es sich mit der Mehrheitsregel verbindet, sondern auf den Abschied von der Freiheit überhaupt.[117] Denn wenn die eigene Position als die einzig noch
rettende dargestellt und die Gegenposition mit Untergangsängsten besetzt und verteufelt wird, dann muß man gegen
die Mehrheitsentscheidung zum Widerstand im Grunde mit
allen Mitteln aufrufen und gelangt so paradox wie folgerichtig zur Gewalt für den Frieden.[118] Zugleich kehrt auf fatale
Weise, sozusagen in seiner Umstülpung nach »unten«, zur
»Basis« hin, der Obrigkeitsstaat zurück, in dem selbster-
nannte Eliten uns vorschreiben, was wir zu denken und zu
tun haben und was nicht.

Warum, möchte man wissen, falls wir doch Demokraten
geworden sind, mischt sich hierzulande so oft Verachtung in
die Behauptung, daß das System der politischen Freiheitsre-
geln »bloß formal« sei?[119] Das ist es, und das mag spröde
klingen. Doch genau darin liegt sein Vorzug; an der Forma-
lität hängt die Chance der Minderheiten. Nur weil die Be-
fugnis der Mehrheit »bloß formal« begründet wird, steht es
uns frei, ihre Entscheidungen für falsch und ihre Gesetze für
unsinnig zu halten und uns für die Revision des Falschen
und Unsinnigen einsetzen. Wer daher von den eigenen
Überzeugungen oder »Anliegen« her bei jeder Gelegenheit
den Gewissensnotstand erklärt und mit ihm zum Widerstand gegen Mehrheitsentscheidungen aufruft, der handelt
höchst leichtfertig.

Für wen eigentlich, wenn nicht für die Minderheiten und
zum Schutz der Schwächeren, sind die »bloß formalen« Regeln wirklich wichtig? Wer die Mehrheit und die Macht hat,
ist auf die formgerechten Verfahren weit weniger angewie-
sen. Er kann, wenn es zum Äußersten kommt, diktieren,
was geschehen soll – und natürlich wird er es im Namen des
Guten und der Wahrheit, des Volkes und der Gerechtigkeit

tun. Wenn aber der Mächtige sich aus den Verfahrensregeln der Freiheit und des Rechts erst einmal losgerissen hat, dann triumphieren, wie nach der »Machtergreifung« von 1933, die Willkür und die Gewalt.

Vielleicht werden wir wieder an unseren Ausgangspunkt zurückgeführt: Untergründig hängen die Verachtung einer »bloß formalen« Verfahrensordnung und der Mangel an »Glaubwürdigkeit«, den man den politischen Institutionen bescheinigt, mit dem Zerfall der Arbeitsgesellschaft zusammen. Wenn es nämlich zur positiven Konsequenz dieses Zerfalls gehört, daß die politischen Prozesse und Institutionen autonom werden, dann zur negativen, daß die Menschen ihre traditionellen Bindungen verlieren. Damit werden Kräfte entfesselt, die sich gleich wieder zum Angriff auf die Autonomie des politischen Systems formieren.

Wie denn sonst? Wer seine Bestimmung und Erfüllung nicht mehr in der Arbeit findet, muß das Leben anderswo befrachten, damit es »Tiefgang« gewinnt. Es beginnt eine fast verzweifelte Sinnsuche: Irgendwo möchte man doch seinen Ankergrund entdecken, etwas, für das der Einsatz sich lohnt. Dieses oder jenes »Anliegen« wird aufgegriffen und mit dem gehörigen Engagement versehen, freilich auch schnell wieder aufgegeben; die Enttäuschung lauert überall. Aber die Vielfalt der Bürgerinitiativen und Bewegungen – etwa für die Frauenemanzipation oder die Rettung der Natur –, die sich im letzten Vierteljahrhundert in Deutschland entwickelte, haben tatsächlich mit der Sinnsuche zu tun. Nicht selten spürt man religiöse Energien, denen der traditionelle Glaube unter dem Kreuz Christi keinen Halt mehr bietet und die nun innerweltlich einerseits das Unheil entdecken, das die Ängste besetzen – und andererseits das Heil, dem die Sehnsüchte gelten. Man erinnere sich an die »Risikogesellschaft«, wie Ulrich Beck sie beschrieben hat, und an ihren Wahlspruch: »Ich habe Angst.« Die Angst macht es wichtig, »Betroffenheit« zu bekunden und an ihr die Glaubwürdigkeit nachzumessen.

Die Verteidigung der Freiheit und des Rechts, wenn sie sich bloß als Verfahrensordnung darstellt, muß die Unheils- und Heilserwartungen zwangsläufig enttäuschen. Ein entschiedener Liberaler, der Bundespräsident Walter Scheel, hat den Sachverhalt bündig formuliert: »Die Demokratie kann und will ihren Bürgern nicht ihren Lebenssinn, handlich verpackt, liefern; den müssen sich die Bürger schon selber suchen.«[120]

Ganz gewiß gibt es letzte und existenzbestimmende Fragen, die weder durch Mehrheiten noch durch Gerichte entschieden werden dürfen. Wir können nicht abstimmen und nicht einmal das Bundesverfassungsgericht anrufen, um festzustellen, ob es Gott gibt oder nicht gibt und welche Folgerungen für die Ordnung des Gemeinwesens daraus abzuleiten sind.

Nein, die letzten Fragen müssen dem einzelnen und den Glaubensgemeinschaften überlassen bleiben. Wer sie politisiert, riskiert den religiösen, modern ausgedrückt den weltanschaulichen Bürgerkrieg. Alle Entscheidungen nach der demokratischen Mehrheitsregel erfordern deshalb Zurückhaltung: Sie sollten auf vorletzte, praktische Fragen beschränkt bleiben. Diese Einsicht trägt das mühsam in Jahrhunderten errichtete und immer wieder vom Einsturz bedrohte Kulturgebäude der Toleranz, das die Heimstatt der Freiheit ist.

Es gibt indessen eine neudeutsche Neigung zur Versetzung der Grenzsteine. Das Vorletzte wird zum Letzten umgedeutet. Zum Streit um die Atomenergie kann man beispielsweise lesen: »Es sollte klar sein, daß in dieser Frage der Hinweis auf formaldemokratische Verfahren nicht mehr ausreicht, um Legitimitätsüberzeugungen zu begründen. Genauso wenig, wie sich religiöse Minderheiten im 17. Jahrhun-

175

dert – in England und in den Niederlanden – durch Mehrheitsbeschlüsse von ihren Glaubensüberzeugungen abbringen ließen, lassen sich heute Gegner der Nukleartechnologie ... davon überzeugen, daß wir ›in die Steinzeit‹ zurückfallen, wenn wir auf diese technologische Möglichkeit verzichten, und daß sie sich aus diesem Grunde dem Mehrheitsvotum beugen müssen.«[121]

Zu den unmittelbaren Folgen gehört eine Auflösung des Rechtsbewußtseins. Im Kampf gegen die Nukleartechnologie bemüht man die Gerichte. Wenn ihre Urteile so ausfallen, wie man möchte, ist es gut. Wenn nicht, schreitet man zum Widerstand und blockiert die Zufahrten nach Gorleben.

Aber es geht um mehr. Der religiöse Vergleich kommt kaum von ungefähr, und er macht das Verrücken der Grenzsteine dramatisch sichtbar. Im Grunde doch praktische, technologische Streitfragen besetzen unversehens den Raum, in dem es einst um den Glauben an Gott ging. Wie soll man sich damit zurechtfinden? Die Toleranz, wie sie zuerst und beispielgebend in den Niederlanden entwickelt wurde[122], beruht auf einem zweiseitigen und wechselbezüglichen Lernprozeß. Die Mehrheit lernt es, ihre Macht zu zügeln und das Glaubensbekenntnis der Minderheiten zu achten. Die Minderheiten lernen, daß in weltlichen Angelegenheiten die Mehrheit entscheidet. Nur aus diesem doppelten Verzicht entsteht ein Gemeinwesen, in dem man sich miteinander einrichtet, ohne Bürgerkriege zu führen.

Im angeführten Beispiel bedeutet das Verrücken der Grenzsteine in praktische Weltfragen hinein, daß die Minderheit ihren Teil des Toleranzvertrages aufkündigt. Sofern die Mehrheit der Versuchung widersteht, darauf ihrerseits mit der Kündigung, das heißt mit einer Verkürzung der Freiheitsrechte für die Minderheiten und mit dem Einsatz ihrer Machtmittel zu antworten, entsteht eine Lähmung politischer Handlungsfähigkeit – und eine fatale Gewöhnung daran, daß man es mit den »bloß formalen« Freiheits- und Rechtsregeln nicht so genau nehmen muß. Im übrigen wird nicht nur das politische Handeln blockiert, sondern auch die wirtschaftliche Zukunftsfähigkeit zerstört, wenn man wissenschaftliche und technologische Probleme wie religiöse Sinnfragen behandelt und sie mit Heilserwartungen oder Untergangsängsten besetzt; der Niedergang ist dann unausweichlich.

Im Sinne der Toleranzprinzipien beginnt unterdessen ein negativer Lernprozeß[123]: »Die Bereitschaft, bestimmte Normenverstöße und Verhaltensweisen grundsätzlich zu verurteilen, ist kontinuierlich zurückgegangen.«[124] Unter den Bundesbürgern, die im November 1990 jünger als dreißig Jahre waren, hielten nur noch 48 Prozent der Westdeutschen und 46 Prozent der Ostdeutschen die Achtung der Gesetze für ein Gebot, auf das die Demokratie nicht verzichten kann.[125] Jeder vierte Bundesbürger schließt bei der Durchsetzung wichtiger politischer Ziele die Gewaltanwendung nicht mehr aus.[126] Und nur 46 Prozent befürworten das staatliche Gewaltmonopol – eine bereits brüchige Mehrheit gegenüber den 39 Prozent, die es ablehnen.[127] Es überrascht nicht, daß die Gesamtentwicklung mit der Auflösung oder Neuorientierung religiöser Kräfte im Zusammenhang steht: Die Entfernung aus traditionellen kirchlichen Bindungen bildet einen Gradmesser der wachsenden Gewaltbereitschaft.[128]

Eine weitere und wichtige Frage sei hier noch erörtert: die der Reversibilität, der Umkehrbarkeit politischer Entscheidungen. Die populäre und auf den ersten Blick einleuchtende These besagt, daß Mehrheitsentscheidungen nur dann legitim sind, wenn sie zurückgenommen werden können. Denn wenn die im Augenblick bestimmende Mehrheit die Zukunft nicht dadurch versperren darf, daß sie durch einen Umsturz der demokratischen Spielregeln ihre Herrschaft unkontrollierbar auf Dauer stellt, dann muß es ihr erst recht verboten sein, in Sachfragen Entscheidungen zu treffen, die unwiderruflich sind. Die Gegner der Kernenergie gewinnen hier eines ihrer Argumente: Wir können den atomaren Abfall zwar irgendwo und angeblich sicher vergraben, aber ihn auf Jahrhunderte oder Jahrtausende nicht mehr aus der Welt schaffen. Ähnlich begründen sich Zukunftsängste gegenüber der Gen-Technologie und anderen Entwicklungen.

Aber hält die These einer Überprüfung stand? Alles Leben steht unter dem Gesetz des unerbittlichen, niemals umkehrbaren Ablaufs der Zeit. Jeder von uns sieht sich vor Entscheidungen gestellt, hinter die es kein Zurück mehr gibt, zum Beispiel in der Bindung an andere Menschen oder in der Trennung von ihnen. Letztlich geht es um die conditio humana: Wir sind sterbliche Wesen und wissen es. Erst der Tod schafft dem Leben Gewicht, denn ohne ihn bliebe es gespenstisch irreal. Wiederholungen wären nach Belieben denkbar; wir tändelten sozusagen stets nur auf Probe und könnten nicht anders. Mit uns selbst oder mit Mitmenschen gingen wir um wie mit Geräten, mit Ton- oder Bildkassetten, die man nach Laune zurückspult und neu bespielt. Erst im Schatten des Unwiderruflichen entdecken wir das Gewicht, die Würde des Menschseins und den Ernst unserer Verantwortung. Die heute modische »Selbstverwirklichung« ist keine, wenn sie auf diesen Ernst sich nicht einläßt.

So überall. Die Geschichte ist ein unumkehrbarer Prozeß; in allen Lebensbereichen fließen ins Handeln die Grundelemente des Unwiderruflichen ein. Das gilt auch für Wissenschaft und Technik. Die Erfindung der Dampfmaschine, der Bau der Eisenbahnen, die Einführung des Telefons oder des Computers haben Verhältnisse geschaffen, hinter die es ein Zurück nicht mehr gibt. Und selbst wenn wir die Atomraketen verschrotten und die Kernkraftwerke stillegen, bleibt das Wissen, wie man sie herstellt, das die Kontrolle gebietet. Wie ein Amerikaner bündig gesagt hat: »We cannot un-learn.«

Mit anderen Worten: Wer die Umkehrbarkeit politischer Entscheidungen fordert, verlangt das Unmögliche, das im genauen Sinne Un- oder Übermenschliche. Die einschlägigen Argumente dienen in Wahrheit nur dazu, das Handeln zu lähmen. Sie wecken und rechtfertigen die Angst vor allem Neuen, das vom Bestehenden fortreißt. Diese Einsicht redet nicht dem Leichtsinn das Wort, sondern drängt zur Verantwortung für die Zukunft.

Doch werden wir ihr genügen? Die Befunde dieses Kapitels wecken den Zweifel. Es mag ja sein, daß der Zerfall der Arbeitsethik als Sinnbegründung des Lebens, als deutsche Ersatzreligion, die politischen Institutionen von dem Bleigewicht befreit, das sie einst in die Tiefe riß, doch für ihre Selbstbehauptung aus eigener Kraft ist damit wenig gewonnen. Die Auflösung traditioneller Bindungen setzt zugleich aber Kräfte in Bewegung, die Verwirrung statt Orientierung stiften: die Untergangsängste und Heilsbegierden, die ziellos mit den gerade herrschenden Meinungswinden dahintreiben, wie Schiffbrüchige auf einem Floß, und irgendwo die rettende Insel, ihren neuen Ankergrund zu finden hoffen.

Die Ängste und Begierden wenden sich auch dem Gemeinwesen zu und befrachten die Verfahrensregeln der Freiheit und des Rechts mit Erwartungen, die sie nicht erfüllen, sondern nur enttäuschen können. Sofern die Institutionen jedoch nachgeben, statt sich als standfest zu erweisen, droht die politische Lähmung, ein Verlust der Handlungsfähigkeit, weil überall Vetogruppen Einfluß gewinnen, die ihre Bestätigung im Widerstand finden, zu dem sie sich berufen fühlen. Zumindest zu einem Teil – und womöglich in der Tiefendimension – könnte der deutsche Niedergang darin beschlossen liegen.

Doch wie kann man die Freiheit verteidigen? Wie wieder

den Mut zur Zukunft wecken? Leider gibt es keine preiswerten Rezepte. Oder vielmehr: Es gibt sie im Übermaß. Allüberall wird in Aufrufen und Reden von den Politikern die Entschlossenheit zum weitsichtigen Handeln und von den Bürgern die Besonnenheit eingefordert. Aber erreicht wird sehr wenig. Unsere Überlegungen laufen darauf hinaus, daß man indirekt ansetzen muß. Nur wenn es gelingt, aus dem Zerfall der Arbeitsgesellschaft neue Formen und Inhalte für ein lohnendes Leben zu entwickeln, wird es möglich sein, die Ängste zu lindern und die Sinnbegierden aufzulösen, die die Freiheit bedrohen. Von den möglichen Antworten handelt das folgende Kapitel.

Auf der Suche nach neuen Lebensformen

Wer die bisherigen Ausführungen aufmerksam las, mag glauben, daß die Darstellung sich in einen Widerspruch verwikkelt hat. Auf der einen Seite war von der Verteidigung des Wohlstands die Rede. Zu ihr braucht man die Entriegelung des Fortschritts, die Leistungsmöglichkeiten und die Lust an der Leistung, kurz Arbeitseliten und eine Arbeitsethik im durchaus traditionellen Sinne. Auf der anderen Seite wurde gezeigt, daß die Arbeitsgesellschaft zerfällt und daß alle Versuche scheitern müssen, die sie verteidigen wollen.

Der Widerspruch löst sich auf, wenn es nicht um ein Entweder-Oder, sondern um das Nebeneinander, nicht um den eindimensionalen Wertewandel, sondern um die Entwicklung einer Wertevielfalt geht. Wir brauchen die Hingabe an die Arbeit, aber zugleich auch neue Lebensformen, die sich aus der Tyrannei der Arbeitsgesellschaft losreißen. Denn für immer mehr Menschen bedeutet diese Tyrannei, daß ihre Selbstachtung zerstört wird, weil sie zu den Ausgestoßenen gehören, die niemand mehr braucht.

Recht verstanden handelt es sich sogar um ein doppeltes Bedingungsverhältnis. Wie zu zeigen war, bringt der Wandel der Arbeitsgesellschaft Ängste in Umlauf, die das Recht und die Freiheit ebenso bedrohen, wie sie den Mut zur Zukunft, die Kraft zu durchgreifenden Reformen und die Verteidigung des Wohlstands blockieren. Nur wenn es gelingt, Entwürfe für ein sinnvolles, lohnendes Leben auch außerhalb der beruflichen Arbeit zu entwickeln, können die Ängste gebannt werden, die sich auf den Wandel beziehen, ihn anhalten wollen und eben damit ins Unheil führen. Umgekehrt setzt die erfüllte Muße den Triumph der Arbeitsgesellschaft im Sinne einer Abschaffung oder jedenfalls drastischen Verminderung der Arbeit ebenso schon voraus, wie einen Mindeststandard des Wohlstands. Denn die blanke Not lehrt vielleicht beten, aber kaum das Genießen.

Mit anderen Worten: Für unseren Weg ins 21. Jahrhundert ist es wichtig, daß *neben* der Arbeitsgesellschaft eine Mußegesellschaft entsteht, die keine Beschäftigungstherapie, kein Lückenbüßer ihrer Schwester mehr ist, sondern die Verwirklichung menschlicher Ansprüche auf Würde und Selbstachtung eigenständig und vollgültig durchsetzt.

Manchmal wird auf das weite Feld sozialer Dienstleistungen, auf Nachbarschaftshilfen und ehrenamtliche Tätigkeiten verwiesen, und ohne Zweifel sind sie wichtig genug: Viele Menschen finden hier eine Befriedigung, die es innerhalb der »normalen« Arbeit immer weniger gibt. Aber sind insgeheim nicht doch noch Kompensationen gemeint, die sich aus der traditionellen Berufswelt bestimmen? Und wird mit ihnen das soziale Engagement womöglich um das Beste gebracht, das es bieten könnte, wenn es aus seinem eigenen Recht sich entwickelte? Muß man darum nicht radikaler ansetzen?

Eine Mußegesellschaft entwerfen: Das klingt exotischer als es ist. Zu allen Zeiten und in allen Kulturen, auch in unserer eigenen, war einst die Muße das Ziel. Sie galt als Bedingung eines erfüllten, aktiven und des einzig menschenwürdigen Lebens, das sich aus seiner Versklavung durch die Arbeit befreite.[129] Erst die protestantische Kulturrevolution am Beginn der Neuzeit änderte die Vorzeichen, als sie die aktive Muße zum inhaltsleeren Müßiggang und zum Ursprung aller Laster umdeutete; erst mit diesem protestantischen Bannfluch wurden alle Lebensformen, die Muße voraussetzen, ihres Rechtes beraubt. An ihre Stelle sollte die innere Berufung zur Arbeit treten – sogar dort, wo Arbeit der Not gehorchte und nicht dem eigenen Antrieb.[130] Am Ende geriet auch die Frei-Zeit unter das Gebot, sie für die Wiederherstellung der Arbeitskraft zu nutzen; nur unter dieser ausdrücklichen oder stillschweigenden Voraussetzung durfte man über sie ohne Skrupel selber verfügen.[131] Aber sogar die Arbeitsgesellschaft der Neuzeit hat den uralten Menschheitstraum von der Heimkehr in den Paradiesgarten der Muße nie ganz ausrotten können.

Wer geschichtliche Anschauung sucht, findet in England ein Beispiel. Die große puritanische Revolution um die Mitte des 17. Jahrhunderts, die nach einem blutigen Bürgerkrieg den König Karl I. 1649 aufs Schafott führte, wollte nichts mehr zulassen als das Gebet und die Arbeit. Aber mit der Restauration von 1660 brach der aufgestaute Drang geradezu demonstrativ wieder hervor, Feste zu feiern, Spiele zu spielen und sportliche Wettkämpfe zu veranstalten – verbunden mit der Wettleidenschaft, die das »Mutterland des Sports« bis heute charakterisiert[132]: Eben doch nur mit Vorbehalten ist in England eine Arbeitsgesellschaft entstanden.

Zur deutschen Sozialgeschichte gehört der lange – und lange vergebliche – Kampf fürsorglicher Behörden gegen die ausladenen Bauernhochzeiten, mit der die meist armen Leute sich manchmal um Haus und Hof feierten. Doch gerade in der Zwangslage der Armut gehörte der »überflüssige« Festesaufwand zu den unentbehrlichen Zeichen der Freiheit und der Würde, mit denen die Menschen wenigstens auf Zeit über die Kargheit triumphierten. Man denke auch an die überschwengliche Gastfreundschaft alter Bauernvölker, die der Besucher nicht ärger kränken kann, als wenn er ihre Annahme verweigert, weil er den armen Leuten nichts wegessen will. Was aber die neuzeitliche Arbeitsgesellschaft in Deutschland erreichte, war alles in allem nur, daß sie die Muße mit dem schlechten Gewissen durchtränkte und damit unsere Fähigkeit verkrüppelte, sie mit einem aktiven und lohnenden Leben zu erfüllen.

Wer also für die Zukunft eine Mußegesellschaft entwirft, wirbt recht verstanden nicht für das umwälzend Neue und Unbekannte, sondern für die Rückkehr zu altehrwürdigen Menschheitsvorstellungen. Dabei ist allerdings ein grundlegender Unterschied zu beachten. In der Vergangenheit gab es die Muße in der Regel nur für die wenigen statt für die vielen, für aristokratische Oberschichten und nicht für die Massen; entsprechend wurden die Mußeaktivitäten geprägt. Noch der gelehrte Demagoge Heinrich von Treitschke hat aus dem Verhältnis von Minderheit und Mehrheit ein unabänderliches Naturgesetz ableiten wollen, als er erklärte: »Die Masse wird immer die Masse bleiben müssen. Keine Kultur ohne Dienstboten. Es versteht sich doch von selbst, wenn nicht Menschen da wären, welche die niedrigen Arbeiten verrichten, so könnte die höhere Kultur nicht gedeihen. Wir kommen zu der Erkenntnis, daß die Millionen ackern, schmieden und hobeln müssen, damit einige Tausend forschen, malen und dichten können. Das klingt hart, aber es ist wahr und wird in alle Zukunft wahr bleiben.«[133]

Tatsächlich war die Muße ein seltenes und entsprechend kostbares Privileg. Die Privilegierten haben es erbittert verteidigt – und mitunter staunenswert genutzt: Bismarck zum Beispiel, als er nach 1871 in Personalunion deutscher Reichskanzler, preußischer Ministerpräsident und als sein eigener Außenminister ein Fuhrmann Europas war, hat fast die Hälfte seiner Amtszeit gar nicht im Amt, sondern in der Abgeschiedenheit seiner Waldbesitzungen von Varzin oder Friedrichsruh verbracht. Übrigens gehörte er, wie die meisten seiner Standesgenossen und natürlich der Fürsten, zu den leidenschaftlichen Jägern; der Kampf um die Jagdrechte bildet in der neueren Revolutionsgeschichte einen oft übersehenen, aber wichtigen Teil.[134] Hier zeigen sich die Unterschiede zwischen Vergangenheit und Zukunft drastisch genug: Der Entwurf einer demokratischen Mußegesellschaft wird schwerlich darin Genüge finden, daß er Rebhühner und Rehe für vogelfrei erklärt.

Zur Geschichte der Neuzeit gehört als ein Grundthema der Kampf um die Gleichheit. Der Protestantismus protestiert gegen die Ungleichheit vor Gott, wie sie in der katholische Kirchenhierarchie mit Priester- und Papsttum sich ihm darstellt; fortan soll dem Prinzip nach jeder sein eigener Priester und »unmittelbar zu Gott« sein. Die brandenburg-preußischen Kurfürsten und Könige vernichten die Herrschaft der Stände, wie der »Soldatenkönig« Friedrich Wilhelm I. erklärt: »Ich ruiniere die Junkers ihre Autorität; ich komme zu meinem Zweck und stabilisiere la souraineté wie einen rocher von bronce.« Der Adel wird zu einer Dienstleistungselite umgeformt. Die Französische Revolution proklamiert die Gleichheit der Bürgerrechte und hilft ihrer Durchsetzung mit der Guillotine nach. Der Kapitalismus schafft die Gleichheit der Konsumenten; um zu wiederholen, was Schumpeter gesagt hat: »Königin Elisabeth [I.] besaß seidene Strümpfe. Die kapitalistische Leistung besteht nicht typischerweise darin, noch mehr Seidenstrümpfe für Königinnen zu erzeugen, sondern sie in den Bereich der Fabrikmädchen zu bringen als Entgelt für fortwährend abnehmende Arbeitsmühe.«[135] In der Entwicklung der modernen Demokratie geht es um die Durchsetzung des allgemeinen und gleichen Wahlrechts, später um die Chancengleichheit im Bildungswesen. Karl Marx und seine Nachfolger wollen statt der bürgerlichen, »bloß formalen« die reale Gleichheit durch die Abschaffung des Privateigentums an den Produktionsmitteln herstellen. Die moderne Medienrevolution vollendet sich, wenn weltweit jeder die gleichen Fernsehprogramme sehen kann und auf den Datenautobahnen der Zukunft freie Fahrt hat.

Zum Grundthema der neueren Geschichte hat Alexis de Tocqueville schon 1835 gesagt: »Die Entwicklung zur Gleichheit ist ein Werk der Vorsehung; sie trägt deren Hauptmerkmale: sie ist allgemein, sie ist von Dauer, sie entzieht sich täglich der Macht der Menschen; die Geschehnisse wie die Menschen dienen alle ihrer Entwicklung … Das vorliegende Buch ist völlig unter dem Eindruck einer Art von religiösem Erschauern geschrieben, das den Verfasser beim Anblick dieser unaufhaltsamen Revolution befiel, die seit Jahrhunderten über alle Hindernisse hinweg fortschreitet und die wir heute inmitten der Ruinen, die sie geschaffen hat, weiter vorrücken sehen.«[136]

Die historische Entwicklung zur Gleichheit kann niemand zurücknehmen; wer es dennoch versucht, entfesselt die Barbarei, wie im nationalsozialistischen Wahn von der Herrenrasse und den Untermenschen. Für jeden Zukunftsentwurf einer Mußegesellschaft bildet die Gleichheit den Ausgangspunkt. Das schließt die Vielfalt nicht aus, sondern ein. Wie zur Demokratie die Wahlfreiheit gehört, so auch die Möglichkeit, unter den Lebensentwürfen, die man für sinnvoll hält, eine Auswahl zu treffen – oder sie selbst zu erfinden. Da allerdings die moderne Gesellschaft die Erfahrungen mit der lohnenden Muße zerstört oder verschüttet hat, ist es ein Gebot der Klugheit, die Brauchbarkeit älterer Vorbilder zu prüfen; vielleicht birgt die menschliche, menschheitliche Erinnerung Schätze der Weisheit, die man nur ans Licht heben muß.

Und wer eigentlich soll uns in die Mußegesellschaft führen? Etwa die traditionellen Macht- und Wirtschaftseliten? Nein, gewiß nicht. Mit allen ihren Fasern sind sie der Arbeitsgesellschaft verbunden; anders als noch für Otto von Bismarck mit seiner Verwurzelung in den ostelbischen Adelstraditionen beruht ihr Selbstbewußtsein, ihr ganzes Prestige darauf, keine Zeit überflüssig zu verschwenden und von Termin zu Termin jede Minute zu nutzen; sogar das Joggen oder Schwimmen, das Familienleben und der Urlaub gehören als Auftankstationen zur Arbeit.

Oder soll man an intellektuelle Gegeneliten denken? Schon im Jahre 1975 hat der Soziologe Helmut Schelsky dazu ein Buch geschrieben, das zum Bestseller wurde.[137] Es beschäftigt sich mit diesen Gegeneliten und bescheinigt ihnen, daß sie »Sinn-Produzenten« für ein alternatives Leben jenseits der Arbeit seien. Allerdings handelt es sich um ein zorniges, anklagendes Buch: Indem die Intellektuellen sich zu Herren der Sinnvermittlung aufschwingen, beuten sie die Frei-Zeit der Menschen ebenso aus, wie sie alle produktiven Leistungen der Arbeitseliten nach Kräften verteufeln, von deren Erträgen sie als Parasiten zugleich und höchst einträglich leben. Fast werden hier die Intellektuellen so abgeurteilt wie einst die Juden von den Antisemiten:

»Die Sinn-Produzenten stellen die unproduktive, ihrerseits die Güter-Produzenten ausbeutende Klasse dar.« Und »die geisteswissenschaftlich-literarische-ästhetische Gruppe verteidigt mit ihrer Leistungsdiffamierung ihr eigenes Unproduktivitätsprivileg und macht daraus einen Klassenherrschaftsanspruch.« Weitgehend scheint das Unheil schon vollendet zu sein: »An die Stelle der Krupp und Ballin, der Thyssen und Flick und ihren Generaldirektoren und Aktionären als personhaften Symbolen der Ausbeutung des ›Reiches der Notwendigkeit‹, also der produktiven Arbeit, sind heute als sozialmächtige Konkurrenz doch längst die Böll und Grass, die Marcuse und Mitscherlich mit ihren intellektuellen ›Showmastern‹, ihren Freizeitverdienern und ihren Agenten unter Ministern und Abgeordneten getreten.«[138]

Wir erwähnen diesen Ausfall, weil er den Blick auf Kommendes richtet: Es dürfte kaum ausbleiben, daß die Entwicklung einer Mußekultur bei all denen Irritationen auslöst, die noch in der Arbeitsgesellschaft ihren Platz finden – und erst recht bei den traditionellen Eliten, die sie repräsentieren. Diese Irritationen könnten sich zu Angriffen verdichten, wie denn ja auch alle bisherigen Erprobungen alternativer Lebensentwürfe sich entweder als harmlose Verirrungen, als Spinnereien, oder als gemeingefährlich abgestempelt sehen. Um so wichtiger wird die Einsicht, daß eine Mußekultur die Arbeitsgesellschaft in Wahrheit nicht gefährdet, sondern ergänzt und sie von dem Anspruch befreit, das Ganze zu sein, den sie nicht mehr und immer weniger tragen kann.

Werden nun die Intellektuellen, die Künstler und Literaten uns in die Mußekultur führen? Daß sie ihren Beitrag leisten, ist wahrscheinlich. Schelsky spricht, obwohl abschätzig, von »Sinn-Produzenten« und liefert damit den Hinweis: Es geht um Entwürfe für ein lohnendes Leben. Aber man sollte wohl nicht zuviel erwarten. Auch Kultureliten sind in die Betriebsamkeit verflochten, die zur Arbeitsgesellschaft gehört. Ohnehin kommt es entscheidend darauf an, daß viele und immer mehr Menschen das Neue selbst und in der Praxis erproben. Dabei dürfte die jüngere Generation wichtiger sein als die ältere, deren Vorstellungen und Gewohnheiten schon vor Jahren oder Jahrzehnten sich formten, und man sollte die jungen Leute nicht abschrecken, sondern ermutigen: Eure Phantasie an die Macht! Im folgenden geht es weniger um Inhalte und Einzelheiten, als um die Voraussetzungen, die Rahmenbedingungen einer Mußekultur.[139]

Die technische und die natürliche Zeit

Das Zeitbewußtsein bestimmt unsere Existenz; es prägt die conditio humana. Es schafft im doppelten Sinne Abstand vom Bann des Augenblicks: Wir wissen von der Vergangenheit, wir haben Geschichte, und wir wissen vom Morgen, der kommen wird; wir kennen den Tod. So entsteht, als Befreiung aus dem Andrang des »Jetzt«, das Ich als eigene Gestalt. Aber das menschliche Zeitbewußtsein kann ganz unterschiedlich aussehen.

Was die Geschichte der modernen Arbeitsgesellschaft kennzeichnet, ist die Entwicklung eines im technischen Sinne immer präziseren Zeitbewußtseins, mit der Tendenz, das ganze Leben nach abstrakten Zeitplänen zu organisieren – und zwar auf die Zukunft hin. »Wie spät ist es?« heißt die stets wiederkehrende Frage, aus der Sorge geboren, daß wir den Zug der Zeit versäumen, der dann ohne uns abfährt. Man sagt nicht zuviel, wenn man feststellt, daß die Uhr das eigentlich zentrale Instrument, die Zeit-Maschine die bestimmende Maschine unserer Zivilisation ist. Übrigens auch eine der ersten: Vom 13. Jahrhundert an kommen Uhren mit Hemmung und Gewicht in Gebrauch, zunächst in Klöstern und etwas später in den Städten als Turmuhren, die die Stunden schlagen. Das ist kein Zufall; für den Mönch geht es um die Hora, die Stunde zum Stundengebet, für den städtischen Handelsherrn um Gesprächs- und Liefertermine.

Im Jahre 1493 beginnt in Nürnberg am Kirchturm von St.Sebaldus der Viertelstundenschlag, wie zum Symbol für den Beginn der Neu-Zeit; im Jahr zuvor hatte Kolumbus seine große Entdeckungsreise angetreten. Und wiederum in Nürnberg entwickelt Peter Henlein um 1510 eine Taschenuhr zum Mittragen, sozusagen den Ahnherrn oder die Ahnfrau unserer Armbanduhren.[140] Gut zweihundert Jahre später, im 18. Jahrhundert, berichtet Voltaire aus dem sportversessenen England von Stoppuhren, die die Sekunden ticken. Inzwischen sind wir im Sport bei der Hundertstel- oder Tausendstel-Sekunde angekommen – und in wissenschaftlich-technischen Grenzbereichen zu Einheiten vorgestoßen, die sich der Anschauung ebenso entziehen wie auf der Gegenseite die kosmischen Größenordnungen der Millionen oder Milliarden Lichtjahre.

Wichtiger als die Meßgeräte sind die sozialen Voraussetzungen und Folgen. In ihrem stets weiter ausgreifenden Beziehungsgeflecht *ist* die moderne Arbeitsgesellschaft wesentlich Zeitorganation, und aller Fortschritt hat damit zu tun, daß sie immer genauer gelingt. Die neueste Kostensenkung in Produktion und Handel beruht zum Beispiel darauf, daß die Vorprodukte oder Waren »just in time«, exakt zum benötigten Zeitpunkt geliefert werden. Noch vor kurzem hätte man diese Präzision nicht für möglich oder für zu riskant gehalten; darum verließ man sich lieber auf die eigene, aber kostspielige Vorratshaltung. Entsprechend erhöht sich freilich die Störanfälligkeit nicht nur der Arbeitsvollzüge, sondern der Gesellschaft insgesamt. Ein Bauerndorf alter Art war darauf eingerichtet, daß der Winter es für Wochen oder manchmal für Monate von der Außenwelt abschnitt; heute versinken wir umgehend im Chaos, falls jemand die Stromzufuhr unterbricht.

Wir haben uns an die moderne Zeitorganisation gewöhnt; sie gehört zu unserem Selbstverständnis. Aber was sie eigentlich bedeutet, zeigt der Kontrast. In einem schon etwas älteren Bericht aus Mexiko heißt es: »Diejenige Haltung, die dem Indio den Ruf der Faulheit und Haltlosigkeit eingetragen hat, ist einzig seine Unpünktlichkeit, sein Mangel an Zeitsinn, oder wie immer man es nennen mag. Er lebt nach seinem eigenen Rhythmus, auf seiner eigenen Zeitebene. Die Vergangenheit ist wirklich, sie ist gewesen, wir alle haben sie gestern gesehen. Auch die Gegenwart ist wirklich, ist heiß oder kalt, wir haben gegessen oder nicht gegessen, jedes Menschen Körper oder Magen kann das ohne Zögern entscheiden. Aber das Morgen ist hypothetisch, es existiert nicht, ist völlig unwirklich, und Dinge, die unwirklich sind, haben keine bestimmten Dimensionen und keine bestimmte Zeitdauer. ›Ich komme morgen‹, sagt ein Indio und kommt vier Monate später – oder vielleicht auch fünf. Dennoch hat er nicht gelogen, hat weder betrogen noch versucht zu betrügen. Er hat nichts anderes getan, als daß er seine Gedanken auf das Unwirkliche richtete. Und wie in aller Welt könnte man etwas definieren, was nicht existiert?«[141]

Hier, in unserer Arbeitsgesellschaft, bestimmen die technisch exakten Maßeinheiten, mit denen wir uns auf die Zukunft, die kommenden Erfordernisse einrichten, dort die Geschicke der Vergangenheit und der Gegenwart, die das Dasein gestalten: Vielleicht nicht so scharf ausgeprägt wie im mexikanischen Beispiel, aber deutlich genug hat es diesen Kontrast, das andere Zeitbewußtsein einst auch in Europa, auch in Deutschland gegeben. Weit bis ins 19. Jahrhundert hinein lebte die Mehrheit der Menschen in ihrem »eigenen Rhythmus« – oder, genauer: in dem der Natur. Um zu wissen, wann es Zeit war für Aussaat und Ernte, brauchten sie weder Terminkalender noch Uhr, vielmehr die Erfahrung, die das Abtrocknen des Ackers und die Reife des Korns nach dem Stand der Dinge befragte. Man könnte von einer *natürlichen* Zeit sprechen, im Unterschied zur *technischen*, die wir bestimmen und die über uns gebietet. Ihr Kennzeichen ist nicht das lineare Fortschreiten, das immerfort ungültig macht, was gestern noch galt, sondern die Wiederkehr des Vertrauten im Kreislauf der Tages- und Jahreszeiten, von Geburt und Tod. Daher die überragende Bedeutung der ererbten und von Generation zu Generation weitergegebenen Erfahrungen.

Die Einordnung in die technische Zeit hat uns viel gegeben und manches genommen. Sehr verkürzt ausgedrückt: Sie hat uns zum Aufstieg, zur Weltbemächtigung, zum Wohlstand verholfen, aber uns kaum zufrieden, geschweige denn glücklich gemacht. Wie sollte sie auch, da doch ihr immerwährendes Fortschreiten kein Verweilen erlaubt?

Insgeheim wissen wir das sogar. Womöglich stammt da-

191

her der Drang zum Verreisen, in den Süden und immer weiter in die Ferne hinaus: Irgendwo, so vermuten wir, muß es doch den anderen Lebensrhythmus noch geben, der das Glück verheißt. Aber die Urlaubsreise verbleibt unter dem Diktat des Terminkalenders; er gebietet, sich so schnell wie möglich mit Sonnenbräune und »Erlebnissen« auszustatten. Selbst der »Abenteuer«-Urlaub wird von Touristikunternehmen umsichtig geplant. Und der Verdacht drängt sich auf, daß die Einheimischen, die uns freundlich bedienen, hinter unserem Rücken oder erst nach unserer Abreise sich dem Lebensgenuß hingeben, den wir bei ihnen nicht finden.[142]

Natürlich enthält diese Darstellung ein gehöriges Stück Karikatur, aber hinter ihr verbirgt sich ein ernsthafter Sachverhalt. Keine Mußekultur läßt sich unter der Herrschaft der technischen Zeit entfalten. Das gilt beim Rückblick in die Geschichte ebenso wie für die Zukunft. Zum Konkurrenzkampf, zum unerbittlichen »Vorwärts!«, das die Arbeitsgesellschaft bestimmt, gehört *die Knappheit der Zeit als Prinzip*: Zeit ist Geld. Diese Knappheit schließt das Verschwenden aus, das die Zeit ohne jede Spur von Gewissensbissen entweder verträumt oder sie mit Aktivitäten füllt, die im Sinne einer Nutzanwendung für die Mehrung des Wohlstands als überflüssig erscheinen. Aus dieser Quelle stammt die Intoleranz der neuzeitlichen Kulturrevolution, ihre auf immer neuen Stufen immer neu hervorbrechende Gewaltbereitschaft gegenüber den »Mußeklassen«.[143] Aber womöglich noch wirksamer war der Bannfluch: Müßiggang ist aller Laster Anfang. Denn er wurde verinnerlicht. Damit wirkt er sich verheerend aus; er zerstört die Selbstachtung all derer, die keine Arbeit mehr haben.

Auf den Weg in die Zukunft leitet uns folgerichtig nur der historisch um einen wichtigen Schritt weiterführende Lernprozeß der Toleranz: Die Arbeitsgesellschaft muß den Absolutheitsanspruch zurücknehmen, den sie nicht mehr erfüllen kann; sie muß dulden, daß Menschen aus der technischen Zeit sich befreien und in die natürliche heimkehren. Wir wollen nun Möglichkeiten dieser Heimkehr zumindest in Umrissen beschreiben.

Zeitverschwendung oder Die Kultivierung des Indirekten

Die einfachste Lösung, den direkten Weg zum Ziel finden: Das ist der Inbegriff des technischen und wirtschaftlichen Fortschritts. Rationalität, Vernünftig- oder Verständigsein stellt sich als Rationalisierung dar; es kommt darauf an, mit immer weniger Aufwand in immer kürzerer Zeit immer mehr zu leisten. Alles andere erscheint als sträflicher Leichtsinn und Luxus. Denn nur so kann man im Konkurrenzkampf, im »schöpferischen Sturm der Zerstörung« bestehen.[144] Aber es handelt sich nicht nur um Technik und Wirtschaft; im Grunde geht es um die Moderne schlechthin. Die Nötigung zur Direktheit erfaßt alle Lebensbereiche, am Ende bis ins Intimste: »Zur Sache, Schätzchen!«

In seinen Erinnerungen an »die Welt von gestern« erzählt Stefan Zweig von einer Tante, »die in ihrer Hochzeitsnacht um ein Uhr morgens plötzlich wieder in der Wohnung ihrer Eltern erschien und Sturm läutete, sie wolle den gräßlichen Menschen nie mehr sehen, mit dem man sie verheiratet habe, er sei ein Wahnsinniger und ein Unhold, denn er habe allen Ernstes versucht, sie zu entkleiden. Nur mit Mühe habe sie sich vor diesem sichtbar krankhaften Verlangen retten können.«[145]

Solch eine Fehlvollendung puritanisch prüder Erziehung könnte uns nicht mehr unterlaufen. Wir sind stolz darauf, mit den nackten Tatsachen des Lebens vertraut zu sein, und sehen die Sexualität pur als eine Errungenschaft an, die wir auf der Habenseite unserer Emanzipation und Aufgeklärtheit verbuchen. Nur die rechte Lust will sich nicht einstellen; etwas seltsam Unfrohes, um nicht zu sagen Barbarisches haftet an dieser Form von Befreiung, die schon wieder ihre Unfreiheit, den Zwang zum banalen oder groben Vollzug und zu bloßer Leistung gewissermaßen als ihren Vollstreckungsbefehl mit sich führt. Immer weniger gibt es die Erotik, die das Spannungsverhältnis der Geschlechter nicht sofort zur Entladung treibt, sondern es aushält, indem sie Direktheit und Indirektheit, Verhüllung und Enthüllung, Verweigerung und Hingabe zur spielerisch heiteren Balance kultiviert. Freilich gehört »zur Sache« dieses Spiels die Verschwendung der Zeit, die wir als Zöglinge der Moderne nicht mehr positiv deuten, sondern verurteilen. Entsprechend tun wir uns mit allem Leisen und Langsamen schwer, wie etwa der Zärtlichkeit.[146]

Im geschichtlichen Rückblick kann man Vorstufen der Entkultivierung, des Absinkens in die Barbarei erkennen. Vielleicht niemals hat die Mußekultur eine solche Höhe erreicht wie in der höfischen Gesellschaft des 18. Jahrhunderts. Darum soll Talleyrand gesagt haben, daß niemand, der nicht vor 1789 gelebt habe, überhaupt wisse, was das Leben sein könne – getragen von der Kunst, es zu genießen. Genau dafür schleppte man dann die Damen und Herren des Ancien régime aufs Blutgerüst und legte ihnen den Kopf vor die Füße. Und während man das tat, wurden in den Straßen von Paris Auszüge aus den Schriften des Jean-Jacques Rousseau verlesen.[147] »Zurück zur Natur!« sollte fortan die Parole sein.

Rousseau hat das niemals gesagt. Und noch in einem tieferen, anthropologischen Sinne handelt es sich um ein Mißverständnis. Als bloßes, in jedem Sinne nacktes Naturwesen wäre der Mensch gar nicht lebensfähig; die natürliche Künstlichkeit gehört zur conditio humana wie die vermittelte Unmittelbarkeit.[148] Diese dialektische Struktur wird im Prozeß der Moderne noch einmal überformt. Denn dieser

Prozeß zielt auf die Entdeckung und Nutzung der Natur – und schafft eben damit die hochkünstlichen Lebensverhältnisse, in denen die Zerstörung der Natur als stets näherrückende Bedrohung angelegt ist. Am Ende schlägt unsere natürliche Künstlichkeit wieder in ihr Gegenteil um, in die künstliche Natürlichkeit, und das Bewahren der Natur wird zur vorrangigen Aufgabe, zur Überlebensbedingung.

Entsprechend fordert der Triumph der Direktheit eine neue Indirektheit, sozusagen als den unentbehrlichen Luxus künstlicher Hindernisse. Das gilt schon politisch: Höchst notwendig brauchen wir ein Kunstwerk der politischen Kultur, das als Gewaltenteilung all jene Kräfte unter Kontrolle bringt, die hinter unserer umfassenden Weltbemächtigung als Gefahren der Selbstzerstörung auf der Lauer liegen.[149] Aber womöglich gilt das auch oder erst recht im Alltag des Menschlichen. Je tiefer wir in die Knechtschaft des Nützlichen und Notwendigen geraten, desto dringender brauchen wir die Freiheit, die wir einzig in der Kultivierung der Muße erreichen.

Was gemeint ist, läßt sich am Spiel entdecken. Es verschwendet die Zeit, die man nützlich verwenden könnte; alles Spielerische hat damit zu tun, daß wir – nicht der Not gehorchend, sondern in Freiheit! – uns Ziele setzen, die wir nur indirekt, in der Überwindung von Hindernissen erreichen, die wir selbst geschaffen haben. Gleich, ob es sich um Schau-Spiele, um Spiele des sportlichen oder geistigen Wettkampfes, um das Spiel der festlichen Geselligkeit oder das der Erotik handelt: Erst die Kultivierung der Hindernisse und Umwege, des Indirekten und Unnützen, des überflüssigen Aufwandes an Zeit und an Können, schafft Anspannung und Entspannung, eine ganz eigene Art von Leistungslust, selbstvergessene Versammlung in sich, Hingabe an den Spielpartner und heiteren Ernst, kurz die Grundlage für ein lohnendes Leben. Und warum eigentlich sollten wir die edlen Damen und Herren des Ancien régime nicht rehabilitieren, indem wir sie, nun gut demokratisch, jedenfalls darin als Vorbilder verstehen?

Eine Kultur des Indirekten entwickeln ist freilich leichter gesagt als getan. Allzu lange hat der »Sturm der schöpferischen Zerstörung« vor allem als Zerstörung unserer Spielfähigkeit gewirkt. Ohnehin ist die hier gemeinte Verschwendung nicht billig, aber auch nicht für Geld zu haben. Sie erfordert eine Schärfung der Sinne und der Phantasie, eine Vielfalt von Seelen- und Geisteskräften, die wir erst neu entwickeln müssen.

Um welch dringende Fragen es geht, läßt sich am Spiel mit Kindern demonstrieren. Kinder brauchen das Spiel wie die Luft zum Atmen, aber nicht in erster Linie als ein Hilfsmittel für andere, nutzbringende Zwecke. Wie Friedrich Georg Jünger gesagt hat: »Spiele werden nicht gespielt, wie kluge Leute behaupten, damit die Kinder sich kräftigen und tüchtig werden. Mit Kindern, die auf diese Weise spielen müssen, kann man nur Mitleid haben.«[150] Nein, der Sinn des Spiels liegt in ihm selbst – und in der Zuwendung, die die Spielpartner einander schenken. Kein größeres Glück kann es deshalb geben als diese Zuwendung, in der Erwachsene und Eltern ihre Zeit verschwenden. Das Kind erfährt, daß es willkommen und wichtig ist; es gewinnt das Selbstvertrauen, das es in sein Leben trägt. In der Gegenrichtung heißt das: Wer für das Spiel mit seinen Kindern keine Zeit findet, darf sich nicht beklagen, wenn sie sich verfinstern und ihre Partner anderswo suchen, womöglich auf Abwegen und in schlechter Gesellschaft.

Die Erfahrung des Alters

Die Gegenwart geht mit dem Alter höchst widersprüchlich um. Auf der einen Seite hat sie ihm ein Maß an materieller Sicherheit und Unabhängigkeit geschaffen, das in der Geschichte ohne Beispiel ist. Der Sozialstaat, obwohl er mehr und mehr in Bedrängnis gerät, unternimmt geradezu heroische Anstrengungen, um diese Sicherheit weiterhin zu gewährleisten. Auf der anderen Seite wurde das Alter beispiellos entwertet. Für die Arbeitsgesellschaft taugt es nicht mehr, und in ihrer Perspektive stellt es sich als funktionslos dar – als bloßer Wartestand auf den Tod, um so kraß zu reden, wie es dem Sachverhalt entspricht.

In vormodernen Ordnungen wurden die Alten durchaus und sogar dringend gebraucht. Sie hüteten das Haus und die Kinder, machten sich in der Küche, im Garten, im Stall nützlich, strickten Pulswärmer, stopften Strümpfe, vermittelten Wissen und Weisheit, kramten in ihren Erinnerungen und füllten die Winterabende mit dem Erzählen. Darum war es gut, wenn man noch den Großvater oder die Großmutter hatte.

Von alledem ist nichts mehr geblieben; vom »Generationenvertrag« wird zwar viel gesprochen, aber in der Wahrheit, die konkret ist, hat man ihn aufgekündigt: Die Alten leben für sich und allein, wenn nötig unter ihresgleichen im Altersheim oder, vornehmer, im »Senioren«-Wohnstift, das man beinahe demonstrativ in die Idylle im Abseits, an den Stadtrand verlegt.

Der Widerspruch kommt kaum von ungefähr; er stammt aus der strikten Konsequenz unserer Arbeitsgesellschaft. Zwar verfügen ältere Leute über Erfahrungen, die den jungen fehlen. Aber es gelingt immer weniger, sie auszuspielen; im reißenden Strom des technischen Fortschritts scheint allein die Anpassungs- und Lernfähigkeit noch wichtig zu sein. Die aufstrebende, auf die künftigen Erfordernisse ausgerichtete Firma sucht daher den jungen und »dynamischen« Mitarbeiter, während sie den älteren nach Möglichkeit abschiebt, sei es in die Arbeitslosigkeit oder in den »verdienten« Vor-Ruhestand.[151] Und es ist ja wirklich oft so, daß be-

197

reits der Mittvierziger gegenüber dem jugendlichen Computer-Freak »alt aussieht«, wie es so schön oder vielmehr häßlich und bezeichnend heißt.

Nüchtern betrachtet stellt der Sozialstaat mit allen seinen Anstrengungen und Errungenschaften zugleich doch die kalte Kehrseite des Tatbestandes dar, daß das Alter in die Bedeutungslosigkeit geraten ist. Um an die Voraussicht von Karl Marx zu erinnern, der schon vor anderthalb Jahrhunderten die moderne Gesellschaftentwicklung beschrieb: »Sie hat ... kein anderes Band zwischen Mensch und Mensch übriggelassen, als das nackte Interesse, die gefühllose ›bare Zahlung‹.«[152]

Bei alledem geht es nicht nur um Arbeit und Beruf. In Wahrheit noch dringender stellt sich die Frage nach der Würde, der Selbstachtung, dem lohnenden Leben im Alter. Die Idole des Augenblicks, die »Models« der Mode sind jung, wie die »Stars« der Musikszene oder des Sports. Und nicht bloß am Computer, sondern auch in der »Disco« passiert es bereits dem Mittvierziger, daß er so sanft wie gnadenlos gefragt wird: »Na, Opa, was willst du denn hier?« Es geschieht ihm sogar recht; wer im Älterwerden auf Schein-Gefechte mit dem Jungsein sich einläßt, hat die Verlierer-straße selbst gewählt, auf die er gerät. Hinter frisch getünchten Fassaden quillt die Trostlosigkeit empor: Man sehe sich die aufgeschminkte Munterkeit an, mit der in den Gettos von Mallorca oder Florida welke Männer und Frauen vergeblich mit den Enkeln und Enkelinnen konkurrieren. Wer schöne und wahrhaft würdige Greise und Greisinnen sehen will, muß in ganz andere Himmelsrichtungen reisen, etwa in den Kaukasus oder nach Nepal: dorthin, wo man noch vormoderne Traditionsbestände findet. Nur dort kann man noch eine Vorstellung davon gewinnen, was die Bibel meint, wenn sie von Abraham und Isaak sagt, daß sie nicht nur sehr alt, sondern auch »lebenssatt« starben.

Im nüchternen Vergleich zeigt sich unsere Zukunft als geradezu furchterregend widersprüchlich. Auf der einen Seite wird die Arbeitsgesellschaft, der die Arbeit ausgeht, stets unbarmherziger immer mehr Menschen schon von den mittleren Jahrgängen an ausstoßen und in die Bedeutungslosigkeit verbannen; allenfalls den auserlesen Wenigen, den Eliten, wird es vorbehalten sein, bis ins höhere Alter oder sogar lebenslänglich tätig zu bleiben. Auf der anderen Seite gehen wir schnell einer Zeit entgegen, in der die älteren und alten Jahrgänge die Mehrheit bilden. Wie human oder vielmehr wie inhuman stellt sich eigentlich eine Lebensordnung dar, die diesen Kontrast stillschweigend hinnimmt, so als gäbe es ihn nicht?[153]

Aber eine Auflösung des Widerspruchs ist innerhalb der Arbeitsgesellschaft nicht möglich. Man muß sie ihren eigenen und ehernen Gesetzen überlassen, die sie einzuhalten hat, wenn die Verteidigung des Wohlstands gelingen soll, der wiederum für die Absicherung des Alters dringend gebraucht wird. Nein, Abhilfe kann nur die Entwicklung der Mußegesellschaft schaffen, die sich im Sinne ihrer Werte und Entwürfe für ein neues und lohnendes Leben von den protestantisch-preußischen Erblasten befreit.

Zu den Voraussetzungen gehört die Rückkehr aus der technischen in die natürliche Zeit, wie sie seit Anbeginn war gemäß der biblischen Verheißung: »Solange die Erde steht, soll nicht aufhören Saat und Ernte, Frost und Hitze, Sommer und Winter, Tag und Nacht.« Im Horizont der natürlichen Zeit gewinnen die Erfahrungen des Alters wieder ihren Wert, weil sie niemals veralten, sondern den Menschen als Menschen bestimmen. Denn wie den Kreislauf der Jahreszeiten gibt es den Kreislauf des Lebens von der Geburt über Kindheit und Jugend, erste Liebe und Enttäuschung, Reife und Altwerden bis zum Tod, und in der Vermittlung von Lebenserfahrungen könnte ein neues Bündnis der Generationen entstehen, das diese Bezeichnung verdient.

Manchmal kann die Alterserfahrung sogar in der Arbeitswelt noch von Nutzen sein. Denn in ihr ist das Vertrauen auf die Unabhängigkeit und Weisheit des Urteils ein grundsätzlich knappes Gut. Unwillkürlich und im Prinzip zu Recht unterstellt jeder jedem Ehrgeiz, Parteilichkeit und Interesse. Experten reden so, wie die Parteien es hören wollen, die sie einladen, und zu welchem Ergebnis ein Gutachter kommt, weiß man schon vorweg, wenn man die Instanz kennt, die seine Arbeit bestellt und bezahlt. Wer dagegen alt ist, weckt Vertrauen, weil er den eigenen Ehrgeiz, sein Machtstreben und seine Karriere hinter sich hat. Es ist kein Zufall, daß in schwierigen Situationen, etwa im festgefahrenen Tarifstreit, bisweilen alte Männer als Mittler und Schlichter zur Hilfe gerufen werden; man erinnere sich in der Geschichte der Bundesrepublik an Namen wie Hermann Höcherl oder Georg Leber. Es wäre wohl auch zu wünschen, daß in solchen und ähnlichen Situationen die Alterserfahrung häufiger oder geradezu systematisch genutzt würde.

Doch selbst im besten Falle bleibt das ein Nebenweg, schon wieder im Sog der Arbeitsgesellschaft. Entscheidend kommt es auf ein neues Verhältnis der Generationen an. Dabei untersteht die Weitergabe von Lebenserfahrungen besonderen Bedingungen. Mit ihren Eltern wie mit den Lehrern bekommen es junge Menschen allzu direkt zu tun; in der Art, wie sie reden oder schweigen, stecken bewußt oder vorbewußt immer schon Machtansprüche ebenso wie Rechtfertigungen. Um mündig zu werden und auf die eigenen Füße zu kommen, muß man sich darum von den Eltern und ihren Helfershelfern losreißen, sei es im Konflikt und im einzelnen noch so ungerecht. Anders die Großeltern. Für sie geht es nicht mehr um Macht und um Rechtfertigung. Darum können die Enkel ihnen zuhören, ohne sich bedrängt, gegängelt oder gefährdet zu fühlen.

Man darf nur nicht gleich im ersten Anlauf zuviel erwarten. Die neue Mußekultur ist kein Schnellgericht, das man sich kaufen kann; das gehört ohnehin in die Firmenkantine. Ihre Entwicklung braucht wie jede Kulturleistung von Rang Geduld, einen langem Atem, das zunächst einmal mühsame Aufwecken der Sinne, der Phantasie und der Wißbegier; sie verlangt ihre eigene Art von Leistungsbereitschaft und Leistungslust. Was nun die alten Leute angeht, so sind sie zunächst einmal die Produkte und in vieler Hinsicht die Geschädigten der Arbeitsgesellschaft. Niemand hat sie auf die *vita activa* außerhalb des Berufs wirklich vorbereitet. In ihren Wohnstiften sieht man sie zumeist vor dem Fernseher sitzen, und die großväterliche oder großmütterliche Fähigkeit zum anschaulichen Erzählen verdorrte, weil keiner nach ihr fragte. Umgekehrt haben sich die jungen Leute in ihre dröhnenden Rhythmen zurückgezogen, weil niemand sie zur Neugier, zum Fragen und Zuhören ermutigte – oder weil sie die passenden Partner gar nicht erst fanden.

Um so wichtiger und dringender wäre es, einen Anfang zu wagen. Bloß als Beispiel stelle man sich die Utopie vor, die keine sein sollte: daß man Altersheime und Kindergärten nicht so strikt und steril voneinander trennt, wie das heute geschieht, sondern sie verbindet. Alte Leute brauchen die zärtliche Zuwendung so dringend wie die Kinder; in der Verbindung der Institutionen könnte man einander schenken, was man entbehrt.[154]

Man sieht freilich schon, wie die Abwehrfront sich formiert, und man hört die Entsetzensrufe: »Das haben wir noch nie gemacht, da könnte ja jeder kommen!« Ist nicht der Streit zwischen den staatlich geprüften Kindergärtnerinnen und den eigenwilligen Alten vorprogrammiert? Wer übernimmt im Schadensfall die Haftung? Und soll man gar die Kinder mit der Erfahrung des Siechtums, des Sterbens, des Todes konfrontieren?

Ja, warum denn nicht? Seit Urzeiten war das selbstverständlich, und wahrscheinlich läge gerade darin ein entscheidender Gewinn. Nicht die frühe Erfahrung mit dem Sterben und dem Tod ist pervers, sondern eine Gesellschaft, die sie ausblendet. Dafür rächt sich der Tod mit der panischen Angst, mit der er das Sterben umgibt. Ähnlich ist es mit dem Bösen. In den Märchen der Brüder Grimm treibt es überall sein Wesen oder Unwesen, und wenn man es aus dem angeblich kindgerechten Erzählen verbannt, dann rächt es sich wiederum, indem die Faszination durch die brutale Gewalt um so größer gerät.[155]

Natürlich handelt sich bei der Verbindung von Altersheimen und Kindergärten nur um ein Beispiel. Man muß viele Utopien entwickeln und umsetzen – nicht die großen, angeblich welterrettenden, die ins Unheil führen, sondern die kleinen und unscheinbaren, die unser Leben verändern. Wichtig ist allerdings, daß wir noch einmal an den alten französischen Marschall erinnern, der auf den Einwand seines Gärtners, daß ein neu gepflanzter Baum achtzig Jahre brauche, bis er vollen Schatten spende, die Anweisung gab: »Dann ist keine Zeit zu verlieren. Pflanze den Baum noch heute!«

Die Feste des Lebens

Die Vermutung liegt nahe, daß eine Heimkehr zur natürlichen Zeit uns den Zugang zur Natur neu erschließt, den die Vorherrschaft der technischen Zeit verzerrt oder verriegelt. Um für das Negative ein Beispiel zu nennen: Der Lichterglanz unserer Städte verfinstert den Sternenhimmel, von dem noch Immanuel Kant gesagt hat, daß er zu den zwei Dingen seines Lebens gehöre, die ihn mit Ehrfurcht erfüllten. Weiterhin drängt sich die Vermutung auf, daß die deutsche Distanzierung von der traditionellen Arbeitsgesellschaft sich in der Zuwendung zur Natur drastischer zeigt und weiter gediehen ist als in irgend einem anderen Bereich. Das mag tatsächlich so sein, aber gleich doppelt wird es nötig, vor Mißverständnissen zu warnen.

Erstens ist es mit dem Enthusiasmus schwerlich getan, der von der »Bewahrung der Schöpfung« redet. Bleibt er mit sich selbst allein, so dient er vor allem der Hysterie, der ziellosen Zukunftsangst als einem Mittel zu dem Zweck, sich als ehrbar zu begründen. Und nur zu leicht folgt dann auf die Begeisterung die Blamage, wie 1995 beim modernen Kampf des Hirtenknaben David gegen Goliath, von Greenpeace gegen den Shell-Konzern um die Versenkung einer Ölplattform im Nordatlantik: In Wahrheit ging es gar nicht um die Menge und Vielzahl von Umweltgiften, wider die man sich empörte; es gab sie nicht, und die Versenkung wäre durchaus verantwortbar gewesen. Nein, Sachkenntnis und Geduld sind gefordert; um nur ein Experte für Rotkehlchen oder Meisen zu werden, braucht man viele Jahre, wenn nicht ein halbes Leben. Für den Zeitbedarf schafft eine Mußegesellschaft allerdings die Voraussetzung. Aber die praktische Zuwendung zur Natur beginnt erst einmal mit dem Unscheinbaren und beinahe Alltäglichen: der Pflege eines Gartens, der Beobachtung einer Vogelfamilie oder des Sternenhimmels.[156]

Zweitens dürfen wir nicht der Romantik verfallen, nicht dem Mißverständnis von Stadtflüchtlingen aufsitzen, die sich aus ihrer komplizierten Existenz fortträumen in das angeblich einfache Leben, das vom Aufstehen bis zum Schlafengehen, vom Atmen und Essen über die Bekleidung und das Wohnen bis zur Kinderaufzucht lupenrein »natürlich« sein soll.[157] Denn dieses innerweltliche Jenseits findet man nicht oder einzig in Zerrbildern; der Mensch ist seiner Natur nach ein Kulturwesen. Darum gerät er in die Barbarei und unter die Gewaltherrschaft, wenn er – in der Nachfolge und Fehldeutung Jean-Jacques Rousseaus – die Natürlichkeit als Gesellschaftsprinzip durchsetzen möchte. Worum es hier geht, ist gerade die Kultivierung neuer Lebensformen in der Mußegesellschaft. Wenn sie die Natur einbezieht, dann in dem alten Sinne, in dem wir von Feld-, Forst- oder Weinkulturen sprechen und mit einem »Kultivator« nicht den Museumsdirektor oder Denkmalpfleger, sondern ein Ackergerät meinen, das den Boden auflockert.

Wir wollen uns nun der Kultivierung menschlicher Beziehungen zuwenden und versuchen eine Annäherung, indem wir von der Geselligkeit sprechen. Die Entwicklung der Arbeitsgesellschaft hat sie weithin zerstört, indem sie die uralte Einheit des Wirtschaftens und des Familienlebens sozusagen in zwei Teile zerlegte.[158] Eine Polarisierung setzte sich durch, die Trennung von Wohnung und Arbeitsplatz, von Familie und Beruf, von Konsum und Produktion, von Freizeit und Arbeitszeit; die Sphäre des Privaten, des Gefühlsbetonten und Subjektiven schied sich von einer Gegensphäre des Sachlichen, Öffentlichen und Objektiven.[159] In dieser Polarisierung blieb für die Geselligkeit immer weniger Platz, denn sie paßt zur Intimität einer von Generation zu Generation schrumpfenden Familie so wenig wie zur Spezialisierung der Berufe.

Paßt aber der Mensch? Offenbar nur mit Mühe und mit Seufzen, mit einem hohen Aufwand von auferlegter oder selbstverordneter Disziplin, die in vormodernen Ordnungen kaum vorstellbar gewesen wäre.[160] Denn zur Natur des Menschen gehört eigentlich die vermittelnde Mitte. Kant hat von der ungeselligen Geselligkeit gesprochen, und Schopenhauer fand das Bild von den frierenden Stachelschweinen: Sie rücken zusammen, um sich zu wärmen, treiben einander schmerzhaft die Stacheln ins Fleisch, vergrößern den Abstand, frieren wieder, drängen zur Nähe, erfahren den Schmerz … So immer weiter; wir brauchen die Nähe wie die Distanz; wir träumen von der verlorenen Mitte.

Und wo sie diese Mitte zu finden glauben, strömen die Menschen gleich in Scharen herbei. Man denke an das anglo-amerikanische Klubwesen oder an unser Vereinswesen. Allein zum Deutschen Sportbund gehörten 1995 mehr als 22 Millionen Mitglieder in 85519 Vereinen. Natürlich dienen die Vereine einem sachlichen Zweck: Man will miteinander singen, Brieftauben züchten, Kleingärten bewirtschaften oder die Gesundheit fördern. Doch das ist bestenfalls eine Halbwahrheit. Umfragen weisen aus, was man am Beispiel des Sports festgestellt hat: »Die meisten Leute treten einem Verein bei, weil ihnen nach Gesellschaft und Geselligkeit der Sinn steht; nicht, um Sport zu treiben.«[161] Nur angemerkt sei, daß in der vermittelnden Mitte die ehrenamtlichen Tätigkeiten jeder Art ihren angemessenen Platz finden, die in der Polarisierung von Beruf und Intimität sich ins Nichts verlieren.

Geselligkeit entlastet; sie entfernt uns von den Anstrengungen und Ärgernissen des Berufs wie von der Enge der modernen Kleinfamilie, die bloß noch auf der Spitze ihrer Intimität balanciert und darum so oft und so bitter scheitert. Als solche Entlastung, buchstäblich als Ausgelassenheit, als Freiheit und Freiwilligkeit nähert sich die Geselligkeit nicht nur dem Spiel, sondern sie ist es auf ihre besondere Weise. Man kann sich vieles erlauben, was sonst nicht möglich wäre. Doch zugleich schafft dieses Spiel Verpflichtungen, eine neue, nur ihm eigene Form von Moral; vieles kann man sich gerade nicht erlauben, was man sich sonst im Alltag herausnehmen würde.

Wie zu jedem Spiel gehört auch zur Geselligkeit die Hingabe, ein Stück Leidenschaft. Oder genauer: Es gehört zu ihr ein Schwebezustand, eine Ambivalenz, die vermittelnde Mitte zwischen Freiheit und Verpflichtung, Unverbindlichkeit und Hingabe, Distanz und Nähe; jedes Übergewicht nach der einen oder anderen Seite hin stört oder zerstört die Geselligkeit. Darin zeigt sich die Verwandtschaft mit dem zugleich spannungsreichen und entspannten Geschlechterspiel der Erotik, zu dessen Kultivierung uns vorläufig nur die angemessene Institution fehlt, die es im französischen Salon des Ancien régime einmal gab.

Neben dem Vereinswesen wäre noch manches andere zu nennen. Man denke an die Kaffeehaus-, Weinschenken- oder Bierkneipenkulturen mit ihren jeweils regional und sozial unterschiedlichen Einfärbungen. Hier wird ein weiteres Grundelement der Geselligkeit sichtbar: das Gespräch. In der Polarisierung der Arbeitsgesellschaft droht es zu erstikken. Auf der einen Seite, in der beruflichen Spezialisierung, verkommt es zur Fachsimpelei der Experten. Auf der Gegenseite entleert es sich zum bloßen Klatsch und Tratsch oder zu einem peinlichen Exhibitionismus der Gefühle.

Das gesellige Gespräch lebt von der positiven Dialektik. Einerseits braucht es die Sache, über die gesprochen wird. Doch es darf an ihr nicht kleben, falls es nicht zur verbissenen Rechthaberei mißraten soll. Andererseits wird jedes Gespräch zwischen Personen geführt, und darum schwingt stets das Persönliche mit. Wer indessen alles »persönlich« nimmt, mit dem kann man überhaupt nicht reden, es sei denn ihm nach dem Munde. Zum guten Gespräch gehört daher der Takt, der das Persönliche ebenso behutsam einbringt, wie er es ausklammert. Aber weil es, schwierig genug, um die Verbindung der Pole geht, beglückt das gelungene Gespräch. Es macht uns doppelt reicher, weil wir klüger werden und Partner, vielleicht sogar Freunde gewinnen.

Eine Verdichtung, ihre Höhe und ihren krönenden Abschluß erreicht die Geselligkeit mit dem Fest. Früher einmal, in der vormodernen Gesellschaft, bezeichnete es die Mittelpunkte menschlicher Existenz, im Ablauf des Kirchen- und des Erntejahres ebenso wie im Kreisgang des Lebens von der Geburt und Taufe, der Reife und Konfirmation über die Hochzeit bis zu Tod und Begräbnis. In der linear fortschreitenden technischen Zeit bedeutet das Fest viel weniger. Im Grunde stellt es sogar einen Fremdkörper dar, und »Betriebsfeste« sind eigentlich ein Widerspruch in sich, eine eher mühsame Angelegenheit. Eine Heimkehr in die natürliche Zeit müßte darum auch nach Rückwegen zu den Festen suchen, die diesen Namen verdienen.

Entscheidend wichtig ist dabei wieder das Verhältnis zur Zeit. Denn jedes wirkliche Fest bildet, auf Zeit, ein Bollwerk wider die Zeit, gegen den Ansturm der Zukunft mit ihren Ungewißheiten und nur zu gewissen Problemen. Das sollte übrigens heute und morgen noch dringender gelten als vorgestern: Im Zeitalter der Terminkalender stellt nicht mehr der materielle Aufwand, sondern das Vergessen und Verschwenden der Zeit den eigentlichen Luxus dar: den Triumph der Freiheit über die Notwendigkeit, der uns gemäß ist.

Ein Gedankenexperiment

Manche Leser werden wohl längst den Kopf schütteln und sagen: Das alles sind Traumgebilde und Utopien, die im Wortsinne den Ort Nirgendwo bezeichnen. Daß es sich bloß um Beispiele handelt und daß es bessere Vorschläge, andere Möglichkeiten geben mag, sei bereitwillig zugestanden. Nur darauf beharrt der Verfaser, daß ohne die Entwicklung einer ergänzenden Mußegesellschaft auch die Errungenschaften der Arbeitsgesellschaft auf die Dauer nicht verteidigt werden können und daß dann für immer mehr Menschen das Leben immer weniger lebenswert sein wird, mit unabsehbaren Folgen für die Bewahrung der Moral, des Rechts und der Freiheit. Um aber hier, zum Ende hin, den Eindruck des Abwegigen womöglich noch zu verstärken, sei ein – zugegeben bizarres – Gedankenexperiment vorgestellt.

Angenommen, es würde irgendwo im Abseits – im westlichen Irland, im nördlichen Schweden oder im östlichen Masuren – eine Akademie für Eliten gegründet, und den vielbeschäftigten Ministern und Managern würde verordnet, dort ein halbes oder ein ganzes Jahr zu verbringen. Jeder Luxus würde geboten, und alles dürfte man tun, nur das geschäftsmäßig Übliche nicht: keine Büroräume, keine Akten zum Aufarbeiten, keine Sekretärinnen fürs Diktat und weder Telefon- noch FAX-Anschlüsse, sondern nur Muße, nach Belieben zu füllen!

Was wäre die Folge? Wahrscheinlich würden bei vielen der arbeitssüchtigen Herren erst einmal schwere Entzugserscheinungen auftreten, und Seelenärzte müßten hilfreich bereitstehen, um die Zusammenbrüche aufzufangen. Aber vielleicht würde mancher beim Abschied auch sagen: Das war das wichtigste Jahr meines Lebens; ich habe Abstand gewonnen und sehe vieles jetzt anders.

Das Abstandgewinnen findet man fest verankert in vielen Kulturen; es ist so abwegig durchaus nicht, wie es seit der protestantischen Kulturrevolution und in der modernen Arbeitsgesellschaft sich darstellt. Im Abendland bildete das Mönchtum einmal eine wichtige Institution, und in buddhistisch geprägten Ländern gibt es bis heute das Mönchtum auf Zeit als selbstverständliche Praxis. Die Gründungsmythen großer Weltreligionen erzählen vom Rückzug ihrer Stifter ins Gebirge, in Wildnis oder Wüste. Erst dieser Rückzug ermöglicht die Meditation und Meditation die Erleuchtung. Wie überhaupt wäre jemals Weisheit in die Welt gekommen, wenn nicht aus dem Abstand, der das Gewohnte, längst Eingeschliffene mit anderen Augen sehen lehrt?[162]

Zusammenfassung und Ausblick

Die meisten Befunde dieses Buches stellen sich düster und für die Zukunft bedrohlich dar. Aus historischen Bedingungen, die von weither kommen, sind akute Probleme entstanden, die als kaum mehr lösbar erscheinen. Um den Überblick zu sichern, seien noch einmal Stichworte genannt.

Zum Anfang der Neuzeit gehört die große protestantische Kulturrevolution. Sie bewirkt einen beispiellosen Wertewandel; statt der Muße gewinnt für immer mehr Menschen die Arbeit einen lebensbestimmenden Sinn. Der Beruf soll Berufung sein und zur Sinnerfüllung werden. Damit beginnt zugleich ein Zeitalter der gesellschaftlichen Revolutionen: Von Stufe zu Stufe fortschreitend wird den alteuropäischen Oberschichten ihr Daseinsrecht nicht nur bestritten, sondern tatsächlich entzogen. Die Arbeitsgesellschaft entwickelt sich regional und national sehr unterschiedlich, aber insgesamt macht sie Europa modern und für etwa vier Jahrhunderte zur politischen, wirtschaftlichen und geistigen Mitte der Welt.

Die Umstände unserer neueren deutschen Geschichte seit dem Dreißigjährigen Krieg haben zu einer besonderen Ausprägung der Arbeitsgesellschaft geführt. Stark verkürzt, aber im Kern zutreffend könnte man von ihrem protestantisch-preußischen Typus sprechen. Zum Kern des Tugendkanons gehören Fleiß, Leistungsbereitschaft, Ordnungssinn und Pflichterfüllung. Im Zeichen dieser Tugenden und geleitet von einem straff organisierten Obrigkeitsstaat gelang der deutsche Aufstieg, der am Beginn des 20. Jahrhunderts seinen vorläufigen Höhepunkt erreichte. Doch der Traum oder Wahn von der Weltmacht führte in zwei Weltkriegen zur Niederlage und zum schreckensvollen Absturz.

Nach 1945 wechseln die Ziele: Statt der militärisch ausgerichteten entwickelt sich die zivile, statt der »idealistisch« opferbereiten die »egoistische« oder individualistische Arbeitsgesellschaft. Und die vorhergehenden, mehr oder minder radikalen Traditionsabbrüche machen sie geradezu exemplarisch: Ganz auf die Leistung und den Erfolg ausgerichtet, rückt die Bundesrepublik in wenigen Jahrzehnten zur wirtschaftlichen Weltmacht auf. Auch die DDR will eine exemplarische Arbeitsgesellschaft sein, aber psychologisch betrachtet scheitert sie an ihrer Weigerung, die Wendung von der idealistischen Opferbereitschaft zur individualistischen Ausrichtung zuzulassen.

Inzwischen ist die Arbeitsgesellschaft in eine Krise geraten, die uns härter trifft als andere Völker, weil wir über keine Traditionsreserven verfügen, die wir als Gegenmittel einsetzen könnten. Die Krise hat im Kern und höchst paradox mit dem Erfolg zu tun: Dank aller Fortschritte wird die Arbeit zum prinzipiell knappen und entsprechend kostbaren Gut. Immer mehr Menschen geraten ins Abseits.

Es handelt sich nicht um ein vorübergehendes Ärgernis, sondern um eine langfristige Entwicklung. Denn da wir im globalen Wettbewerb mit den »jungen Tigern« dieser Welt nicht um Billiglöhne konkurrieren können, wird es weiterhin und verstärkt darauf ankommen, daß Produktionen ins Ausland verlagert und Menschen durch Maschinen ersetzt, also Arbeitsplätze »vernichtet« werden. Gerade wenn der Wohlstand verteidigt werden soll, gibt es dazu keine Alternative.

Die Krise wird zusätzlich durch das Entstehen einer Altersgesellschaft verschärft, deren Konsequenzen wir noch kaum erkennen, weil sie historisch ohne Vorbild ist.

Zu den unmittelbaren und handfesten Folgen gehört schon heute, daß der Steuer- und Sozialstaat zunehmend überfordert wird. Die Überlast der Abgaben und der Beschäftigungsschwund bilden einen fatalen Zirkel. Doch selbst bei einem gemäßigt positiven Konjunkturverlauf verschulden sich Bund, Länder und Gemeinden um mehr als 100 Milliarden D-Mark pro Jahr. Wir leben über unsere Verhältnisse und auf Kosten der Zukunft. Die bisherigen Umverteilungs- und Neuordnungsversuche ändern an diesem Sachverhalt nur wenig. Gleichzeitig werden die Mittel immer knapper, die für die Forschung und andere Zukunftsinvestitionen zur Verfügung stehen.

Alle in Staat und Wirtschaft wichtigen Kräfte – Regierung und Opposition, die Parteien insgesamt, die Wirtschaftsverbände und die Gewerkschaften – verteidigen die Arbeitsgesellschaft, sei es mit unterschiedlichen oder gegensätzlichen Rezepten, und wollen sie in ihrer überkommenen Ordnung, in ihrer ungeminderten Funktionsfähigkeit wiederherstellen. Aber diese Verteidigung muß mißlingen, weil das Arbeitsvolumen weiterhin schrumpft. Die Menschen spüren das und glauben den Eliten immer weniger, was sie versprechen.

Weil wir über Alternativen zur Arbeitsgesellschaft bisher kaum verfügen, entsteht eine Zukunftsangst, die sich lähmend auswirkt. Man spricht zwar vom Wertewandel, aber zunächst und vor allem handelt es sich um einen Zerfall der Werte, die wir aus unserer protestantisch-preußischen Erziehung geerbt und nach 1945 der westlich-demokratischen Zivilisation zugewandt haben.

Im Wuchern der Zukunftsangst schwindet die Bereitschaft, Neues zu wagen; man möchte sich aufs Bewährte verlassen und nur ja kein Risiko eingehen. Dies wirkt sich vielfältig aus: in der Berufswahl junger Menschen, in einer

Überregulierung durch Gesetzgebung, Verwaltung und Justiz, in den Bürgerbewegungen, die zum Widerstand gegen das noch Unerprobte rufen. Damit wird der stets geforderte »Mut zur Zukunft« ebenso erstickt wie die Reformfähigkeit.

Sie wäre zum Beispiel für das Bildungswesen und besonders für die Universitäten dringend zu fordern. In ihrem heutigen, schlecht organisierten Massenbetrieb und auf überlangen Studienwegen fördern sie die Begabungen nicht, sondern vergeuden sie. Daher hat Deutschland seine Anziehungskraft für leistungstüchtige junge Leute aus anderen Ländern verloren, die wir unbedingt brauchen, um im Altern der Gesellschaft unseren Wohlstand zu verteidigen. Aber nirgendwo wird der Wille zu durchgreifenden Änderungen erkennbar.

Die Zukunftsangst schwächt auch die Verteidigung der Freiheit und bedroht folgenschwer den Rechtsstaat.

Die Angst kann nur gebannt werden, wenn eine Mußekultur entsteht, die Aussichten und praktische Möglichkeiten für ein lohnendes Leben jenseits der Arbeitsgesellschaft eröffnet. Doch dafür gibt es allenfalls Ansätze, die eher belächelt oder beargwöhnt als anerkannt werden.

Sofern man die Betrachtung auf Einzelprobleme verengt, mögen Lösungen denkbar sein. Doch eines hängt mit dem anderen zusammen und ergibt als unterirdisches Wurzelgeflecht erst das Ganze. Dieses Ganze ist es, das bei illusionsloser Betrachtung sich düster darstellt und jede Spielart von Optimismus als verlogen, als eine Form von Pflichtvergessenheit entlarvt. In einem Satz: Der deutsche Niedergang scheint unabwendbar zu sein.

Insgeheim enthält die pessimistische Prognose indessen einen Stachel gegen sich selbst: Im Grunde und nur zu gern möchte sie zu ihrer Widerlegung beitragen. Mit der Absage an Illusionen sollen Strategien entwickelt werden, die in die Zukunft führen und unseren Platz im 21. Jahrhundert, unseren Wohlstand, unsere Freiheit, unser lohnendes Leben sichern.

Daß diese Umwendung der düsteren Vorhersage zum Guten gelingt, muß man im Blick auf geschichtliche oder mythische Beispiele freilich schon wieder pessimistisch beurteilen. »Schwarzsehen dulde ich nicht!« hat Kaiser Wilhelm II. erklärt. Und Kassandra, die schöne Tochter des trojanischen Königs Priamos, die ihre Vaterstadt retten wollte, wurde erst recht als Schwarzseherin verurteilt und mit Nichtachtung gestraft.

Anmerkungen

1 Als klassische, noch immer unübertroffene Darstellung ist zu nennen: William H. Prescott, Die Eroberung Mexikos, Bremen 1974; englische Erstausgabe in 3 Bänden 1843. Weiter sei verwiesen auf: Hernán Cortés, Die Eroberung Mexikos, Tübingen 1975. Besonders farbig als Bericht eines Augenzeugen: Denkwürdigkeiten des Hauptmanns Bernal Diaz del Castillo oder Wahrhafte Geschichte der Entdeckung und Eroberung von Neuspanien (Mexiko), 3. Auflage Stuttgart 1971.

2 Tocqueville veröffentlichte sein großes Werk »De la démocratie en Amérique« in zwei Teilen 1835 und 1840. Siehe als deutsche Standardausgabe: »Über die Demokratie in Amerika«, Stuttgart 1959 und 1962. Den zitierten Text findet man in Band I, Seite 400–403.

3 A.a.O., S. 399.

4 Als Literatur sei genannt: Ludwig Dehio, Gleichgewicht oder Hegemonie – Betrachtungen über ein Grundproblem der neueren Staatengeschichte, Neuausgabe Zürich 1996.

5 Siehe von Fukuyama: Das Ende der Geschichte. Wo stehen wir? München 1992. Eine teilweise Revision nahm der Autor schon wenig später vor: Konfuzius und Marktwirtschaft – Der Konflikt der Kulturen, München 1995.

6 Michael Stürmer, Das ruhelose Reich – Deutschland 1866 bis 1918, 2. Auflage Berlin 1983, S. 407.

7 Preußen ohne Legende, Hamburg 1978, S. 81.

8 Zur genaueren Darstellung und zu den Belegen siehe vom Verfasser: Bismarck, Stuttgart 1997; Die Deutschen in ihrem Jahrhundert 1890–1990, Reinbek 1990.

9 Das Zeitalter der preußischen Erhebung 1795 – 1815, 3. Auflage Bielefeld und Leipzig 1924, S. 623.

10 Siehe dazu vom Verfasser: Scheiterhaufen – Größe und Elend des deutschen Geistes, Neuausgabe Reinbek 1993.

11 Siehe von Humboldt: Sentenzen für eine Freundin, Darmstadt 1944.

12 Siehe von Luxemburg: Ein Leben für die Freiheit. Reden, Schriften, Briefe – Ein Lesebuch, Frankfurt am Main 1987.

13 Die Rede wurde am 24. Februar 1892 beim Festmahl des Brandenburgischen Provinziallandtages gehalten; siehe dazu: »Reden des Kaisers« – Ansprachen, Predigten und Trinksprüche Wilhelms II., herausgegeben von Ernst Johann, München 1966, S. 57 f.

14 Der Nationalstaat und die Volkswirtschaftspolitik, in: Gesammelte Politische Schriften, 2. Auflage Tübingen 1958, S. 23.

15 Reichstagssitzung vom 6. Dezember 1897. Den Anlaß für Bülows Äußerung lieferte die Errichtung eines Marinestützpunktes in Ostasien, im chinesischen Kiautschou.

16 Erschreckend wirkt immer wieder das Schwadronieren des Kaisers. So sagte er am 3. Juli 1900 bei der Taufe eines neuen Linienschiffs in Wilhelmshaven: »Der Ozean ist unentbehrlich für Deutschlands Größe. Aber der Ozean beweist auch, daß auf ihm in der Ferne, jenseits von ihm, ohne Deutschland und ohne den Deutschen Kaiser keine große Entscheidung mehr fallen darf ... Hierfür die geeigneten und, wenn es sein muß, auch die schärfsten Mittel rücksichtslos anzuwenden, ist Meine Pflicht nur, Mein schönstes Vorrecht.« (Reden des Kaisers, a.a.O., S. 89.)

17 Das ganze Gedicht findet man abgedruckt in: Deutschland Deutschland – Politische Gedichte vom Vormärz bis zur Gegenwart, herausgegeben von Helmut Lamprecht, Bremen 1969, S. 156 f.

18 Siehe: »Reden des Kaisers«, a.a.O., S. 125 f. Ferner: Privattelegramm der »Frankfurter Zeitung« vom 1. August 1914. In der Thronrede vom 2. August gab Wilhelm II. seiner Parole die Fassung, die zum geflügelten Wort wurde: »Ich kenne keine Parteien mehr. Ich kenne nur Deutsche.«

19 Die Deutschen auf dem Wege zur einigen und freien Nation, 1915, abgedruckt in: Aufrufe und Reden deutscher Professoren im Ersten Weltkrieg, herausgegeben von Klaus Böhme, Stuttgart 1975, S. 105.

20 Für die »linken« Vorwürfe lieferte Walter Dirks Stichwort und Leitmotiv in seinem Aufsatz »Der restaurative Charakter der Epoche«, der bereits im September 1950 in den »Frankfurter Heften« erschien. Als Beispiele für die »rechten« Anklagen seien genannt: Hans-Joachim Arndt, Die Besiegten von 1945 – Versuch einer Politologie für Deutsche samt Würdigung der Politikwissenschaft in der Bundesrepublik Deutschland, Berlin 1978; Bernard Willms, Die Deutsche Nation, Theorie – Lage – Zukunft, Köln-Lövenich 1982: Heimo Schwilk und Ulrich Schacht (Herausgeber), Die selbstbewußte Nation – »Anschwellender Bocksgesang« und weitere Beiträge zu einer deutschen Debatte, Frankfurt am Main und Berlin 1994. – In der Wendung gegen die westliche Zivilisation verschwimmen manchmal die linken und rechten Positionen höchst zweideutig ineinan-

der; siehe etwa von Heiner Müller: »Bautzen oder Babylon«, in: Sinn und Form, Heft 4 1991, S. 664 ff.

21 Ein Beispiel liefert das amerikanische Programm zum europäischen Wiederaufbau, populär als Marshallplan bekannt. Die rund 1,7 Milliarden Dollar, die nach Westdeutschland flossen, waren gewiß sehr hilfreich. Aber andere Staaten erhielten weit mehr, an der Spitze Großbritannien mit 3,1 Milliarden, ohne daß dort eine entsprechende Dynamik ausgelöst wurde.

22 In einem seltsamen Kontrast steht hierzu – etwas später – der Heimwehtourismus der Vertriebenen an die Orte ihrer Erinnerungen im verlorenen Osten: Möglichst alles soll dort noch so aussehen und so bleiben, wie es bis 1945 war. Aber der Anspruch auf das Bleibende richtet sich ja nicht an die eigene, im Westen längst neugeformte Existenz, sondern an die Polen, Tschechen und Russen, die dorthin nachrückten, wo man einmal lebte. Übrigens oft besser als mit Tschechen und Russen (oder den Umbrüchen in der DDR) ist dieses Beharren mit den Polen zurechtgekommen, weil sie, wie kaum ein anderes Volk, einen Sinn für die historische Identität besitzen.

23 Berührung zwischen Vergangenheit und Zukunft, in: Politik und Kultur, Heft 3, 5. Jahrgang Berlin 1978, S. 62 f.

24 Siehe von Günter Grass: »Deutscher Lastenausgleich« – Wider das dumpfe Einheitsgebot. Reden und Gespräche, Frankfurt am Main 1990. – »Gegen die verstreichende Zeit« – Reden, Aufsätze und Gespräche 1989–1991, Hamburg und Zürich 1991. – »Rede vom Verlust« – Über den Niedergang der politischen Kultur im geeinten Deutschland, Göttingen 1992. – »Ein Schnäppchen namens DDR« – Letzte Reden vorm Glockengeläut, München 1994. – Siehe auch, als Versuch einer literarischen Gestaltung, den Roman »Ein weites Feld«, Göttingen 1995.

25 Einmischung – Reden, Gespräche, Essays, Gütersloh 1990, S. 241.

26 Der Nationalstaat und die Volkswirtschaftspolitik, in: Max Weber, Gesammelte Politische Schriften, 2. Auflage Tübingen 1958, S. 21.

27 Bund und Länder verfügten im Radikalenerlaß von 1972 die Überprüfung aller Anwärter des Öffentlichen Dienstes auf ihre Verfassungstreue. Bis 1978 gab es bei rund einer Million Routineverfahren in etwa 20 000 Fällen kritische »Erkenntnisse« des Verfassungsschutzes, aber nur etwa 2000, zum Teil noch für Revisionsverhandlungen offene Ablehnungen. Das Mißverhältnis der Zahlen zeigt, wie wenig die Angst vor einem systembedrohenden »Marsch durch die Institutionen« begründet war. Doch auch das Echo von der anderen Seite, die organisierte Empörung über eine »Vernichtung von Grundrechten«, stellt sich im Rückblick eher verzerrt dar. Und hier wie dort zeigte sich eine seltsame, sehr traditionelle Fixierung auf

den Staatsdienst, so als entscheide sich an ihm, nur an ihm, das Schicksal der Demokratie.

28 Scheinprobleme der Wissenschaft – Vortrag, gehalten in Göttingen am 17. Juni 1946, Leipzig 1947, S. 31. – Planck, 1858 geboren, starb am 4. Oktober 1947.

29 Thomas More, latinisiert Morus, seit 1529 englischer Lordkanzler, wurde 1535 wegen seiner Treue zur katholischen Kirche hingerichtet und 1935 heiliggesprochen. Sein Werk »De optimo rei publicae statu deque nova insula Utopia« erschien 1518, zwei Jahre nach der Erstfassung, in einer berühmten Ausgabe mit Holzschnitten von Ambrosius Holbein und Randleisten von Hans Holbein dem Jüngeren; deutsch unter anderem in: Der utopische Staat, herausgegeben von Klaus J. Heinisch, Reinbek 1960.

30 Die französische Originalausgabe »Le Droit à la Paresse« erschien 1883, »Das Recht auf Faulheit«, übersetzt von Eduard Bernstein, 1891. Neuausgabe, herausgegeben von Iring Fetscher, Frankfurt am Main 1966.

31 Karl Marx, Die deutsche Ideologie, in: Die Frühschriften, herausgegeben von Siegfried Landshut, Stuttgart 1953, S. 367.

32 A.a.O., S. 361.

33 Siehe von Havemann: Die Reise in das Land unserer Hoffnungen, in: Morgen – Die Industriegesellschaft am Scheideweg, Kritik und reale Utopie, München und Zürich 1980, S. 78 ff.

34 Es wirft ein Licht auf die Verhältnisse des 19. Jahrhunderts, daß bei einer Diskussion über die Sonntagsruhe Bismarck 1885 im Reichstag erklärte, dem Arbeiter werde damit sein Arbeitslohn um ein Siebentel verkürzt. Der Kanzler fragte, »ob der Arbeiter bereit ist, vierzehn Prozent seines Lohnes zu entbehren«. Ein Wandel begann nach Bismarcks Sturz 1891 mit dem Arbeiterschutzgesetz. Vorausgegangen war bereits 1839 das Verbot, Jugendliche unter 16 Jahren an Sonn- und Feiertagen in den Fabriken zu beschäftigen; es war allerdings nicht der Menschenfreundlichkeit zu verdanken, sondern der Sorge um gesunde Rekruten.

35 Siehe von Rifkin: Das Ende der Arbeit und ihre Zukunft, Frankfurt am Main 1996; Zitate aus einem Interview des Hamburger Abendblatts mit Rifkin, 1996, Nr. 150, S. 19.

36 Vita activa oder Vom tätigen Leben, amerikanische Erstausgabe »The Human Condition« 1958; deutsche Taschenbuchausgabe, 5. Auflage München 1987, S. 12.

37 Joseph A. Schumpeter hat gezeigt, daß die kapitalistische Logik nur dank ihrer Unlogik funktioniert. Bei strikt individualistischer Orientierung müßte der Unternehmer aufhören zu arbeiten und nur noch konsumieren statt zu investieren, sobald er genug verdient hätte, um den Rest seines Lebens in Müßiggang und Lebensgenuß zu ver-

bringen. Nur dank des überindividuellen »Familienmotivs« kommt laut Schumpeter ein dauernd zukunftsbezogenes Verhalten zustande: Man arbeitet für die Kinder und Enkel. (Kapitalismus, Sozialismus und Demokratie, 2. Auflage München 1950, S. 258 ff.) Im Schwinden des Familienmotivs liegt eine der Begründungen für die von Schumpeter erwartete Krise des Kapitalismus. Es gibt jedoch – auf den Manager ohne Eigentum übertragbar – Ersatzmotive von ausreichender Stärke, zum Beispiel Erfolgserlebnisse, Machtgenuß oder Verantwortung für das Werk und die Mitarbeiter.

38 Repräsentative Erhebung des Freizeit-Forschungsinstituts der British-American Tobacoo in Hamburg, zitiert nach Frankfurter Allgemeine Zeitung vom 11. 9. 1996.

39 Der Wille zur Macht, Ausgabe Leipzig 1917, S. 9.

40 Wer sich ein Bild von der Zeitstimmung machen will, lese das Buch von Ernst Jünger »Der Arbeiter«, das 1932 erschien. Es beschwört die totale Mobilmachung einer Arbeits- und Leistungsgesellschaft, letztlich im Dienste der Machtentfaltung, die den Krieg schon voraussetzt.

41 Als Hinweise zur Literatur seien genannt: Rentenversicherung in Zahlen 1996, herausgegeben vom Verband Deutscher Rentenversicherungsträger, Frankfurt am Main 1996; Juliane Roloff, Die Alten der Zukunft – Bevölkerungsstatistische Datenanalyse, Schriftenreihe des Bundesministeriums für Familie und Senioren, Band 32, Bonn 1994; Bettina Sommer, Entwicklung der Bevölkerung bis 2040 – Ergebnis der achten koordinierten Bevölkerungsvorausberechnung, in: Wirtschaft und Statistik, 7 (1994), S. 497 ff.; Lutz Leisering, Sozialstaat und demographischer Wandel – Wechselwirkung – Generationenverhältnisse – politisch-institutionelle Steuerung, Frankfurt am Main und New York 1992; Prognos-Gutachten 1995: Perspektiven der gesetzlichen Rentenversicherung für Gesamtdeutschland vor dem Hintergrund veränderter politischer und ökonomischer Rahmenbedingungen, herausgegeben vom Verband Deutscher Rentenversicherungsträger, DRV-Schriften Band 4, Frankfurt am Main 1995; Hans-Jörg Bullinger / Volker Volkholz / Konrad Betzl / Annegret Köchling / Wolfram Risch (Herausgeber): Alter und Erwerbsarbeit der Zukunft, Berlin 1993.

42 »Das Recht der jungen Völker« hieß ein programmatisches Buch, das Arthur Moeller van den Bruck – am Anfang der zwanziger Jahre einer der Wortführer der »konservativen Revolution« – 1919 als herausfordernde Antwort auf die Niederlage von 1918 veröffentlichte.

43 Der Club of Rome wurde 1968 von Wirtschaftsführern und Wissenschaftlern verschiedener Länder gegründet, voran von dem Italiener Aurelio Peccei. Weitere Berichte sind gefolgt, so 1974 von

Mihailo Mesarović und Eduard Pestel: »Menschheit am Wendepunkt – 2. Bericht an den Club of Rome zur Weltlage«. Die Wirkung blieb jedoch weitaus geringer, weil es sich fast schon ums Positive, um die Suche nach Auswegen, nicht um den Katastrophen-Alarmruf handelte. – Sozusagen als ein Frühklassiker des Umweltalarms wäre zu nennen: Rachel Carson, Der stumme Frühling, München 1962. Weiter seien zur Debatte bis 1975 angeführt: Werner Braunbek, Die unheimliche Wachstumsformel, München 1973; Barry Commoner, Wachstumswahn und Umweltkrise, München 1971; Friedrich Dittmar, Umweltschäden regieren uns, Herford 1971; Paul Ehrlich, Die Bevölkerungsbombe, München 1971; Heinz Haber, Stirbt unser blauer Planet?, Stuttgart 1973; Jost Herbig, Das Ende der bürgerlichen Vernunft, München 1974; Ivan Illich, Selbstbegrenzung, Reinbek 1975; Claus Jacobi, Die menschliche Springflut, Berlin 1969; Hans Liebmann, Ein Planet wird unbewohnbar, München 1973; Theo Löbsack, Versuch und Irrtum – Der Mensch: Fehlschlag der Natur, Gütersloh 1974; Heinrich von Loesch und Henrich von Nussbaum, Stehplatz für Milliarden? Das Übervölkerungsproblem, Stuttgart 1974; Konrad Lorenz, Die acht Todsünden der zivilisierten Menschheit, München 1973; Sicco Mansholt, Die Krise – Europa und die Grenzen des Wachstums, Reinbek 1974; Dennis Meadows, Das globale Gleichgewicht, Stuttgart 1973; Henrich von Nussbaum (Herausgeber), Die Zukunft des Wachstums – Kritische Antworten zum Bericht des Club of Rome, Düsseldorf 1973; Burckhard Wellmann (Herausgeber), Die Umwelt-Revolte, Köln 1972; Don Widener, Kein Platz für Menschen – Der programmierte Selbstmord, Stuttgart 1971. (Bewußt wurden populärwissenschaftliche, bisweilen sogar reißerische Titel einbezogen, weil es hier weniger um die Sache als um den Bewußtseinswandel geht, der wachsende Teile der Bevölkerung in seinen Bann zog.)

44 Siehe dazu die drastische Darstellung in der Titelgeschichte des SPIEGEL Nr. 39/1995, S. 40 ff.: »Angst vor der Endzeit; Umwelthysterie und Aktionismus – die Deutschen im Öko-Fieber«.

45 Dieter Buhl, Deutschland auf der Kriechspur – Gehen dem Land der Dichter und Denker die nützlichen Ideen aus? In: DIE ZEIT, Nr. 59, 1. Dezember 1995, S. 51.

46 Gerold Lingnau in: Frankfurter Allgemeine Zeitung vom 18. 5. 1996.

47 Im Lauf der Jahrhunderte hat sich der Stellenwert der Regulierungen offenbar verändert. Ein Wegbereiter der modernen Staatsverwaltung, der Preußenkönig Friedrich Wilhelm I. (1713–1740), hat seine Beamten und Untertanen mit Vorschriften förmlich überschüttet. Aber der »Dienst nach Vorschrift«, der heute paradox oder folgerichtig zu einer Sonderform des Streiks geworden ist, diente in einer noch traditionsbestimmten Gesellschaft dazu, den

Menschen das Ethos der zukunftweisenden Arbeitsgesellschaft einzuprägen. Auch im 19. Jahrhundert hat die Verwaltung große Modernisierungsleistungen erbracht, so im Zeitalter der preußischen Reformen und bei der Entwicklung des Zollvereins. Bismarck allerdings – ein gescheiterter Regierungsreferendar – hat schon behauptet: »Um eine Staatsverwaltung im tüchtigen Gang zu erhalten, müßten alle drei Jahre einige Minister, einige Generale und ein Dutzend Räte füseliert werden; man müßte alle Beamten mit dem fünfzigsten Lebensjahr wegjagen.«

48 Ein Hauptargument im Kampf gegen die Atomindustrie lautet, daß die Entsorgung ihrer Abfälle nicht gesichert ist. Offenbar genau darum richtet sich inzwischen der Hauptwiderstand gegen die Einrichtung von Zwischen- und Endlagern für den radioaktiven Abfall.

49 Über die Demokratie in Amerika, Zweites Buch, Ausgabe Stuttgart 1962, S. 46 (Erster Teil, Kapitel IX).

50 Das Wort führt zurück auf einen Aufsatz des Leipziger Professors Oskar Peschel (1826–1875), der in der Zeitschrift »Ausland« (Nr. 26 vom 17. Juli 1866, S. 695) über »Die Lehren der jüngsten Kriegsgeschichte« schrieb: »Wir sagten eben, daß selbst der Volksunterricht die Entscheidung der Kriege herbeiführe; wir wollen jetzt zeigen, daß, wenn die Preußen die Österreicher schlugen, es ein Sieg der preußischen Schulmeister über die österreichischen Schulmeister gewesen sei.«

51 Lehrfreiheit, Wissenschaft und Collegienfeld, Wien 1875, S. 15. – Stein, 1815–1890, ist vor allem berühmt geworden durch seine dreibändige »Geschichte der sozialen Bewegung in Frankreich von 1789 bis auf unsere Tage«, Neudruck Hildesheim 1959.

52 Der Kaiser selbst hat eine Episode geschildert: »Unter dem Eindruck der Leistungen der Technischen Hochschulen … beschloß ich, den Hochschulen dieselbe Berechtigung der Vertretung im [preußischen] Herrenhause zu verleihen, wie die Universitäten sie besaßen. Allein die Universitäten erhoben beim Kultusminister energischen Einspruch dagegen; es folgt ein heftiger Kampf gegen den klassisch-wissenschaftlichen Gelehrtenstolz, bis ich durch einen Erlaß meinen Willen durchsetzte.« (Wilhelm II., Ereignisse und Gestalten aus den Jahren 1878 bis 1918, Berlin und Leipzig 1922, S. 164.)

53 Reden des Kaisers – Ansprachen, Predigten und Trinksprüche Wilhelms II., herausgegeben von Ernst Johann, München 1966, S. 84 f.

54 Siehe zur näheren Darstellung vom Verfasser: Scheiterhaufen – Größe und Elend des deutschen Geistes, Neuausgabe Reinbek 1993.

55 Dokumente zur Hochschulreform 1945–1959, Veröffentlichungen der Westdeutschen Rektorenkonferenz, bearbeitet von R. Neuhaus, Wiesbaden 1961, S. 291.

56 Als Gesamtdarstellung mit dem Schwerpunktthema Forschung sei

genannt: Thomas Stamm, Zwischen Staat und Selbstverwaltung – Die deutsche Forschung im Wiederaufbau 1945–1965, Köln 1982.

57 Bildung ist Bürgerrecht – Plädoyer für eine aktive Bildungspolitik, Hamburg 1965, S. 151.

58 Statistisches Jahrbuch 1996 für die Bundesrepublik Deutschland, herausgegeben vom Statistischen Bundesamt, Stuttgart 1996, S. 386. – Auf die grundlegende Bedeutung der statistischen Jahrbücher für alles Zahlenmaterial sei hier nachdrücklich hingewiesen.

59 Nur als Beispiel sei ein Buchtitel von Peter Glotz genannt: Im Kern verrottet? Fünf vor zwölf an Deutschlands Universitäten, Stuttgart 1966.

60 Die Zahlen sind keineswegs unbedeutend. Zwar muß man die Gesamthochschulen, im Wintersemester 1995/95 mit 145 759 Studierenden, nach ihrer inneren Verfassung und ihren Problemen eher den Universitäten zurechnen. Aber 1995/96 gab es 17 148 Studenten an Pädagogischen Hochschulen (nur noch in Baden-Württemberg), 2796 an Theologischen Hochschulen, 29 906 an Kunsthochschulen, 397 942 an Fachhochschulen, 51 104 an Verwaltungsfachhochschulen. Siehe Statistisches Jahrbuch, a.a.O.

61 Man hat vom »System Althoff« gesprochen: Friedrich Althoff, 1839–1908, war seit 1882 Vortragender Rat im preußischen Kultusministerium. Bis 1907 leitete er die Hochschulabteilung und seit 1897 als Ministerialdirektor auch die Abteilung für das höhere Schulwesen. Geradezu tyrannisch, in der Regel aber segensreich setzte er seine Entscheidungen durch, von Protesten unbeeindruckt. Übrigens besaß er das für einen Beamten seines Dienstranges höchst ungewöhnliche Recht zum direkten Vortrag bei Seiner Majestät. Siehe zur Literatur: Reinhard Lüdicke, Die preußischen Kultusminister und ihre Beamten im ersten Jahrhundert des Ministeriums, 1817–1917, Stuttgart und Berlin 1918; Arnold Sachse, Friedrich Althoff und sein Werk, Berlin 1928.

62 Es sei daran erinnert, daß unser Verfassungssystem auf die repräsentative, nicht auf die direkte Demokratie ausgerichtet ist. Nach Artikel 38, Absatz 1 des Grundgesetzes sind Abgeordnete »Vertreter des ganzen Volkes, an Aufträge und Weisungen nicht gebunden und nur ihrem Gewissen unterworfen«. Auch wenn im politischen Alltag die Partei- und Fraktionsdisziplin herrscht, als Voraussetzung eines halbwegs berechenbaren Regierens oder Opponierens, handelt es sich doch um ein regulatives Grenzprinzip. Der Zeitgeist macht sich allerdings – besonders in Länderverfassungen – in der zunehmenden Bereitschaft bemerkbar, Volksentscheide zuzulassen und auch innerparteilich auf Urabstimmungen zurückzugreifen.

63 Der deutsch-italienische Sozialwissenschaftler Robert Michels, 1876–1936, veröffentlichte 1911 sein Buch »Zur Soziologie des Parteiwe-

sens in der modernen Demokratie« (1970 von Werner Conze neu herausgegeben), in dem er das Gesetz der Oligarchie formulierte und anschaulich machte. – Zum Thema »Eliten« seien als Literatur genannt: Wolfgang Zapf, Wandlungen der deutschen Elite – Ein Zirkulationsmodell deutscher Führungsgruppen 1919–1961, München 1965; Dieter Voigt, Elite in Wissenschaft und Politik – Empirische Untersuchungen und theoretische Ansätze, Berlin und München 1987; Thomas Leif, Hans-Josef Legrand, Ansgar Klein (Herausgeber): Die politische Klasse in Deutschland – Eliten auf dem Prüfstand, Bonn 1992; Wilhelm Bürklin und Hilke Rebenstorf (Herausgeber): Eliten in Deutschland – Rekrutierung und Integration, Leverkusen 1997.

64 William H. Whyte Jr., The Organization Man, New York 1956, deutsch: Herr und Opfer der Organisation, Düsseldorf 1958; David Riesman, Reuel Denny, Nathan Glazer: Die einsame Masse – Eine Untersuchung der Wandlungen des amerikanischen Charakters, Hamburg 1958; amerikanische Erstausgabe »The Lonely Crowd« 1950.

65 Es sei an die bekannte Studie erinnert, die Theodor W. Adorno und andere unter dem Eindruck der deutschen Gewaltherrschaft in Amerika durchführten und 1950 unter dem Titel »The Authoritarian Personality« veröffentlichten. Deutsche Ausgabe: Studien zum autoritären Charakter, mit einer Vorrede von Ludwig von Friedeburg, Frankfurt am Main 1973.

66 Fürst Philipp zu Eulenburg, Mit dem Kaiser als Staatsmann und Freund auf Nordlandreisen, Dresden 1931, Band II, S. 96.

67 Erster Teil, Viertes Buch, IV. – Herder, 1744–1803, schrieb die »Ideen zur Philosophie der Geschichte der Menschheit«, in mancher Hinsicht eine poetische Pionierarbeit philosophischer Anthropologie, in den Jahren 1784 bis 1791; der Schlußteil blieb allerdings unausgeführt.

68 Ulrich Beck, Risikogesellschaft – Auf dem Weg in eine andere Moderne, Frankfurt am Main 1986, S. 66.

69 Eine genaue zeitgenössische Darstellung hat Helmut Schelsky in seinem Buch »Wandlungen der deutschen Familie in der Gegenwart« geliefert; zuerst 1953, 5. Auflage Stuttgart 1967. – Als Kehrseite gehörte zur Aufwertung der Familie als Fluchtburg des einzelnen die Prüderie, die die fünfziger Jahren kennzeichnete.

70 Eine geradezu liebevolle Beschreibung hat Günter Gaus in seinem Buch »Wo Deutschland liegt – Eine Ortsbestimmung« geliefert (Hamburg 1983). Gaus' Gegenbild folgte in dem Buch »Die Welt der Westdeutschen – Kritische Betrachtungen«, Köln 1986.

71 Zur Literatur seien genannt: Helmut Klages und Peter Kmieciak (Herausgeber), Wertewandel und gesellschaftlicher Wandel, Frank-

furt am Main 1979; Walter Jaide, Wertewandel?, Opladen 1983; Wirtschaftlicher Wandel, religiöser Wandel und Wertewandel – Folgen für das politische Verhalten in der Bundesrepublik Deutschland, herausgegeben von D. Oberndörfer, H. Rattinger und K. Schmitt, Berlin und München 1985; Elisabeth Noelle-Neumann, Werden wir alle Proletarier? Wertewandel in unserer Gesellschaft, Zürich 1978; Elisabeth Noelle-Neumann und Burkhard Strümpel, Macht Arbeit krank? Macht Arbeit glücklich?, München 1984; Ronald Inglehart, Kultureller Umbruch – Wertewandel in der westlichen Welt, Frankfurt am Main 1990; Renate Köcher und Joachim Schild (Herausgeber), Wertewandel in Deutschland und Frankreich – Nationale Unterschiede und europäische Gemeinsamkeiten, Leverkusen 1997.

72 Nur als Beispiel sei genannt: »Ein Manifest – Weil das Land sich ändern muß«, von Marion Dönhoff, Meinhard Miegel, Wilhelm Nölling, Edzard Reuter, Helmut Schmidt und Wolfgang Thierse, Reinbek 1992. Der Augenblicksbeachtung folgte konsequent die Wirkungslosigkeit, weil die geforderte Erneuerung nirgendwo nennenswert über die Rückkehr zu den Tugenden der Arbeitsgesellschaft hinausführte. – Man denke auch an die Berliner Rede des Bundespräsidenten Roman Herzog vom 26. April 1997 (abgedruckt unter anderem in: FAZ vom 29. 4. 97). Es heißt da, zunächst zur Diagnose: »Der Verlust wirtschaftlicher Dynamik, die Erstarrung der Gesellschaft, eine unglaubliche mentale Depression – das sind die Stichworte der Krise.« Und: »Eine von Ängsten erfüllte Gesellschaft wird unfähig zu Reformen und damit zur Gestaltung der Zukunft. Angst lähmt den Erfindergeist, den Mut zur Selbständigkeit, die Hoffnung, mit den Problemen fertig zu werden. Unser deutsches Wort ›Angst‹ ist bereits als Symbol unserer Befindlichkeit in den Sprachschatz der Amerikaner und Franzosen eingeflossen. ›Mut‹ und ›Selbstvertrauen‹ scheinen dagegen aus der Mode gekommen zu sein.« – Es folgt eine Beschreibung der Änderungsrituale, »die immer nach dem gleichen Muster ablaufen, nach einer Art Sieben-Stufen-Programm. – 1. Am Anfang steht ein Vorschlag, der irgendeiner Interessengruppe Opfer abverlangen würde. – 2. Die Medien melden eine Welle ›kollektiver Empörung‹. – 3. Spätestens jetzt springen die politischen Parteien auf das Thema auf, die einen dafür, die anderen dagegen. – 4. Die nächste Phase produziert ein Wirrwarr von Alternativvorschlägen und Aktionismen aller Art, bis hin zu Massendemonstrationen, Unterschriftensammlungen und zweifelhaften Blitzumfragen. – 5. Es folgt allgemeine Unübersichtlichkeit, die Bürger werden verunsichert. – 6. Nunmehr erschallen von allen Seiten Appelle zur Besonnenheit. – 7. Am Ende steht meist die Vertagung des Problems. Der Status quo setzt sich durch. Alle warten

auf das nächste Thema.« – Am Ende der Rede heißt es indessen so frohgemut wie folgenlos: »Wir müssen jetzt an die Arbeit gehen. Ich rufe auf zu mehr Selbstverantwortung. Ich setze auf erneuten Mut. Und ich vertraue auf unsere Gestaltungskraft. Glauben wir wieder an uns selbst. Die besten Jahre liegen noch vor uns.«

73 Nr. 8, 19. Februar 1996, S. 170 ff.

74 Im Schatten der Geschichte – Historisch-politische Variationen aus zwanzig Jahren, Stuttgart 1985, S. 65.

75 Von »panem et circences« spricht Juvenal (etwa 60 bis 140 nach Christus) in seinen Hexameter-Gedichten (10/81): Das Volk fordert von den Kaisern kostenlos Brot und die Zirkusspiele, ohne sich noch um das Gemeinwohl zu kümmern.

76 Wohl noch ausgeprägter als in Preußen waren die klassischen Institutionen Englands – von den Public Schools wie Harrow und Eton über das Clubwesen und das Parlament bis zur Marine – reine Männersache. Vielleicht stellte sich darum die Bewegung der Suffragetten besonders militant dar, die unter der Führung Emmeline Pankhursts seit 1903 in der »Women's Social and Political Union« den Kampf um das Frauenwahlrecht organisierte.

77 Der Neid nahm vielfach die Form der Abwertung an: Man erklärte die englischen Lebensformen für bloß äußerlich, für puren Schein ohne tiefere Moral. Schon Theodor Fontane hat das Muster geschaffen: 1854 heißt es in seiner Beschreibung »Ein Sommer in London«: »England und Deutschland verhalten sich zueinander wie Schein und Sein ... Du brauchst kein Gentleman zu sein, du mußt nur die Mittel haben, als solcher zu erscheinen, und du bist es.« (Sämtliche Werke, Nymphenburger Ausgabe, herausgegeben von Edgar Gross, München 1959/60, Band XVII, S. 173 ff.) Vierzig Jahre später taucht im »Stechlin« die fatale Formel auf: »Sie sagen Christus und meinen Kattun.« – Als dann im Ersten Weltkrieg der Englandhaß explodierte und man sich über das »perfide Albion« empörte, vollendete sich die Umkehrung, die Projektion: Der Neid, den man selbst empfand, wurde auf den Feind übertragen. So schrieb der berühmte Altphilologe Ulrich von Wilamowitz-Moellendorff über England: »Dort ist der eigentlich treibende böse Geist, der diesen Krieg emporgerufen hat aus der Hölle, der Geist des Neides und der Heuchelei. Was gönnen sie uns nicht? Unsere Freiheit, unsere Selbständigkeit wollen sie untergraben, jenen Bau der Ordnung, der Gesittung und der freilich selbstbewußten Freiheit, den wir uns errichtet haben, wollen sie zerstören, die Tüchtigkeit und Ordnung nicht bloß in unserem Heer und in unserem Staatsaufbau, nein, in dem ganzen Bau unserer Gesellschaft. Wenn der englische Marineoffizier jetzt durch ein feines, schönes Glas hinausschaut, umschaut nach deutschen Kreuzern, so ärgert ihn – wir ver-

denken es ihm nicht –, daß das Glas in Jena geschliffen sein wird, und die Kabel, die die Meere durchziehen, sind zum größten Teil in Charlottenburg am Nonnendamm gefertigt. Die Güte der deutschen Arbeit wurmt ihn.« (Krieges Anfang, neu abgedruckt in: Aufrufe und Reden deutscher Professoren im Ersten Weltkrieg, herausgegeben von Klaus Böhme, Stuttgart 1975, S. 59 f.)

78 Siehe dazu: S. Lilley, Technischer Fortschritt und die Industrielle Revolution 1700 bis 1914, in: C. Cipolla und K. Borchardt (Herausgeber): Die industrielle Revolution (Europäische Wirtschaftsgeschichte Band 3), Stuttgart 1976, S. 156 ff.

79 Michael Stürmer, Das ruhelose Reich – Deutschland 1866 bis 1918, 2. Auflage Berlin 1983, S. 88.

80 Zur Darstellung des deutschen Schuldproblems in der Vorgeschichte und Geschichte des Ersten Weltkriegs sei verwiesen auf das grundlegende und trotz allen Widerspruchs eine Wende bewirkende Buch von Fritz Fischer: Griff nach der Weltmacht – Die Kriegszielpolitik des kaiserlichen Deutschland 1914/18, Düsseldorf 1961. Zur Darstellung im weiteren Zusammenhang siehe vom Verfasser: Die Deutschen in ihrem Jahrhundert 1890 bis 1990, Reinbek 1990.

81 Alfred Zänker: Sieben Aufsteiger haben in nur einem Jahrzehnt ihre Produktion verdoppelt, in: Welt am Sonntag vom 7. Juli 1996; die Darstellung beruht auf einer Untersuchung der Schweizerischen Bankgesellschaft (SBG) in Zürich.

82 Die deutsche Ideologie (1845/46), Thesen über Feuerbach 2, in: Karl Marx, Die Frühschriften, herausgegeben von Siegfried Landshut, Stuttgart 1953, S. 339.

83 Die denkbar vergnüglichste Anschauung bietet der Film aus dem Jahre 1950 »Kind hearts and coronets«, deutsch: »Adel verpflichtet«, mit Alec Guiness – seit 1959 Sir Alec – in der Hauptrolle. Ein liebenswürdiger junger Mann mordet sich zielbewußt durch die Verwandtschaft, um den Herzogstitel und das zugehörige Vermögen zu erben.

84 Zu Churchills großen literarischen Leistungen gehört die Biographie des ersten Herzogs von Marlborough; sie erschien in den erzwungenen Mußejahren vor dem Zweiten Weltkrieg zwischen 1933 und 1938.

85 Eine knappe, aber eindringliche Persönlichkeitsskizze Churchills liefert Sebastian Haffner in seinem Buch: Im Schatten der Geschichte – Historisch-politische Variationen aus zwanzig Jahren, Stuttgart 1985, S. 257 ff.

86 Auch die Labourregierungen nach 1945 konnten wenig erreichen, weil sie im Klassenschema nur den Gegenpol zu den Konservativen verkörperten und teils auf den Ausbau des Wohlfahrtsstaates, teils

auf die Verstaatlichung der alten Schlüsselindustrien setzten. Erst Margaret Thatcher bewirkte eine Umwälzung, weil das Kleinbürgertum, aus dem sie aufstieg, im Grunde traditionslos weder dem einen noch dem anderen Feldlager verpflichtet war. Im Ergebnis hat sie nicht nur die konservative Partei, sondern auch die Labour Party aus ihren alten Verankerungen gerissen und ihr damit die Chance zur Reform und zu erneuerter Regierungsfähigkeit verschafft, weil sie die traditionelle Gewerkschaftsmacht zerschlug, von der Labour bis dahin abhängig war.

87 Alexis de Tocqueville, Über die Demokratie in Amerika, Erster Band, Einleitung, zuerst 1835, deutsche Ausgabe Stuttgart 1959, S. 9.

88 Quelle: Siehe Anmerkung 81. Zu den Ländern, die im Jahrzehnt 1985/95 ein Wachstum von über 50 bis 100 Prozent erzielten, gehörten auch Vietnam, Chile, Hongkong, Indien, Pakistan, Israel, Irland; in Afrika immerhin Ghana, Nigeria und Ägypten. Die Weltbank prognostiziert für den asiatisch-pazifischen Raum bis 2005 ein weiteres Wachstum von knapp 8 Prozent im Jahr. Insgesamt bieten die Weltwirtschaft und die Entwicklung des Welthandels ein sehr dynamisches Bild.

89 Meinhard Miegel, Arbeit ohne Zukunft? In: Managermagazin, März 1997, S. 204.

90 Der Satz stammt aus der Ballade von Gottfried August Bürger (1747–1794) »Der Kaiser und der Abt«. Der Klosterschäfer von St. Gallen, Hans Bendix, löst mit Mutterwitz die Rätsel, die der Kaiser seinem Abt aufgegeben hat und an denen die Gelehrten scheitern. Daraufhin will der Kaiser den Schäfer zum Abt machen, doch der wehrt ab: »Mit Gunsten, Herr Kaiser! Das laßt nur hübsch bleiben! Ich kann ja nicht lesen noch rechnen noch schreiben; auch weiß ich kein sterbendes Wörtchen Latein. Was Hänschen versäumet, holt Hans nicht mehr ein.« Aber mit dem Berufsbild des Schäfers ist uns nicht mehr zu helfen.

91 Das Edikt von Potsdam ist ein bewegendes Dokument, das man noch heute mit Nutzen lesen kann. An seinem Ende heißt es: »In allen und ieden Unsern Landen und Provincien wollen wir gewisse Commissarien bestellen lassen, zu welchen offt gedachte Frantzösische Leute so wol bey ihrer Ankunfft als auch nachgehends ihre Zuflucht nehmen, und bey denselben Rath und beystandes sich erholen sollen, Inmaßen wir denn auch allen Unsern Stadthaltern, Regierungen auch andern Bedienten und Befehlshabern, in Städten und auf dem Lande, in allen Unsern provincien, so wol vermittels dieses Unseres offenen Edicts, als auch durch absonderlichen Verordnungen, gnädigst und ernstlich anbefehlen wollen, dass sie offterwehnte, Unsere Evangelisch-Reformierte Glaubensgenossen, Frant-

zösischer Nation, so viel sich deren in Unsern Landen einfinden werden, samt und sonders unter ihren absonderlichen Schutz und protection nehmen, bei allen ihnen gnädigst concedirten Privilegiis sie nachdrücklich mainteniren und handhaben, auch keinesweges zugeben wollen, dass ihnen das geringste Übel, Unrecht oder Verdruss zugefügt, sondern vielmehr im Gegentheil alle Hülfe, Freundschaft, Liebes und Gutes erwiesen werden. – Urkundlich haben Wir dieses Edict eigenhändig unterschrieben, und mit Unserm Gnaden-Siegel bedrucken lassen. So geschehen zu Potsdam, den 29. Octobr 1685. Friedrich Wilhelm Churfürst.« Die brandenburg-preußische Aufnahmepolitik ist auch später fortgesetzt worden, zum Beispiel durch den »Soldatenkönig« Friedrich Wilhelm I. mit der Ansiedlung der aus Salzburg vertriebenen Protestanten in Ostpreußen und mit der Berufung von Schweizern oder Niederländern. »Schweizer« wurde zu einer eigenen Berufsbezeichnung für den qualifizierten Melker-meister.

92 Es ist aufschlußreich, daß die Sprachbarriere nie ein Hindernis war, obwohl die Hugenotten das Französische als ihre erste Sprache für Generationen bewahrten. Einerseits übernahmen die Berliner, nicht selten verballhornt, viele französische Ausdrücke; andererseits wurde die Beherrschung des Französischen in den Oberschichten selbstverständlich. Jetzt, da das Englische zur Weltsprache der Wissenschaft und der Informatik aufgerückt ist, sollte es erst recht kein Hindernis geben; schon heute werden akademische Prüfungsarbeiten zum Teil auf englisch geschrieben. Erst recht gilt das für Forschungsarbeiten; zumindest werden sie mit englischen Zusammenfassungen versehen.

93 Noch einmal sei daran erinnert, welchen Entwicklungsschub die Aufnahme der aus Deutschland seit 1933 vertriebenen Gelehrten für die amerikanischen Universitäten erbracht hat.

94 Marion Aberle, »Mein Hühnerstall ist doch kein Atomkraftwerk« – Das Wirken der Agrar- und Umweltschutzbürokratie in der Praxis, in: Frankfurter Allgemeine Zeitung vom 26. März 1996, S. 20. Siehe auch den Nachfolgebericht von Carsten Tilger, »Ein Landwirt, 19 000 Hühner und zwölf Behörden«, in: FAZ vom 18. Februar 1997, S. 17. – Eine drastische Problemdarstellung gab Helmut Schmidt: »Der Paragraphenwust tötet den Unternehmergeist«, in: DIE ZEIT, 4. April 1997, S. 3.

95 Frankfurter Allgemeine Zeitung vom 30. Dezember 1995, S. 4.

96 Siehe von Cyril Northcote Parkinson: Parkinsons Gesetz und andere Untersuchungen über die Verwaltung, Reinbek 1966 und öfter. – Sein erstes Beispiel fand Parkinson in der Marinebürokratie, der britischen Admiralität, bei der er selbst einmal angestellt war. Parkinson stellte fest, daß die Zahl der Verwaltungsbeamten beharrlich

wuchs, während die der Schiffe und Seeleute ebenso beharrlich abnahm. 1914 gab es 62 Großkampfschiffe, 1928 nur noch 20. Gleichzeitig sank die Zahl der Seeleute von 146 000 auf 100 000; die Marinebürokraten aber vermehrten sich von 2000 auf 3569. 1954 waren es dann fast 34 000, während die Schiffe und Seeleute sich weiter und drastisch verminderten. Überall fand Parkinson dann ähnliches. Im Kolonialamt wurden zwischen 1939 und 1957 aus 450 fast 2000 Staatsdiener – in einer Zeit, als das Kolonialreich sich auflöste. – An den Namen anknüpfend liegt es nahe, von der Parkinsonschen Krankheit, der Schüttellähmung zu sprechen. Sie stellt sich ein, wenn Beamte auf ihre Weise streiken, das heißt »Dienst nach Vorschrift« leisten. Die peinliche Beachtung der eigenen Verordnungen und Richtlinien reicht vollkommen aus, um die Schüttellähmung zu erzeugen: Das Staatsschiff arbeitet, rumort und vibriert mit ganzer Kraft: »Volldampf voraus!« – und nichts bewegt sich … Aber man lese selbst, wie zwingend Parkinson sein »Gesetz« entwickelt, dem großen Entdecker Charles Darwin im Reich der Naturforschung vergleichbar.

97 Eine alte Einrichtung könnte zum Teil als Vorbild dienen: Das ERP-Sondervermögen, das in der Nachkriegszeit aus der amerikanischen Aufbauhilfe des Marshall-Plans entstand. 1994 wurde es allerdings durch die Zusammenlegung mit dem Bundeseisenbahnvermögen verunstaltet.

98 Siehe zur Darstellung und Diskussion: Michael Opielka (Herausgeber), Grundrente in Deutschland (Perspektiven der Sozialpolitik 6), Leverkusen 1997.

99 Siehe dazu: »Rentenkrise. Und wie wir sie meistern können.« Mit Beiträgen von Gary S. Becker, Gert Dahlmanns, Stefan Homburg, Manfred Neumann, J.-Matthias Graf von der Schulenburg und Susanne Wähling, herausgegeben vom Frankfurter Institut – Stiftung Markwirtschaft und Politik, Bad Homburg 1997.

100 Ideen zu einem Versuch, die Grenzen der Wirksamkeit des Staates zu bestimmen, zuerst 1792, Ausgabe Stuttgart 1967, S. 32 f. – Unwillkürlich wird man auch an das erinnert, was ein anderer unter den großen preußischen Reformern, der Freiherr vom Stein, geschrieben hat: »So wie die Erfahrung bewiesen, daß nach der Lancasterschen und Bellschen Methode man die Schulknaben selbst, indem man ihnen Vertrauen zeigt, ihre Selbständigkeit anspricht, zum Unterricht in den Schulen brauchen und ein Schulmeister-Heer ersparen kann, so zeige man uns gleiches Vertrauen, überlasse uns unsere eigenen Angelegenheiten, setze uns denen Schulknaben gleich und erspare uns ein Beamtenheer!« (Zitiert nach Gerhard Ritter: Stein – Eine politische Biographie, neugestaltete 3. Auflage Stuttgart 1958, S. 199.)

101 Am Vorabend der Währungsreform vom November 1923 wurde der Geldumlauf auf 400 338 326 350 700 000 000 Mark geschätzt; nach dem Zusammenstreichen im Verhältnis von einer Billion zu eins blieben von den 154 Milliarden Mark Reichsschulden des Ersten Weltkriegs, der hauptsächlich durch Anleihen finanziert worden war, noch 15,4 Pfennige. Sarkastisch hat Hagen Schulze angemerkt: »Fiskalisch gesehen ist der Erste Weltkrieg der billigste Krieg, der je geführt wurde.« (Weimar – Deutschland 1917–1933, Berlin 1982, S. 36.) Aber in seiner Dankesrede zur Verleihung des Friedensnobelpreises 1927 in Oslo hat Gustav Stresemann mit Recht darauf hingewiesen, »daß jene geistige und gewerbliche Mittelschicht, die traditionsgemäß Trägerin des Staatsgedankens war, ihre völlige Hingabe an den Staat im Kriege mit der völligen Aufgabe ihres Vermögens bezahlte und proletarisiert wurde«. (Gustav Stresemann, Vermächtnis – Der Nachlaß in drei Bänden, herausgegeben von Henry Bernhard, Band 3, Berlin 1933, S. 463.) – Als Literatur zum Thema sei genannt: Gerald D. Feldmann (Herausgeber), Die Nachwirkungen der Inflation auf die deutsche Geschichte 1924–1933, München 1985. Zur Inflation selbst: Jörgen Pedersen und Karsten Laursen, The German Inflation 1918–1923, Amsterdam 1964.

102 Als ein Beispiel aus der zahlreichen Literatur sei genannt: Heinrich Bennecke, Wirtschaftliche Depression und politischer Radikalismus 1918–1938, München 1970; speziell zur Weltwirtschaftskrise gibt es die ebenso kritische wie gründliche Arbeit von Harold James, Deutschland in der Weltwirtschaftskrise 1924 – 1936, Stuttgart 1988.

103 Keynes, 1883–1946, veröffentlichte sein Buch »The General Theory of Imployment, Interest, and Money« 1935; bereits 1936 erschien eine deutsche Übersetzung. Zu Keynes' Lehre gehörte, daß der Staat in der Hochkonjunktur sparen, die Krise aber durch das »deficit spending«, die erhöhten Ausgaben, bekämpfen soll. – Heinrich Brüning, 1885–1970, deutscher Reichskanzler von 1930 bis 1932, antwortete auf die Krise mit Ausgabenkürzungen und mit der Verordnung von Preis-, Lohn- und Gehaltssenkungen, also mit massiver Sparpolitik.

104 Der Anteil der Ausgaben für die Wehrmacht stieg von 4 Prozent der öffentlichen Ausgaben 1933 auf etwa 50 Prozent 1938. Damit erreichte der Anteil der Staatsausgaben (ohne Kommunalverwaltungen und Sozialversicherungen) 35 Prozent des Volkseinkommens, gegenüber 23,8 Prozent in Großbritannien und nur 10,7 Prozent in den Vereinigten Staaten.

105 Im Rückblick möchte man fast an eine Schicksalsverbindung glauben: Wie Roosevelt ein paar Tage früher als Hitler sein Amt antrat, so starb er auch 18 Tage vor ihm, am 12. April 1945.

106 Ein schwieriges Vaterland – Zur Politischen Kultur Deutschlands, München 1979, S. 321.

107 Siehe die oben, S. 76, zitierte Umfrage.

108 Interessant wäre es, in diesem Zusammenhang die Rolle der PDS in den neuen Bundesländern genauer zu untersuchen. Ihr zwiespältiges Profil entspricht der zwiespältigen Funktion, die sie übernommen hat. Ihre ostdeutsche Mitglieder- und Wählerschaft befindet sich gegenüber der Entwicklung in Westdeutschland in einem zeitlichen Verzug. So übernimmt die PDS einerseits den politischen Protest, der aus dem Zusammenbruch der Arbeitsgesellschaft in der ehemaligen DDR stammt. Andererseits bemüht sich die Partei um Einordnung ins politische System der Bundesrepublik. Damit bändigt und entschärft sie den Protest, und sofern sie von ihren Gegnern nicht zu ihm abgedrängt wird, übernimmt sie zu einem Teil sogar die Funktion, ihre Anhänger an den westdeutschen Entwicklungsstand heranzuführen.

109 Der Begriff ist von Dolf Sternberger geprägt worden; siehe seine Rede zur 25-Jahr-Feier der Akademie für Politische Bildung in Tutzing, Frankfurter Allgemeine Zeitung vom 31. August 1982. Siehe von Sternberger auch: Verfassungspatriotismus, herausgegeben von Peter Haungs, Klaus Landfried, Elsbet Orth und Bernhard Vogel, Frankfurt am Main 1990. Der Begriff ist später von Jürgen Habermas und anderen aufgenommen worden.

110 Die grundlegende theoretische Arbeit zum Thema stammt von Niklas Luhmann: Legitimation durch Verfahren, Neuwied und Berlin 1969.

111 Das Grundgesetz – eine säkularisierte Heilsordnung? Zur Technik der politischen Triebbefriedigung, in: Grundgesetz und politische Praxis, München 1974, S. 137.

112 Ein Ausdruck der pathologischen Situation in der Weimarer Republik ist der pathologische Begriff, den Carl Schmitt entwickelte. Siehe von ihm: Der Begriff des Politischen, 3. Auflage 1933 (zuerst 1927) und andere Schriften, die vor 1933 erschienen. Fast folgerichtig hat der Staatsrechtlehrer Schmitt nach 1933 die Zerstörung des Rechtsstaates durch die Gewaltherrschaft gerechtfertigt. Bestürzend ist, in wie vielen Auslegungen der Gegenwart Carl Schmitt verherrlicht und das deutsche Verhängnis hinwegerklärt wird, das er repräsentierte.

113 Am Ende seiner großen Abhandlung »Zur Geschichte der Religion und Philosophie in Deutschland« (zuerst 1835) hat Heinrich Heine prophetisch geschildert, was geschieht, wenn philosophische Weltentwürfe in innerweltliche Heilslehren umgesetzt werden. Die radikale Erlösung zum vollendet Guten setzt die radikale Zerstörung des Bestehenden voraus, und Heine spricht von den Schrecken der

Vernichtung in ihren »philosophischen« Spielarten. »Doch noch schrecklicher als alles wären Naturphilosophen, die handelnd eingriffen in die deutsche Revolution und sich mit dem Zerstörungswerk selbst identifizieren würden … Das Christentum – und das ist sein schönstes Verdienst – hat jene brutale germanische Kampflust einigermaßen besänftigt, konnte sie jedoch nicht zerstören, und wenn einst der zähmende Talisman, das Kreuz, zerbricht, dann rasselt wieder empor die Wildheit der alten Kämpfer, die unsinnige Berserkerwut, wovon die nordischen Dichter soviel singen und sagen. Jener Talisman ist morsch, und kommen wird der Tag, wo er kläglich zusammenbricht. Die alten steinernen Götter erheben sich dann aus dem verschollenen Schutt und reiben sich den tausendjährigen Staub aus den Augen, und Thor mit dem Riesenhammer springt endlich empor und zerschlägt die gotischen Dome.«

114 Guy Kirsch, Radikale Liberalität in einer geizigen Welt – Gedanken zur Umorientierung, in: aus politik und zeitgeschichte, Beilage zu: Das Parlament, 9. Juni 1979, S. 24.

115 Zu dieser Diskussion seien als Buchtitel genannt: Günter Gorschenek (Herausgeber), Grundwerte in Staat und Gesellschaft, 3. Auflage München 1978; Alexander Schwan, Grundwerte der Demokratie – Orientierungsversuche im Pluralismus, München 1978; Otto Kimminich (Herausgeber), Was sind Grundwerte? Zum Problem ihrer Inhalte und ihrer Begründung, Düsseldorf 1977; Josef Stimpfle, Die Grundwerte in der Sicht der katholischen Kirche, Stuttgart 1979; Heinrich Basilius Streithofen, Macht und Moral – Die Grundwerte in der Politik, Stuttgart, Berlin, Köln, Mainz 1979; Carl Schmitt, Eberhard Jüngel, Sepp Schelz, Die Tyrannei der Werte, Hamburg 1979.

116 Bernd Guggenberger, Claus Offe: Politik an der Basis – Herausforderung der parlamentarischen Demokratie, in: aus politik und zeitgeschichte, Beilage zu: Das Parlament, 26. November 1983, S. 6. Siehe auch den von Guggenberger und Offe herausgegebenen Sammelband: An den Grenzen der Mehrheitsdemokratie – Politik und Soziologie der Mehrheitsregel, Opladen 1984; siehe besonders die drastische Äußerung der Herausgeber, S. 12. – Zur Ironie des Sachverhaltes, von dem die Autoren ausgingen, gehört die Tatsache, daß der Beschluß zur Nachrüstung keineswegs zu »Tod und Vernichtung«, sondern im Gegenteil zu einem ersten und bahnbrechenden Vertrag über die Abrüstung geführt hat.

117 Unübersehbar geraten die Aufkündiger eines »überholten«, bloß quantitativen Demokratieverständnisses in die Nähe zu Carl Schmitt, der – 1932 – die Legitimität des wahren Volkswillens gegen die bloße Legalität der liberalen Demokratie ausspielte; in ihr,

so hieß es, gebe es nur die »künstliche Maschinerie« und den »statistischen Apparat« eines »Registriersystems geheimer Abstimmungen«. Siehe von Schmitt: Legalität und Legitimität, München und Leipzig 1932.

118 Siehe dazu vom Verfasser: Gewalt für den Frieden? – Die politische Kultur des Konflikts, 2. Auflage München und Zürich 1983.

119 Eine Erklärung hat Ernst Fraenkel schon vor Jahrzehnten gegeben: »Das Unbehagen an unserer Demokratie dürfte nicht zuletzt darauf zurückzuführen sein, daß Verfassungsrecht und Verfassungswirklichkeit auf der einen Seite und die demokratische Vulgärideologie auf der anderen Seite aus verschiedenen Quellen gespeist sind. Wir haben uns unsere Verfassungsordnung und weitgehend auch unsere Verfassungssoziologie von den Engländern und unsere Verfassungsideologie von den Franzosen ausgeborgt.« (Deutschland und die westlichen Demokratien, 4. Auflage Stuttgart, Berlin, Köln, Mainz 1968, S. 54.) Aus England stammt die repräsentative Demokratie mit ihrer »bloß formalen« Mehrheitsregel; der Klassiker ihrer Darstellung ist Edmund Burke. Aus Frankreich stammt dagegen die Lehre vom inhaltlich bestimmten und alles entscheidenden Gemein- oder Volkswillen, der »unten«, an der »Basis« sich bildet; der Klassiker ihrer Darstellung ist Jean-Jacques Rousseau. Der basisdemokratische Enthusiasmus, der die Ursprünge der »Grünen« als Bewegung bestimmte und von dem Fraenkel noch nichts wußte, war daher strikt rousseauistisch und »antienglisch« angelegt.

120 Walter Scheel (Herausgeber), Nach dreißig Jahren: Die Bundesrepublik Deutschland – Vergangenheit, Gegenwart, Zukunft, Stuttgart 1979, S. 15.

121 Iring Fetscher, Ökologie und Demokratie – ein Problem der politischen Kultur, in: aus politik und zeitgeschichte, Beilage zu: Das Parlament, 3. Juli 1982, S. 31.

122 Die Niederlande bildeten im 17. Jahrhundert die europäische Zitadelle der Toleranz und eine Stätte der Zuflucht für die Bedrohten und Verfolgten vieler Länder. John Locke (1632 bis 1704) schrieb und veröffentlichte seinen berühmten »Brief über Toleranz« im niederländischen Exil (Epistola de Tolerantia, A Letter concerning Toleration, zuerst Gouda 1689; Ausgabe mit englischem und deutschem Text Hamburg 1957). Auch die brandenburg-preußische Toleranz hat niederländische Wurzeln, vorbereitet durch die gemeinsame Konfession der Herrscherhäuser seit dem Übertritt der Hohenzollern zum Calvinismus im Jahre 1613. Der Große Kurfürst, dem wir das Edikt von Potsdam verdanken, verbrachte prägende Jugendjahre in den Niederlanden und heiratete 1646 die Prinzessin Luise Henriette von Oranien.

123 Siehe zum folgenden: Andreas Püttmann, Ziviler Ungehorsam und christliche Bürgerloyalität – Konfession und Staatsgesinnung in der Demokratie des Grundgesetzes, Paderborn u.a.O. 1994 (Politik- und kommunikationswissenschaftliche Veröffentlichungen der Görres-Gesellschaft, Band 9. Ergänzend dazu der Besprechungsaufsatz von Rupert Hofmann, Glauben und Politik in Zeiten der Kulturrevolution, in: Zeitschrift für Politik, Heft 4, Dezember 1996, S. 434 ff.

124 Renate Köcher, »Das Angstsyndrom«, in: Martina Fiez und Michael Jach (Herausgegeber): Zündstoff Kriminalität, Bonn 1994, S. 22 ff.

125 Püttmann, a.a.O., S. 22.

126 A.a.O., S. 76.

127 A.a.O., S. 77. – Rupert Hofmann kommentiert: »Die Mehrheit des 1. Senats des Bundesverfassungsgerichts lag demnach mit ihrer ›umwälzenden‹ (Bernd Rüthers) Sitzblockadenentscheidung vom Januar 1995 durchaus im Trend, wenn auch nicht auf der Linie einer jahrzehntelang gültigen Rechtsprechung, ein gutes Beispiel für die Anpassung der Verfassungsauslegung an eine verfassungswidrige soziale Wirklichkeit. Diese zeichnet sich aus durch hohe Akzeptanzwerte für illegale Protestformen der verschiedensten Art, wobei die Übergänge vom vorgeblich oder vermeintlich gewaltfreien zivilen Ungehorsam zu politischer Gewalttätigkeit fließend sind.« (A.a.O., S. 435; vergleiche Püttmann, S. 80 ff. Zum Urteil, von dem die Rede ist: Entscheidungen des Bundesverfassungsgerichts – BVerfGE – Band 92, 1995, S. 1 ff.)

128 Püttmann, a.a.O., S. 269 ff. – In der neueren evangelischen Theologie war es vor allem Dietrich Bonhoeffer, der die Zusammenhänge unter dem Titel »Die letzten und die vorletzten Dinge« zum Thema gemacht hat: »Ursprung und Wesen allen christlichen Lebens liegt beschlossen in dem einen Geschehen, das die Reformation Rechtfertigung des Sünders aus Gnade allein genannt hat.« Die Konsequenz heißt: »Es gibt also kein Vorletztes an sich ..., sondern zum Vorletzten wird etwas durch das Letzte, das heißt in dem Augenblick, in dem es bereits außer Kraft gesetzt ist. Das Vorletzte ist also nicht Bedingung des Letzten, sondern das Letzte bedingt das Vorletzte.« (Ethik, herausgegeben von Eberhard Bethge, 2. Auflage München 1953; Zitate S. 75 und 85.) Untheologisch ausgedrückt: Der christliche Glaube ermöglicht und trägt den innerweltlichen Unglauben; löst der Glaube sich auf, so drängt das Letzte ins Vorletzte hinein und macht es unkenntlich; es entstehen die innerweltlichen Untergangsängste und Heilserwartungen. Es sei dazu an Heinrich Heines prophetische Schilderung erinnert (siehe Anmerkung 113). In der Anknüpfung an Heine hat Helmuth Plessner das Entstehen von

»Weltfrömmigkeit« aus dem säkularisierten Luthertum als ein Grundproblem der neueren deutschen Geschichte dargestellt. (Die verspätete Nation – Über die politische Verführbarkeit bürgerlichen Geistes, Stuttgart 1959.)

129 Die eindringlichste Darstellung findet man bei Hannah Arendt: Vita activa oder Vom tätigen Leben, amerikanische Erstausgabe »The Human Conditon« 1958; deutsche Taschenbuchausgabe, 5. Auflage München 1987.

130 In älteren Gesangbüchern findet man noch das »Gebet eines Dienstboten«, das auf Luther zurückgeht und in dem es heißt: »Lieber Herr Gott, ich danke dir, daß du mich in diesen Stand, Handwerk und Dienst geordnet hast ... Ich will gern tun, was ich tun soll, meinem Herrn, meiner Frau und meinem Meister zu Gefallen sein und lassen, was sie wollen. Ob ich gleich zuweilen gescholten werde, was schadets, sintemal ich das fürwahr weiß, daß mein Stand dir ein Dienst und wohlgefällig Leben ist. Darum will ich solchem Stande zu Ehren und zu Dienste auch gerne etwas tun und leiden, allein gib du mir Gnade und Geduld dazu. Amen.«

131 Daß es die Gewissensbisse durchaus geben kann, zeigt ein Vergleich mit der japanischen Arbeitsgesellschaft. Obwohl (oder weil) dort die Frei-Zeiten knapper bemessen sind als in Deutschland, wird immer wieder berichtet, daß Angestellte nur einen Teil ihres Urlaubs in Anspruch nehmen und vorzeitig in die Firma zurückkehren.

132 Eine meisterhafte Darstellung findet man bei Herbert Schöffler: England das Land des Sportes; Hefte zur Englandkunde 9, Leipzig 1935. Siehe auch vom Verfasser: Sport, Gesellschaft, Politik – Eine Einführung, München 1980.

133 Politik – Vorlesungen, herausgegeben von Max Cornicelius, 2 Bände, Leipzig 1897 und 1898; hier: Band I, S. 50 f.

134 Der spanische Philosoph José Ortega y Gasset hat dazu geschrieben: »Von überall, das heißt von allen revolutionären Zonen der Geschichte, bricht der wilde Haß der unteren Klassen gegen die oberen hervor, weil diese die Jagd beschränkt hatten ... Eine der Ursachen der Französischen Revolution war der Groll der Bauern, weil man sie nicht jagen ließ; aus diesem Grunde war dies auch eines der ersten Vorrechte, auf das die Adligen verzichten mußten. Bei jeder Revolution war es immer das erste, daß das Volk über die Einfriedigungen der Gehege sprang oder sie niederriß und im Namen der sozialen Gerechtigkeit den Hasen und das Rebhuhn verfolgte.« (Meditationen über die Jagd, Ausgabe Stuttgart 1953, S. 24.) – Auch in der deutschen Revolution von 1848 wurden zunächst einmal die Jagdprivilegien aufgehoben, nach dem Sieg der Restauration jedoch wieder eingeführt. – Unter allen branden-

burg-preußischen Kurfürsten, Königen und den Ministerpräsidenten vor und nach Bismarck kann man nur zwei passionierte Nichtjäger entdecken: Friedrich den Großen und Manfred Stolpe.

135 Joseph A. Schumpeter, Kapitalismus, Sozialismus und Demokratie, 2. Auflage München 1950, S. 114.

136 Über die Demokratie in Amerika, Erstes Buch, Einleitung; deutsche Ausgabe Stuttgart 1959, S. 8f. Da es sich um eine nicht immer glückliche Übersetzung handelt, folgt unser Zitat ihr nur teilweise. – Tocqueville wurde 1805 geboren und stammte aus einer alten normannischen Adelsfamilie. Zu den traumatischen Erlebnissen dieser Familie gehörte natürlich die Französische Revolution. Tocquevilles Großvater Lamoignon de Malesherbes war französischer Minister und kehrte 1792 aus der Emigration zurück, um vor dem Nationalkonvent die Verteidigung des Königs zu übernehmen. Für diesen Treuedienst wurde er verhaftet und 1794 hingerichtet.

137 Die Arbeit tun die anderen – Klassenkampf und Priesterherrschaft der Intellektuellen, Opladen 1975.

138 A.a.O., S. 180, 185, 214.

139 Von Inhalten und Einzelheiten handelt das Buch des Verfassers: Vom lohnenden Leben – Ein Wegweiser für junge und ältere Leute, Stuttgart 1996.

140 Psychologisch betrachtet vermittelt die eigene Uhr uns Sicherheit: Wir sind die Besitzer unserer Zeit. Ohne sie fühlen wir uns hilflos und beinahe nackt an andere ausgeliefert. In diesen psychologischen Zusammenhang gehört symbolträchtig, daß die Sieger den Besiegten die Uhren wegnehmen. 1945 geschah das nicht nur im Osten durch die Russen, sondern vielfach auch im Westen durch die Amerikaner, die ja ausreichend über eigene Uhren verfügten.

141 D. Chandos, Ich baue ein Haus in Mexiko, München ohne Jahr, S. 140.

142 Den Zusammenstoß des Unvereinbaren markiert die längst bejahrte Geschichte vom nordamerikanischen (oder mitteleuropäischen) Touristen, der irgendwo den in der Sonne dösenden »Eingeborenen« sieht, sich ärgert, ihn anstößt und fragt: »Warum arbeitest du nicht?« – »Warum sollte ich?« – »Damit du Geld verdienst!« – »Und wozu soll ich das Geld verdienen?« – »Um dir ein Sparkonto anzulegen!« – »Und wozu brauche ich das Sparkonto?« – »Dafür, daß du im Alter nicht mehr zu arbeiten brauchst!« – »Aber das tue ich jetzt, wo ich jung bin, doch auch schon nicht.« – Inzwischen hat der Fortschritt den hoffnungsvollen jungen Mann eingeholt: Sofern er den Touristen nicht als Kellner, Bootsführer oder Animateur bedient, drängt er in die Vereinigten Staaten oder nach Deutschland, um dort zu Wohlstand und zu Rücklagen für sein Alter zu kommen.

143 Der amerikanische Nationalökonom und Soziologe Thorstein Ve-
blen veröffentlichte 1899 sein Buch »Theory of the leisure class«.
Er forderte zwar nicht gerade Gewalt, aber gut puritanisch verur-
teilte er den demonstrativen Müßiggang und Geltungskonsum,
dem nach seiner Auffassung die Oberschichten auch in Amerika
verfielen. Der deutsche Titel »Theorie der feinen Leute« (zuletzt
Frankfurt am Main 1986) verbirgt leider, daß die Müßiggänger gemeint sind.

144 Zum Begriff und zur Darstellung des »schöpferischen Sturms der
Zerstörung« siehe von Joseph A. Schumpeter: Kapitalismus, Sozia-
lismus und Demokratie, 2. Auflage München 1950, S. 134 ff.
Schumpeter zeigt auch, wie die Rationalität aus wirtschaftlicher
Notwendigkeit entsteht, und gibt ein anschauliches Beispiel: »Wir
wollen annehmen, daß ein Primitiver die elementarste aller Ma-
schinen, den bereits von unserm Vetter, dem Gorilla, geschätzten
Stock, verwendet und daß dieser Stock in seinen Händen zerbricht.
Wenn er versucht, den Schaden durch Hersagen einer Zauberformel wiedergutzumachen, – er könnte zum Beispiel Angebot und
Nachfrage oder Planung und Kontrolle murmeln, in der Erwar-
tung, daß wenn er dies genau neunmal wiederholt, die beiden
Stücke sich wieder vereinigen –, dann befindet er sich innerhalb
der Bezirke des praerationalen Denkens. Wenn er nach dem besten
Weg sucht, um die beiden Stücke wieder zusammenzufügen oder
sich einen anderen Stock zu verschaffen, so ist er in unserm Sinn
rational. Selbstverständlich ist sowohl das eine wie das andere Verhalten möglich. Aber es ist leicht einzusehen, daß bei dieser und
den meisten anderen wirtschaftlichen Handlungen das Versagen
einer Zauberformel viel offensichtlicher ist, als es das Versagen einer Formel sein könnte, die unsern Mann siegreich im Kampf oder
glücklich in der Liebe machen oder eine Schuldlast von seinem Gewissen wälzen sollte.« (A.a.O., S. 201.) – Daß man zwar die Wirtschaft ruiniert, aber zumindest auf Zeit politische Regime begründen kann, wenn man Zauberformeln verwendet, haben allerdings
die Erfahrungen des 20. Jahrhunderts gezeigt. Genau genommen
handelt es sich beim zerbrochenen Stock auch weniger um ein wirt-
schaftliches als um ein technisches Problem, und im Bereich der
Technik zeigen sich Erfolg und Mißerfolg in der Tat sofort und unmißverständlich.

145 Die Welt von gestern – Erinnerungen eines Europäers, Taschenbuchausgabe Frankfurt am Main 1987, S. 98.

146 Es sei nochmals auf das Buch des Verfassers »Vom lohnenden Leben« (Stuttgart 1996) verwiesen; eines seiner Kapitel handelt von
der Zärtlichkeit.

147 Heinrich Heine hat geschildert, wie die Arbeit der »Gedankenmän-

236

ner« der Tat vorausgeht, und er hat dann sarkastisch gesagt: »Maximilian Robespierre war nichts als die Hand von Jean-Jacques Rousseau, die blutige Hand, die aus dem Schoße der Zeit den Leib hervorzog, dessen Seele Rousseau geschaffen. Die unstete Angst, die dem Jean-Jacques das Leben verkümmerte, rührte sie vielleicht daher, daß er schon im Geiste ahnte, welch eines Geburtshelfers seine Gedanken bedurften, um leiblich zur Welt zu kommen?« (Zur Geschichte der Religion und Philosophie in Deutschland, zuerst 1835, Drittes Buch.)

148 Helmuth Plessner hat gezeigt, daß es sich bei der natürlichen Künstlichkeit und der vermittelten Unmittelbarkeit um anthropologische Grundbedingungen handelt. Siehe von Plessner: Die Stufen des Organischen und der Mensch, Gesammelte Schriften Band IV, Frankfurt am Main 1981, S. 383 ff. und 396 ff.

149 Auf diese politische Dimension kann hier nur hingewiesen werden. Siehe zur näheren Darstellung vom Verfasser: Politik und menschliche Natur – Dämme gegen die Selbstzerstörung, Stuttgart 1987.

150 Zitiert nach Hans Schöneberg, in: »Das Spiel«, herausgegeben vom Ausschuß Deutscher Leibeserzieher, 2. Auflage Frankfurt am Main 1959, S. 112.

151 Es gibt in unserer neueren Geschichte einen symbolträchtigen Vorgang, der geradezu aktuell wirkt, obwohl er um mehr als hundert Jahre zurückliegt. Kaiser Wilhelm II. war auf seine Weise ein moderner Mann, der sich für den technischen Fortschritt begeisterte und die »Firma Deutschland« in eine glänzende Zukunft führen wollte. Aber bei seiner Thronbesteigung vertrat ihm erst einmal der alte Bismarck den Weg, der sich auf seine Erfahrungen berief. Bismarck selbst hat dazu geschrieben: »Das Wort Erfahrung in meinem Munde verstimmte ihn und rief gelegentlich die Äußerung hervor: Erfahrung? Ja die allerdings habe ich nicht.« Wie anders sollte der junge Mann auf die Vorhaltungen des alten reagieren? Der Zusammenstoß und die Entlassung des Reichsgründers waren unvermeidbar. Nochmals Bismarck: »Wenn ich jetzt zurückblicke, so nehme ich an, daß der Kaiser während der 21 Monate, da ich sein Kanzler war, seine Neigung, einen ererbten Mentor los zu werden, nur mit Mühe unterdrückte, bis sie explodierte.« (Gedanken und Erinnerungen, 3. Band, 3. und 1. Kapitel.)

152 Manifest der Kommunistischen Partei, zuerst 1848. – Marx spricht hier von den Wirkungen, die von der Klassenherrschaft der Bourgeoisie ausgehen, aber die Beschreibung bleibt gültig, wenn man hierfür »Industriegesellschaft« oder »Arbeitsgesellschaft« einsetzt.

153 Das Stillschweigen stellt immerhin noch eine Form der wohltätigen Inkonsequenz dar. Würde man nämlich den Widerspruch thema-

tisieren, so müßte die Inhumanität in ihrer letzten Konsequenz zur Euthanasie führen, so wie das »Dritte Reich« sie praktizierte: als Vernichtung des »lebensunwerten« Lebens.

154 Vielleicht sollte man gleich noch ein Tabu verletzen und auch Katzen und Hunde einbeziehen. Sie sind die Zärtlichkeitspartner der Einsamkeit, und es gehört zu den trostlosen Aspekten unserer Altersgesellschaft, daß sie in den Heimen und Wohnstiften keinen Platz mehr finden. Zum Thema sei verwiesen auf: Sylvia Greiffenhagen, Tiere als Therapie – Neue Wege in der Erziehung und Heilung, München 1991; ein eigenes Kapitel ist darin dem Alter und den Altersheimen gewidmet.

155 Viele alte Leute neigen dazu, ihre Erinnerungen zu glätten und zu vergolden, so als habe es die Kindheitsschrecken und die Mühsal, die Ängste, das Böse in ihrem Leben kaum oder gar nicht geben. Aber sie zeigen damit nur, wie sehr sie die Kunst des Erzählens verlernt haben. Auf die jungen Leute wirkt es nicht mehr spannend, sondern langweilig und unglaubwürdig, wenn sie bloß zu hören bekommen, daß früher alles anders und besser war.

156 Um noch einmal an die Utopie einer Verbindung von Altersheim und Kindergarten zu erinnern: Nichts führt so zusammen wie das gemeinsame Tun. Erfahrungen und Kenntnisse werden vermittelt oder miteinander erworben. Dafür bilden Aktivitäten wie die Pflege eines Gartens oder die Tierbeobachtung gute Grundlagen.

157 Die stadtflüchtige, natursehnsüchtige Romantik entsteht kaum zufällig in der ersten Hälfte des 19. Jahrhunderts, als das konsequente Gegenstück zur beginnenden Industrialisierung.

158 Zur vormodernen Einheit siehe von Otto Brunner: Das »ganze Haus« und die alteuropäische »Ökonomik«, in: Neue Wege der Sozialgeschichte, Göttingen 1956, S. 33 ff.

159 Den Ursprung der Polarisierung in der Renaissance hat Jacob Burckhardt mit berühmten Sätzen bezeichnet:»Im Mittelalter lagen die beiden Seiten des Bewußtseins – nach der Welt hin und nach dem Innern des Menschen selbst – wie unter einem gemeinsamen Schleier, träumend oder halbwach. Der Schleier war gewoben aus Glauben, Kindesbefangenheit und Wahn; durch ihn hindurch gesehen erschienen Welt und Geschichte wundersam gefärbt, der Mensch aber erkannte sich nur als Rasse, Volk, Partei, Korporation, Familie oder sonst in irgendeiner Form des Allgemeinen. In Italien zuerst verweht dieser Schleier in die Lüfte; es entsteht eine objektive Betrachtung und Behandlung des Staates und der sämtlichen Dinge dieser Welt überhaupt; daneben aber erhebt sich mit voller Wucht das Subjektive; der Mensch wird geistiges Individuum und erkennt sich als solches.« (Die Kultur der Renaissance in Italien, herausgegeben von Werner Kaegi, Bern ohne Jahr, S. 145.)

160 Die Geschichte der Disziplinierung, die sich über viele Jahrhunderte hinzieht, hat Norbert Elias beispielhaft dargestellt in seinem großen Werk: Über den Prozeß der Zivilisation – Soziogenetische und psychogenetische Untersuchungen, 2 Bände, 2. Auflage Bern und München 1969; Taschenbuchausgabe Frankfurt am Main 1976.

161 Manfred Lehnen, Handstand für alle im Wohlstand für alle, in: Der Verein – Standort, Aufgabe, Funktion in Sport und Gesellschaft, herausgegeben von der Hamburger Turnerschaft von 1816 e.V., Schorndorf 1967, S. 150. Siehe in diesem Sammelwerk auch Gerhard Seehase (S. 21) und Hans Lenk (S.292ff.).

162 Nach seinen Erfahrungen mit der 1933 erzwungenen Emigration hat Helmuth Plessner in seinem Aufsatz »Mit anderen Augen« geschrieben: »Man muß der Zone der Vertrautheit fremd geworden sein, um sie wieder sehen zu können. Mit erfrischten Sinnen genießt man die Wiederbegegnung mit dem nun sichtbar gewordenen Umkreis, der uns zugleich freundlich umschließt und als Bild gegenübertritt. In verstärktem Maße erlebt diese Entfremdung, wer als Kind seine Heimat verließ und als reifer Mensch dahin zurückkehrt, vielleicht am intensivsten der Emigrant, der auf der Höhe des Lebens seine tausend in heimisches Erdreich und überkommenen Geist gesenkten Wurzelfasern bis zum Zerreißen gespannt fühlt, wenn er die ganze Überlieferung, aus der heraus er wirkt, nicht wie die Heimat glaubt, durch die Brille der ihn freundlich beschützenden Fremde, sondern mit anderen Augen wiederentdeckt.« (Gesammelte Schriften Band VIII, Frankfurt am Main 1983, S. 92f.) Daraus folgt für das Verstehen und die Erfahrung: »Das Vertraute versteht sich, aber an solchem Verständnis hat der Mensch nur dann etwas für seine Erfahrung, wenn es erworben ist ... Um es erwerben zu können, muß man es verloren haben, und nicht immer tut das Leben uns den schmerzlichen Gefallen, dem vertrauten Kreise uns zu entrücken. Die Kunst des entfremdenden Blicks erfüllt darum eine unerläßliche Voraussetzung allen echten Verstehens. Sie hebt das Vertraute menschlicher Verhältnisse aus der Unsichtbarkeit, um in der Wiederbegegnung mit dem befremdend Auffälligen des eigentlich Vertrauten das Verständnis ins Spiel zu setzen. Ohne Befremdung kein Verständnis ...« (A.a.O., S. 94)

Christian Graf von Krockow im dtv

»Wenn ich Bücher schreibe,
möchte ich Geschichten erzählen.«
Christian Graf von Krockow